Y. 1180
A.

Y c   6573

LES EPITRES HEROÏQUES D'OVIDE,

TRADUITES EN VERS FRANÇOIS

Par Mademoiselle L'HERITIER.

A PARIS,
Chez BRUNET fils, Quai des Augustins,
à S. Augustin.

M. DCC. XXXII.
Avec Approbation, & Privilege du Roy.

A MADAME
LA COMTESSE
DE
VERTEILLAC,
EPITRE

Imable & sçavante COMTESSE,
Que vous auriez brillé dans Rome & dans la Grece !
Par ce goût fin & ce rare sçavoir,
Qu'en tous les temps vous faites voir.
Athenes, ni la Cour d'Auguste
N'ont jamais vû d'esprit, plus éclairé, plus juste,
Et tous ces Hommes excellens,
Dont elles admiroient les sublimes talens,

a ij

EPITRE.

Eussent été charmés si vos doctes suffrages
    Eussent couronné leurs Ouvrages.
    Ovide vient donc aujourd'hui
Demander pour les siens ce glorieux appui :
Vous parlez nôtre Langue aussi bien, aussi juste,
    Qu'il parloit la Langue d'Auguste.
    Ah ! que n'ai-je vôtre heureux tour !
De ce galant Auteur conservant la finesse,
    Les graces, la délicatesse,
    Je l'aurois mis dans tout son jour,
    Et j'aurois, ILLUSTRE COMTESSE,
Peint vivement, aussi, le zele & la tendresse,
    Qu'avec la plus sincére ardeur
    Je ressens pour vous dans mon cœur.
Vôtre noble & charmant genie
Répand sur vôtre Sexe une gloire infinie,
    Et le Ciel fait connoître à tous
Qu'il vous a partagé ses presens les plus doux.
    La sage & sçavante Minerve,
Vous comble chaque jour de ses dons sans reserve,
    Et sçut vous choisir un Epoux,
Par de raves vertus vraiment digne de vous.
    Des neufs Sœurs la troupe sçavante,
    A vous cherir toûjours constante,
Sçaura vous couronner par l'immortalité,
Dans de doctes tableaux pleins de sincerité,
Elle fera briller vôtre éclatante gloire
Aux Lambris éternels du Temple de Memoire.

AVERTISSEMENT.

DEPUIS plus de deux siécles on n'a point vû de Traduction complette des Epîtres d'Ovide en Vers François. Sous le Regne de Loüis XII. environ l'an 1519. Octavien de Saint Gelais, Evêque d'Angoulême, en donna une entiere bien versifiée pour le tems. Plus de soixante ans après, le Cardinal du Perron traduisit l'Epître de Penelope à Ulysse, qui est la premiere des Héroïdes d'Ovide, & en traduisit encore une autre en prose. Ce célebre Cardinal, qui étoit livré à mille occupations importantes, ne poussa pas plus loin sa traduction, & s'en tint à cet essai.

Bien des années après, M. de Meziriac, qui étoit plus maître de son loisir, entreprit ce laborieux travail. Après une longue & pénible application, il fit imprimer, il y a plus d'un siécle, huit Epîtres héroïques en Vers, accompagnées de sçavantes notes & de doctes commentaires. Son Ouvrage, qui fut imprimé en 1626, eut tout le succès possible. On auroit bien désiré que ce sçavant Academicien eût achevé ensuite toutes les Epîtres dont il avoit donné une partie; mais il mourut avant qu'il eût rempli les souhaits du Public à cet égard. Cependant on fut un tems fort long sans voir aucunes traductions de ces Epîtres, qui fussent propres à les faire bien connoître, soit qu'elles parussent en Vers ou en Prose.

Enfin, l'Abbé de Marolles en donna une dans ce dernier genre, qui fut parfaitement bien reçuë, quoiqu'assez peu elegante, tant les ouvrages d'Ovide ont toûjours été du goût du Public. Les Héroïdes étant encore ce qu'on estime le plus entre ceux de ce grand Poëte, on souhaitoit toûjours avec ardeur de les voir traduites en Vers. Elles furent commencées il y a plus de soixante ans par un Auteur qui s'étoit acquis la réputation d'écrire avec une grande délicatesse : Comme il abandonna son travail, Monsieur Corneille le jeune entra à son tour dans cette épineuse carriere, & fit imprimer en 1670 sept Héroïdes choisies. Elles attirerent l'approbation qu'ont toûjours eu les Ouvrages de ce sçavant homme, si digne frere du grand Corneille.

Quelques années après, parurent encore, six Epîtres d'Ovide, traduites en Vers par M. l'Abbé B****, parmi lesquelles il y en avoit quelques-unes de celles que Monsieur Corneille avoit mises au jour. Cet Abbé, qui dans sa traduction n'avoit pas suivi exactement son Original, ne laissa pas de plaire beaucoup, quoique les ardens amateurs d'Ovide fussent un peu fâchés qu'en certains endroits il se fût si fort écarté du sens de l'Auteur qu'il traduisoit. Ce n'est pas, qu'ainsi qu'on l'a déja dit, ces Epîtres de M. l'Abbé B**** ne soient fort agréables, & n'ayent très-réüssi. Un sçavant homme de Roüen a aussi traduit quelques-unes de ces Héroïdes, parmi lesquelles il y en a de celles dont Messieurs Corneille & B**** ont déja fait des traductions.

On croit que les Ouvrages d'Ovide étant aussi aimés qu'ils le sont, le Public verra avec plaisir une nouvelle traduction en Vers des Epîtres de cet excellent Auteur. Il est extrêmément difficile de les rendre en nôtre Langue avec toutes leurs beautés; & c'est apparemment cette difficulté, qui est cause qu'on n'en a point vû en Vers de traduction entiere, depuis plus de deux cens ans.

Après ces reflexions, il semblera qu'il y ait eu bien de la témérité à moi d'entreprendre un Ouvrage, où n'ont pas voulu s'engager tant d'habiles Gens qui ont paru dans notre siécle; mais on trouvera cette témérité excusable en quelque sorte, quand on sçaura que j'y ai été excitée par plusieurs de ces Hommes illustres, qui s'attirent aujourd'hui tant d'admiration dans les Lettres. J'avois d'abord fait la traduction en Vers de quelques-unes de ces Epîtres, pour obéïr à deux Dames aussi distinguées par leur mérite que par leur rang. Les habiles Hommes dont j'ai parlé ayant vû ces traductions, me témoignerent qu'ils en étoient si satisfaits, & me conseillerent si fortement de les continuer, que je me rendis à leurs conseils. J'ai donc poursuivi ma route, & j'ai apporté tant d'application & de soins à bien suivre le sens de mon Auteur, qu'on me flate que j'ai réüssi. Excepté, que je l'ai un peu adouci dans les endroits où les bienséances auroient pû être blessées, je l'ai toûjours suivi avec une grande exactitude.

Je dois beaucoup à cet égard aux lumieres des deux célebres Messieurs Boivin, principalement de l'aîné ; on sçait quelle étoit la profondeur de ce sçavant homme dans la Langue Latine. Au reste j'ai tâché de faire en sorte qu'Ovide ne parlât pas Latin en François ; & en conservant exactement ses pensées, j'ai fait tous mes efforts pour donner à mes Vers un tour naturel & original.

Malgré tout mes soins, il est sûr que cet admirable Poëte aura encore perdu beaucoup de ses graces dans ma traduction. Eh comment les rendre toutes dans une Langue, dont le génie est si different de celui de la sienne ? Des Auteurs bien plus habiles que je ne suis, y auroient encore été fort embarrassés. J'espere du moins que les Dames me tiendront quelque compte de leur donner en Vers des traductions qui n'avoient point paru depuis une si longue suite d'années.

Comme je sçai qu'on aime la variété, j'ai traduit ces Epîtres en différentes manieres; on en trouvera en Vers suivis, en Quatrins, & en Vers de diverses mesures. Il y en a même un nombre en Prose, pour rendre la diversité complette; & en évitant l'uniformité, le plus qu'il est possible, tâcher à satisfaire les goûts différens.

Ce genre d'Ouvrage, dont Ovide a été l'inventeur, a eu si fort le don de plaire, que plusieurs habiles hommes se font appliqués à y compofer des originaux. Monfieur Coftar, & d'autres Sçavans de fon tems, furent de ce nombre. De nos jours un grand Homme *, auffi illuftre dans les fciences profondes que dans les belles Lettres, a compofé dans ce genre quatre Epîtres originales, qui ont eu une approbation univerfelle. Il auroit été bien à fouhaiter qu'une plume comme celle-là, eût auffi voulu donner fes foins à traduire celui de tous les ouvrages d'Ovide, qui en général eft le plus cheri, & l'a été depuis fi long-tems.

Il ne faut pas s'étonner que ces Epîtres foient toûjours du goût de toutes les perfonnes du grand monde qui aiment à lire. Outre qu'Ovide eft un Auteur des plus fameux de la Cour d'Augufte, ce grand Poëte a fi bien placé mille faits des tems héroïques dans cet ouvrage intereffant, qu'on y apprend une grande partie de la Fable d'une maniere ingénieufe; & comme les Vers fe retiennent

* M. de Fontenelle.

facilement, on s'inftruit de l'Antiquité, fans qu'il en coûte aucune fatigue à la memoire.

APPROBATION.

J'AI lû par l'ordre de Monseigneur le Garde des Sceaux, un Manuscrit qui a pour titre, *les Epîtres héroïques d'Ovide*; & j'ai crû que cette Traduction d'un Ouvrage si justement estimé, seroit agréable au Public. Fait à Paris ce 9. Aoust 1729.
Signé, DANCHET.

PRIVILEGE DU ROY.

LOUIS, par la grace de Dieu, Roi de France & de Navarre; A nos amés & féaux Conseillers les Gens tenans nos Cours de Parlement, Maîtres des Requêtes ordinaires de notre Hôtel, Grand Conseil, Prevôt de Paris, Baillifs Seneschaux, leurs Lieutenans Civils & autres nos Justiciers qu'il appartiendra, SALUT. Notre bien amé PIERRE PRAULT, Libraire & Imprimeur à Paris, Nous ayant fait remontrer qu'il lui auroit été mis en main un Manuscrit qui a pour titre, *Les Epîtres Heroïques d'Ovide, traduites en Vers par Mademoiselle Lheritier*, qu'il souhaiteroit imprimer ou faire imprimer, & donner au Public, s'il Nous plaisoit lui accorder nos Lettres de Privilege sur ce necessaires; offrant pour cet effet de le faire imprimer en bon Papier & beaux caracteres, suivant la Feüille imprimée & attachée pour modele sous le contre-scel des Presentes. A CES CAUSES, voulant traiter favorablement ledit Exposant, Nous lui avons permis & permettons par ces Presentes, de faire imprimer ledit Ouvrage ci-dessus specifié, conjointement ou séparément, & autant de fois que bon lui semblera, sur papier & caracteres conformes à ladite feüille imprimée & attachée sous notredit contre-Scel, & de le vendre, faire vendre, & débiter par tout notre Royaume, pendant le tems de *six* années consecutives, à compter du jour de la datte desdites Presentes; Faisons défenses à toutes sortes de Personnes de quelque qualité & condition qu'elles soient, d'en introduire d'Impression étrangere dans aucun lieu de notre obéïssance; comme aussi à tous Libraires, Imprimeurs & autres, d'imprimer, faire imprimer, vendre, faire vendre, débiter ni contrefaire ledit Ouvrage cy-dessus exposé, en tout ni en partie, ni d'en faire aucuns extraits sous quelque pretexte que ce soit, d'augmentation, correction, changement de titre ou autrement, sans la permission expresse & par écrit dudit Exposant, ou de ceux qui auront droit de lui, à peint. de confiscation des Exemplaires contrefaits, de quinze cent livres d'amende contre chacun des Contrevenans, dont un tiers à Nous, un tiers à l'Hôtel-Dieu de Paris, l'autre tiers audit Exposant, & de tous dépens, dommages & intérêts : A la charge que ces Presentes seront enregistrées tout au long sur le Registre de la Communauté des Libraires & Imprimeurs de Paris, dans trois mois de la datte d'icelles ; que l'impression de cet Ouvrage sera faite dans notre Roïaume & non ailleurs ; & que l'Impetrant se conformera en tout aux Reglemens de la Librairie, & nommément à celui du 10. Avril 1725. Et qu'avant que de l'exposer en Vente, le Manuscrit ou Imprimé qui aura servi de copie à l'impression dudit Livre, sera remis dans le même état où l'Aprobation y aura été donnée, ès mains de notre très-cher & féal Chevalier Garde des Sceaux de France, le Sieur Chauvelin, & qu'il en sera ensuite remis deux Exemplaires dans notre Bibliotheque publique, un dans celle de notre Château du Louvre, & un dans celle de notre très-cher & féal Chevalier, Garde des Sceaux de France, le Sieur Chauvelin ; le tout à peine de nullité des Presentes : Du contenu desquelles vous mandons & enjoignons de faire jouïr l'Exposant, ou ses ayans cause, pleinement & paisiblement, sans souffrir qu'il leur soit fait aucun trouble ou empêchement. Voulons que la Copie desdites Presentes, qui sera imprimée tout au long au commencement ou à la fin dudit Livre, soit tenuë pour dûement signifiée, & qu'aux copies collationnées par l'un de nos amez & feaux Conseillers & Secretaires, foi soit ajoûtée comme à l'original ; Commandons au premier notre Huissier ou Sergent de faire pour l'execution d'icelles, tous Actes requis & nécessaires sans demander autre permission, & nonobstant clameur de Haro, Charte Normande & Lettres à ce contraires : CAR tel est notre plaisir. DONNE' à Paris le quinziéme jour du mois de Decembre l'an de grace mil sept cent trente, & de notre Regne le seizième. Par le Roi en son Conseil. Signé, NOBLET.

Regiſtré ſur le Regiſtre VIII. de la Chambre Royale des Libraires & Imprimeurs de Paris, N°. 99. fol. 101. conformément aux anciens Reglemens, confirmés par celui du 28 Février 1723. A Paris le 20. Decembre 1730. Signé, P. A. LE MERCIER, Syndic.

TABLE
DES EPITRES HEROIQUES
d'Ovide.

I. Penelope à Ulysse 1
II. Philis à Demophoon 18
III. Briséïs à Achille 33
IV. Phedre à Hyppolite 47
V. Oenone à Paris 63
VI. Hypsipile à Jason 79
VII. Didon à Enée 95
VIII. Hermione à Oreste 114
IX. Dejanire à Hercule 126
X. Ariane à Thesée 141
XI. Canacée à Macarée 153
XII. Medée à Jason 166
XIII. Laodamie à Protesilas . . . 183
XIV. Hypermnestre à Lyncée . . 200
XV. Paris à Helene 213
XVI. Helene à Paris 248

XVII. Léandre à Héro.	268
XVIII. Héro à Léandre	285
XIX. Aconce à Cydippe	305
XX. Cydippe à Aconce	327
XXI. Sapho à Phaon	351

LES EPITRES
HEROÏQUES
D'OVIDE.
TRADUITES
EN VERS FRANÇOIS.

SUJET DE L'EPITRE
de Penelope à Ulisse.

PENELOPE étoit fille d'Icarius, frere de Tyndare, & ainsi, tenoit de fort près par le sang à la belle Helene, dont le caractere étoit si different du sien. Ulisse s'applaudissoit du choix qu'il avoit fait de la fille d'Icarius; & sentoit toutes les douceurs qu'on peut goûter dans un mariage, dont le veritable merite & la tendresse ont formé les nœuds; lorsque tous les Grecs s'armerent en faveur de Menelas, au sujet de l'enlevement de son infidelle Epouse. Ulisse fut invité par les Princes de la Grece à prendre les armes, comme ils faisoient tous, mais en vain Agamemnon Chef de ces Princes, l'excitoit fortement à venir les joindre. Le peu d'interêt que Ulisse prenoit au destin de l'inconstante Helene, & l'attachement qu'il avoit pour Penelope, lui faisoient ressentir d'étranges agitations sur le parti qu'il devoit prendre. Il ne pouvoit trouver de prétexte apparent pour s'exempter de faire ce voyage, & ne pouvoit se résoudre à quitter l'aimable Penelope. Enfin, voulant contenter son amour, en conservant sa sensibilité pour son honneur; il le prodigua d'un côté, en voulant le ménager de l'autre: il feignit qu'il avoit perdu la raison, & contrefit si bien la manœuvre d'un insensé, que tout le monde y auroit été trompé, si *Palamede*, qui étoit fort éclairé, ne l'eût convaincu, en dépit de tous ses détours, qu'il étoit fort raisonnable. Il fut donc obligé d'aller à la guerre, & se rendit au siege de *Troye*, où par sa prudence & par son courage les plus grandes entreprises furent heureusement executées. Après avoir beaucoup contribué par son habileté à la prise de *Troye*, il remonta sur ses vaisseaux pour s'en retourner dans ses Etats; mais un grand nombre d'accidens funestes & de tempêtes violentes lui formerent de tels obstacles, qu'il fut dix années entieres à pouvoir regagner les rivages d'*Itaque*. Cependant la desolée *Penelope*, qui voyoit tous les Grecs de retour, & ne sçavoit aucunes nouvelles d'*Ulisse*, dont elle étoit dans une mortelle inquiétude, lui écrit cette Lettre. *Ovide* y peint avec beaucoup d'art & de délicatesse, les soins empressés & la tendre impatience d'une femme qui aime ardemment son Epoux. *Penelope* eut enfin la joye de revoir le sien : & après qu'il eut puni ces superbes prétendans, dont les audacieuses manieres l'avoient si fort tirannisées, elle vécut heureuse avec un époux si glorieux & si cher.

Tous ceux qui aiment à lire, connoissent apparemment *Penelope* épouse d'*Ulisse*, dont *Ovide* trace ici les sentimens; mais il ne faut pas confondre la Reine d'*Ithaque* avec la Nymphe *Penelope*, qui trop sensible pour *Mercure*, en eut un fils, qui fut le Dieu *Pan*. Cette Reine & cette Nymphe ne se ressembloient que de nom.

EPITRE
DE PENELOPE
A ULISSE.
Traduite d'Ovide.

ENELOPE t'écrit, & dans sa peine ex-
trême,
T'accuse d'un oubli qu'elle a peu mérité :
Pars, au lieu de répondre, & lui viens par
toi-même
Confirmer les sermens de ta fidelité.

Troye, autrefois si fiere, elle dont la mémoire
Donne aux femmes de Grece une si juste horreur,
Cette Troye a péri ; mais qu'elle en est la gloire ?
De dix ans de combats vaut-elle la fureur ?

Plût aux Dieux qu'au moment que pour ravir Helene,
Le coupable Pâris osoit fendre les eaux,
Des fougueux Aquilons l'impetueuse haleine
Eût fait au fonds des Mers abîmer ses Vaisseaux !

Je n'aurois point passé, dans un triste veuvage,
Cette affreuse longueur de jours dont je me plains ;
Et l'assidu travail d'un importun ouvrage,
Ne m'obligeroit point à me lasser les mains.

Combien, le cœur serré, les yeux baignés de larmes,
Ai-je crains des périls qui ne t'attendoient pas !
Le véritable amour est sujet aux alarmes,
Et dans l'inquiétude il trouve des appas.

Je croyois toûjours voir quelque troupe ennemie
S'avancer pour ta perte, & n'en vouloir qu'à toi ;
Et, pleine des dangers qui menaçoient ta vie,
Dès qu'on nommoit Hector, je pâlissois d'effroi.

Par ce fils de Priam aux Grecs si redoutable,
Antiloque vaincu me mettoit aux abois.
Ma tendresse pour toi craignoit un sort semblable,
Et mes pleurs dans ce trouble ont coulé mille fois.

Combien m'en a-t-on vû verser pour Tlepoleme,
Qui du fier Sarpedon en vain crût fuir le bras !
Sa mort renouvella l'inquiétude extrême,
Qui de ce que j'aimois me peignoit le trépas.

Quand Patrocle tomba sous les armes d'Achille,
Ah ! m'écriai-je alors, nos efforts seront vains !
Ulisse aura peut-être une adresse inutile
Pour dérober ses jours aux malheurs que je crains !

A ULISSE.

Enfin, aucun des Grecs ne restoit sur la place,
En perdant pour jamais la lumiere du jour,
Que dans l'instant mon sein ne fût plus froid que glace,
Quoiqu'il brûlât d'ailleurs des flâmes de l'amour.

Mais, un Dieu favorable à cet amour fidelle,
Dissipant mes frayeurs, m'a mis en sûreté,
Troye en cendres réduite a fini la querelle,
Et quand elle n'est plus Ulisse m'est resté.

Tous nos Chefs de retour, au comble de la gloire,
Rendent graces au Ciel de leur heureux destin,
Et nos Dieux Protecteurs qu'honore leur victoire,
Reçoivent en offrande un superbe butin.

Les Dames, à l'envi, dans l'excès de leur joye,
Pour leurs Epoux sauvés accomplissent leurs vœux ;
Et ces fameux Vainqueurs de l'orgueilleuse Troye
Chantent de leur valeur les triomphes heureux.

Les Vieillards curieux, & les Filles craintives,
Admirent les périls essuyés tant de fois,
Au récit des Epoux, leurs femmes attentives,
Ne peuvent se lasser d'entendre leurs Exploits.

L'un, se faisant exprès apporter une table,
Y peint ce qu'un long Siege a coûté de combats,
Et trace avec du vin quelque endroit remarquable
Où quelque grand succès a signalé son bras.

A iiij

Le Simoïs, dit-il, près du Mont de Sigée,
Ici, roulant ses eaux, dans la Mer se perdoit,
La Ville en cet endroit, se tenoit assiegée ;
Là, du fameux Priam le Palais s'élevoit.

Là, le prudent Ulisse avoit posé sa tente ;
Achille avoit ici, planté ses Pavillons ;
Et là, ses fiers Courciers cabrés, pleins d'épouvante
Traînoient le corps d'Hector à travers les Sillons.

De ce qui te regarde il n'est rien que j'ignore.
Lorsque, pour te chercher, j'envoyai ton cher Fils ;
Nestor l'en instruisit, tout m'est present encore,
Je sçus à son retour ce qu'il avoit appris.

Que ne me dit-il point de l'heureuse entreprise,
Où ton bras fit périr & Dolon & Rhesus !
L'un dormoit dans sa tente, & l'autre par surprise
Tomba dans les filets qui lui furent tendus.

Comment donc osas-tu dans une nuit obscure,
Chez le Thrace orgueilleux sans suite te couler ?
Diomede lui seul eut part à l'aventure ;
Que de morts ! que de sang vous fites ruisseler !

Mais d'un pareil succès, avois-tu l'assûrance ?
Et dans ce grand projet où tu devois périr,
En exposant ta vie avec tant d'imprudence,
Songeois-tu que c'étoit m'exposer à mourir ?

A ULISSE.

Le récit m'effraya, je l'écoutai tremblante,
Et le calme en mon cœur ne fut enfin remis,
Qu'après que l'on m'eut peint la valeur triomphante
Qui te fit retourner vainqueur des ennemis.

Glorieux du butin fait sur le Roi de Thrace :
Avec ses fiers Coursiers on te vit revenir :
Quelque Dieu tutelaire admirant ton audace
Pour conserver tes jours l'avoit sçû soutenir.

Mais, hélas ! que me sert qu'il ne soit plus de Troye ?
Que l'enceinte où parut un lieu si renommé,
Aux fureurs de la flamme abandonnée en proye
N'y laisse plus rien voir qui ne soit consumé ?

Dira-t-on que le sort me soit plus favorable
Depuis que sa ruine a comblé nos desirs ?
Et, s'il faut que toûjours ton absence m'accable,
Suis-je moins destinée à pousser des soupirs ?

On a beau publier que Troye est renversée,
Elle l'est pour toute autre & ne l'est pas pour moi,
Quoiqu'en ses murs détruits la charuë enfoncée
Y porte du Vainqueur l'impérieuse Loi.

Où l'on voyoit jadis cette superbe Ville,
La Terre de ses dons couronne les Guerets ;
Et le sang Phrygien, à l'engraisser utile,
Y verse pleinement les trésors de Cerés.

Que d'ossemens humains commencent à paroître,
Si-tôt que par le soc les sillons sont ouverts !
L'herbe qu'en ce lieu-là le tems a laissé croître,
De cent Palais brisés tient les restes couverts.

Tes armes vainement ont fait cette conquête ;
Tu n'es point revenu consoler mon amour,
Et je ne puis sçavoir ni quel climat t'arrête,
Ni quel est le sujet qui suspend ton retour.

Si j'aprends qu'en nos Ports quelqu'Etranger arrive,
Je me montre aussi-tôt empressée à le voir :
Je demande cent fois s'il sçait qu'Ulisse vive ;
Et sur ce qu'il me dit, j'assure mon espoir.

Est-il prêt à partir, je lui donne une lettre,
Où de mon triste cœur les ennuis sont dépeints,
Et s'il te peut trouver, je l'oblige à promettre
Qu'il te la remettra lui-même entre les mains.

Nous avons eu le soin d'envoyer jusqu'à Pyle
Où le sage Nestor donne ses douces Loix :
Mais, ce voyage, hélas ! nous fut fort inutile,
On n'y sçut rien de sûr que tes fameux exploits.

De Sparte vainement on prit aussi la route ;
On n'en rapporta rien qui finît mes chagrins.
Quel endroit te retient sous la céleste voûte ?
Où peux-tu si long-tems cacher tes grands destins ?

A ULISSE.

Que ne voit-on encor, dans leur structure entiere,
Ces murs par Apollon & Neptune bâtis !
Le succès me l'apprend : je manquois de lumiere,
Quand j'ai tant souhaité les voir anéantis.

S'ils subsistoient encore, je sçaurois quelle Terre
Occuperoit ton bras dans un si long emploi ;
Et craignant seulement les fureurs de la guerre,
J'aurois un sort commun à mille autres que moi.

Mais dans le triste état où je me vois réduite,
Ja crains tout, sans sçavoir pourtant ce que je crains,
Je me fais des malheurs, dont l'effroyable suite
N'a pour les adoucir que des remedes vains.

Tout ce que, pour causer la mort & l'épouvante,
Et la Terre & la Mer ont de plus dangereux,
M'offre d'affreux objets ; & mon ame tremblante
Les croit de ton retour l'obstacle rigoureux.

Tandis que tant de maux tirannisent mon ame,
(Comme un penchant fatal fait quelquefois changer)
Peut-être qu'embrasé d'une nouvelle flame,
Tu remplis tout ton cœur d'un amour étranger.

Et peut-être, inconstant, tu dis à ta Maîtresse
Que j'ai l'esprit grossier & cent défauts encor,
Qu'un vulgaire tissu fait ma frivole adresse,
Jointe à l'art d'employer les laines avec l'or.

Mais l'infidelité n'a jamais sçu te plaire;
Ce soupcon est indigne & d'Ulisse & de moi.
Non, son retardement n'a rien de volontaire,
Mon Epoux me conserve & son cœur & sa foi.

Mon Pere, cependant, d'une chaîne nouvelle,
Veut revoir par l'Hymen mon long deüil limité;
Et me voyant toûjours à ce dessein rebelle,
Il en est contre moi vivement irrité.

Mais il s'irrite en vain. Tout le tems de ma vie,
Je ne serai qu'à toi malgré son fier courroux ;
Et je mourrai plûtôt que souscrire à l'envie
Qu'il a de me lier avec un autre Epoux.

Cependant il reçoit mes ardentes prieres,
Et déja par mes pleurs il se laisse émouvoir :
Il reprend avec moi de plus tendres manieres,
Et daigne avec douceur user de son pouvoir.

Mais d'Amans indiscrets une foule importune,
Les uns de Duliquie & d'autres de Samos,
A me persecuter secondant la fortune,
Pour obtenir ma main font mille affreux complots.

On voit autour de moi leur troupe audacieuse ;
Et, sans être arrêtés par tes lâches Sujets,
Ils osent exercer leur rapine orgueilleuse
Jusques sous les lambris de ton riche Palais,

A ULISSE.

Dois-je perdre le tems à te nommer Pisandre
Et Polybe & Medon, ennemis des vertus,
Eurimaque, sans cesse attentif à surprendre,
Uni, pour m'offenser, au fier Antinoüs.

Je laisse là les noms d'importuns plus vulgaires,
Qui malgré mon courroux s'attachent à mes pas,
Dissipant tes trésors en cent & cent manieres,
Ils pillent tes Sujets au sein de tes Etats.

Le miserable Irus, & l'affamé Melante,
Sont la derniere honte à soûtenir pour moi,
Ils demandent sans cesse & rien ne les contente;
Et j'ai presque l'affront qu'ils m'imposent la loi.

Nous ne sommes que trois touchés de tant de pertes;
Mais qu'osons-nous tenter? des efforts impuissans;
Mon sexe est foible, hélas! l'âge accable Laërte,
Et Telemaque encor n'est pas dans son printems.

Ah Ciel! ce fils si cher à ma tendresse extrême,
Par un piége secret s'est vû prêt à perir,
Lorsqu'il voulut à Pyle aller sçavoir lui-même
Ce que de toi Nestor auroit pû découvrir.

Les Dieux voudront sans doute épargner ses années;
Ils nous conserveront des jours si précieux;
Et quand la mort viendra finir nos destinées
Nous laisserons ce fils pour nous fermer les yeux.

Ce sont-là mes souhaits : Ta fidelle Nourrice,
Et ceux qui prennent soin chez toi de tes troupeaux ;
En attendant toûjours que le sort s'adoucisse,
Offrent pour nous au Ciel des vœux toûjours nouveaux.

Mais Laërte, accablé du poids de la vieillesse,
D'un illustre courroux en vain ressent l'ardeur,
Ton fils gémit en vain, sa trop foible jeunesse
Ne veut pas que son bras seconde son grand cœur.

Je ne me compte rien : Je n'ai pas la puissance
De chasser tes Rivaux qui me comblent d'ennui ;
De grace, hâte-toi, remplis notre esperance,
Nous trouverons en toi notre constant appui.

Que le soin de ton fils en ces lieux te rappelle :
Charmé de tes vertus, charmé de tes combats,
Tu sçauras lui servir d'un illustre modele ;
Mais il veut tes leçons pour marcher sur tes pas.

Laërte touche presque à son heure derniere,
Sous le dur poids des ans on le voit succomber,
Cher Ulisse, hélas ! viens lui fermer sa paupiere,
Ton zele à ce devoir peut-il se dérober.

Pour moi, qu'ornoit l'éclat de la tendre jeunesse,
Quand ton cruel départ me coûta tant de pleurs,
J'aurai tout ce qui suit la plus triste vieillesse,
Si tu tardes encor à finir nos malheurs.

SUJET DE L'EPITRE
de Philis à Démophoon.

PHILIS Reine de Thrace, étoit fille de Sithon Roi de Thrace, & non point de Licurgue, comme a dit un Traducteur en Prose des Heroïdes qui s'est trompé encore sur diverses autres choses. Licurgue étoit ayeul de cette Princesse, qui perdit son pere qu'elle n'avoit pas vingt années. Elle prit possession du Trône aussi-tôt que ce pere fut expiré, & lorsque ses larmes furent essuyées, elle songea fort solidement à faire le bonheur de ses Sujets. La jeunesse, la beauté & la grandeur lui prodiguoient à l'envi tous leurs charmes, dans le tems que Demophoon fut jetté par la tempête sur les côtes de Thrace. Demophoon étoit fils de Thesée & de Phedre si celebre par ses malheurs & par ses passions criminelles. Ce jeune Prince revenoit de la guerre de Troye, où il avoit fait éclater sa valeur, lorsque par la fureur des vents, ses vaisseaux furent maltraitez d'une maniere terrible, & qu'il arriva en Thrace dans un état déplorable. Les droits de l'hospitalité étoient avec justice regardez des Anciens comme des devoirs des plus indispensables ; ainsi la belle Reine de Thrace reçut de la maniere du monde la plus gracieuse & la plus remplie de generosité ces étrangers infortunez que le Ciel envoioit dans ses Etats ;

elle fit loger leur Chef dans son Palais, où l'on eut de lui tous les soins qui pouvoient convenir à la situation d'un homme que les violentes agitations de la mer avoient presque réduit aux abois. Mais les égards de Philis augmenterent encore beaucoup pour Démophoon, quand elle eut appris par ses gens qu'il étoit fils de l'illustre Thesée Roi d'Athenes. Elle rendit de bonne grace à son sang & à son rang les honneurs qui leur étoient dûs, & le combla de ses bienfaits pour faire vivre toute sa flote dans l'abondance, & faire réparer ses vaisseaux. Le jeune Prince fut penetré de reconnoissance pour les bontez d'une Reine si genereuse, & bien-tôt avec la reconnoissance il se joignit encore des sentimens plus vifs. Un Prince qui n'auroit pas été d'un sang si porté à aimer, auroit eu assez de peine à s'en défendre. Philis étoit belle, gracieuse, & ornée d'une couronne. Demophoon sentit tout le prix de tant d'attraits : il poussa des soupirs qu'on feignit de ne pas entendre, il fit de tendres aveus qu'on marqua ne vouloir point croire ; alors les sermens de constance éternelle ne furent pas épargnez, & les larmes, quand il le fallut, suivirent les sermens. Cependant comme Philis n'affectoit des froideurs que pour éprouver cet Amant, & qu'elle s'étoit prévenuë en sa faveur dès les premieres fois qu'elle l'avoit vû ; elle ne voulut pas rendre long-tems malheureux un Prince si aimable. Elle écouta donc la proposition qu'il lui fit de l'épouser, lui

jurant

jurant qu'il étoit sûr que le Roi son pere approuveroit ce mariage ; sur cette assurance, & plus entraînée encore par son penchant, la Reine de Thrace épousa le Prince d'Athenes. Ils passerent quelques mois dans toutes les douceurs que peut faire goûter à deux Amans bien unis un amour délicat & tendre. Mais enfin Démophoon fut obligé de partir pour Athenes, en assurant Philis qu'il seroit de retour auprès d'elle dans un mois au plus tard. Cette Reine guidée alors autant par son amour que par sa generosité, fit équiper avec une largesse extrême les vaisseaux de Démophoon de tout ce qui étoit necessaire pour son voyage. Pendant l'absence de ce Prince, Philis répandit bien des larmes : mais trois mois après son départ, voyant qu'il ne revenoit point, cette Princesse affligée, qui le croyoit infidele, quoiqu'il ne le fût pas, lui écrivit cette lettre dans laquelle elle fait tous ses efforts pour l'exciter à revenir dans ses liens. Elle employe, pour ranimer l'amour de ce Prince, toutes les raisons que le sien lui peut inspirer. Elle lui reproche son manque de foi, elle lui rappelle ses sermens, cherche à lui representer par combien de soins & de bienfaits elle a merité sa tendresse ; & enfin pour le porter plus vivement à ce retour, elle l'assure qu'elle se donnera la mort d'une maniere des plus cruelles, s'il ne revient bientôt paroître à ses yeux.

B

EPITRE
DE PHILIS
A DEMOPHOON.
Traduite d'Ovide.

C'est trop, Démophoon; Philis, dont la tendresse
Devoit te rendre exact à tenir ta promesse,
Se plaint avec raison, que contre ton serment,
Tu ne mets point de fin à ton éloignement.
Sûr d'un cœur où trop tôt l'Amour t'a donné place :
La Lune, me dis-tu, quand tu partis de Thrace,
A nos yeux dans son plein ne pourra se montrer,
Qu'en vos Ports mes Vaisseaux ne soient prêts de rentrer;
Cependant quatre fois j'ai vû la Lune croître,
Quatre fois sa lumiere a cessé de paroître,
Et pour te ramener aucun de tes Vaisseaux
N'a paru jusqu'ici s'être mis sur les eaux.
Si tu comptes les jours avec ce soin extrême,
Que fait prendre l'Amour quand on perd ce qu'on aime,
Tu ne me diras point que de trop prompts souhaits
Me font précipiter la plainte que je fais.

PHILIS A DEMOPHOON.

Long-tems de ton retour j'ai gardé l'esperance;
On cherche à croire tard ce qui tient lieu d'offense;
Et quand tu me trahis, c'est encor malgré moi
Que j'ose ouvrir les yeux sur ton manque de foi.
Souvent à me tromper ma flamme ingénieuse
Me peint dans ton départ une mer orageuse
Qui s'enfle, te repousse, & te fait consentir
A rentrer dans le Port dont on t'a vû sortir.
Cent fois je me suis dit, qu'à tes desirs contraire
Pour t'arrêter Thesée usoit des droits de Pere,
Qu'à rompre ton voyage il t'avoit engagé,
Et c'est à quoi peut-être il n'a jamais songé.
Quelquefois toute en pleurs dans une nuit obscure,
J'ai de l'Ebre pour toi redouté l'embouchure,
Et craint qu'en y voulant conduire ton Vaisseau
Il n'eût pû resister à la force de l'eau.
A mes ardens transports toûjours trop asservie,
Combien de vœux, helas! ai-je faits pour ta vie?
Et quel jour s'est passé sans qu'aux Dieux Tous-puissans,
Ma main en ta faveur n'ait offert de l'encens?
Si-tôt que je voyois le vent doux & facile,
Le Ciel clair & serein, & l'onde un peu tranquille;
Ah! m'écriois-je alors, mes chagrins vont finir;
Il vient, si le Destin lui permet de venir.
Enfin tout ce que peut l'amour fidele & tendre
Inventer de raisons propres à te défendre,
J'ai voulu me les dire, & pour mieux t'excuser,
J'ai cherché sur chacune à pouvoir m'abuser.

Mais je l'ai fait en vain ; ta coupable indolence
Me laisse abandonnée aux rigueurs de l'absence ;
Et quoiqu'elle soit prête à causer mon trépas,
Les Dieux trop irrités, ne te ramenent pas.
Les Vents aussi legers que tes fausses tendresses,
Ont avec tes Vaisseaux emporté tes promesses ;
Et tandis qu'en ces lieux je ne vis que pour toi,
Les uns sont sans retour, & les autres sans foi.
Que t'ai-je fait, cruel ? Si l'ardeur qui m'enflamme
T'a trop sensiblement assujetti mon ame ;
Ce foible, que peut-être on doit me reprocher,
T'étant si favorable, auroit dû te toucher.
La faute que j'ai faite, & qu'il faut que j'efface,
C'est de t'avoir reçu lorsque tu vins en Thrace ;
Mais, ingrat, cette faute étant faite pour toi,
Pourroit être en ton cœur un mérite pour moi ;
La justice & la foi n'ont rien qui te captive.
Quoi ? tu peux oublier cette ardeur tendre & vive
Qui pour remplir tes vœux par un succès certain,
A ma main, que tu pris, te fit joindre ta main ?
Tous ces Dieux dont le nom, dans ta bouche infidelle,
M'a répondu pour toi d'une amour éternelle ;
Ne te souvient-il plus qu'ils furent appellés
Pour témoins des sermens que je vois violés ?
Qu'est devenuë enfin la parole donnée
D'unir ton sort au mien par un saint Hymenée ?
Des sermens si sacrés pouvoient bien entre nous
Autoriser les noms & d'Epouse & d'Epoux,

A DEMOPHOON.

Si j'ai crû que m'aimer faisoit toute ta gloire,
Comment aurois-je pû m'empêcher de le croire ?
Tu me l'avois juré par la Mer, dont les eaux
Devoient bien-tôt donner passage à tes Vaisseaux;
Tu me l'avois juré par l'Ayeul de ton Pere,
Neptune, qui des Vents appaise la colere,
Si pourtant il est vrai qu'un sang si glorieux
Soit, comme on nous le dit, le sang de tes Ayeux;
Pour rassurer mon cœur dans ses tendres allarmes,
Tu me l'avois juré par Venus, par ses charmes,
Par les traits de son fils, par son arc & ses feux
Qui forment en aimant tant d'agréables nœuds.
Junon, dont à l'Hymen préside la puissance,
Te servoit à tromper ma crédule innocence;
Et son nom invoqué justifioit en moi
Mon trop de confiance à te donner ma foi;
Si chacun de ces Dieux, que blesse ton parjure,
De tes déguisemens vouloit vanger l'injure,
A peine pourrois-tu suffire seul aux coups
Que sur toi, tour à tour, porteroit leur courroux.
De tes Vaisseaux rompus par un trop long orage
J'ai fait pour mon malheur réparer le dommage,
Et m'entendant moi-même avec ta lâcheté
Je t'ai mis en état de fuïr en sûreté.
Les rames te manquoient pour t'éloigner plus vîte;
Du soin de t'en donner tu me fais un mérite.
Hélas ! pourquoi du Ciel accuser la rigueur ?
J'ai fourni tous les traits qui me percent le cœur.

Mon amour se formoit d'agréables chimeres
Sur les discours flateurs qui t'étoient ordinaires ;
Et l'éclat de ton sang par-tout si fort vanté
Sembloit m'être garant de ta sincerité.
Quand mes feintes froideurs te causoient des allarmes,
Tu pleurois, je te crûs sur la foi de tes larmes :
Cependant je vois bien qu'elles couloient par art.
Oui, souvent dans les pleurs le cœur n'a point de part.
Les Dieux, qu'interessoient tes trompeuses tendresses,
Sembloient m'être à leur tour garants de tes promesses.
Pourquoi donc de ta foi tant de gages divers ?
Ma raison s'y perdoit, comme encore je m'y pers.
Falloit-il, me voyant un cœur foible & trop tendre,
Par cent piéges dressés chercher à me surprendre ?
Chacun m'ouvroit un gouffre à me précipiter,
Tous s'ouvrant à la fois, comment les éviter ?
Je ne me repens point d'avoir été facile
A t'offrir en ces lieux un favorable azile,
Heureuse mille fois ! si j'eusse là borné
Le pouvoir que sur moi mon penchant t'a donné !
Mais ce qui fait, hélas ! & ma honte & ma rage,
C'est d'avoir eu, perfide, assez peu de courage
Pour ne pas résister à des charmes trop doux,
Et t'avoir lâchement accepté pour Epoux.
Ah ! que ce jour fatal au repos de mon ame
Qui préceda celui qui me rendit ta femme,
Pour empêcher l'effet de mes folles amours,
N'a-t-il pû devenir le dernier de mes jours !

A DEMOPHOON.

Libre du nœud honteux qui malgré moi m'attache,
Ne me reprochant rien, j'aurois vécu sans tache,
Mon cœur ne seroit pas agité, combattu,
Et j'aurois en mourant eu toute ma vertu.
J'attendois de mes feux une autre récompense,
Ce que j'ai fait pour toi m'en laissoit l'esperance,
Tout espoir, lorsqu'il suit ce qu'on a merité
Est rempli de justice, & peut-être écouté.
A tromper notre Sexe on n'a pas grande gloire,
Lorsque l'amour le guide il est propre à tout croire ;
Mais le fonds innocent de sa crédulité
Par un cœur noble & droit est toûjours respecté.
Tes feintes m'ont livrée aux transports de ta flamme,
Le succès t'étoit sûr, j'étois amante & femme :
Fassent les justes Dieux qu'un triomphe si beau
Soit le plus glorieux qui te suive au tombeau !
Que quand tu regneras, Athenes pour te plaire
T'éleve une Statuë à côté de ton Pere,
Où chacun te voyant de Mirthe couronné,
Admire le talent que l'Amour t'a donné;
Qu'après qu'on aura lû sous celle de Thesée,
Que pour lui Thebes fut une conquête aisée,
Qu'ennemi des brigands, par lui furent punis
Et le cruel Procruste & le traitre Sinis,
Que Scyron succomba sous sa valeur extrême,
Et que par un heureux & rare stratagème
Domptant le Minotaure, il sçut, bravant le sort,
Sortir du Labyrinthe où l'attendoit la mort ;

Que son bras secondant l'ardeur de son courage ;
Des Centaures vaincus fit un affreux carnage,
Et que malgré Cerbere & cent monstres divers
Il se fit par la force un passage aux Enfers ;
On puisse lire ensuite au bas de ta figure :
Celui-ci fut chéri de l'ardeur la plus pure,
On le combla de biens, & l'ingrat fut charmé
D'abandonner l'objet dont il étoit aimé.
Parmi tant d'actions de l'illustre Thesée
Une seule est par toi digne d'être prisée.
Adoré d'Ariane, il osa la quitter,
Et ce n'est qu'en cela que tu veux l'imiter :
Ton interêt te porte à trouver légitime
Ce qui peut être en lui l'excuse de ton crime ;
Et tu fais vanité de nous montrer en toi
L'héritier accompli de son manque de foi.
Au moins avec Bacchus la Princesse de Crete
Joüit par son Hymen d'une gloire parfaite ;
Et le malheur qu'elle eut se trouve reparé
Lorsqu'elle est sur un Char par des Tigres tiré :
Mais les Thraces piqués de voir la préférence,
Qu'aux vœux d'un Etranger donna mon imprudence ;
Regardent mon Hymen comme un lien honteux
Que ma flamme avilit & rend indigne d'eux.
Qu'elle aille, disent-ils, recevoir dans Athenes
L'honneur que les Sçavans y destinent aux Reines;
La belliqueuse Thrace a chez elle à son choix
D'assez nobles Sujets pour se donner des Rois.

C'est

A DEMOPHOON.

C'est par le succès seul que les ames vulgaires
Jugent des actions & de leurs caracteres.
Puisse n'avoir jamais d'heureux évenement
Tout mortel qui si mal porte son jugement !
Si ta Flote aujourd'hui dans nos Ports revenuë
De tes sermens pour moi rendoit la foi connuë
On trouveroit prudens mes nœuds & mes projets,
Et j'aurois recherché le bien de mes Sujets :
Mais j'ai tort ton oubli rend ma faute visible :
Mon Palais n'a plus rien qui te rende sensible ;
Et les bains de la Thrace & ses autres plaisirs
Seroient trop languissans pour toucher tes desirs;
Je croi te voir encore en cet état funeste
Où d'un vrai desespoir la marque manifeste,
Dans tes yeux abbatus sur le point de partir
Me peignoit la douleur que tu devois sentir.
Ma seule image alors regnant dans ta pensée
Tu me tins sans parler quelque tems embrassée,
Et de tes vifs adieux les seduisans appas
En flattant mon erreur ne l'affoiblissoient pas.
Touché de son excès, ton cœur trouvoit des charmes
A te faire mêler tes pleurs avec mes larmes,
Et c'etoit pour ta flamme un dur accablement
Que les vents qui souffloient trop favorablement.
Enfin après ces pleurs & ces plaintes frivoles,
Ma Philis, ce sont là tes dernieres paroles;
Attens Demophoon; l'ardeur de son amour,
Comme il vit tout en toi, pressera son retour.

C

Tu n'en dois point douter. Moi, que j'attende un traître
Qui n'a fui de nos mers que pour n'y plus paroître,
Et qui m'ayant quittée après mille bienfaits,
Renonce avec plaisir à me revoir jamais !
Je t'attends cependant, reviens, s'il est possible ;
Quoique-tard, ton retour me trouvera sensible,
Et je croirai tes vœux toûjours fermes, constans,
Si ta foi m'a manqué seulement pour un tems.
Mais que dis-je ? insensée ! une perfide flamme,
Pour quelqu'autre, peut-être, aura touché ton ame ;
Et l'Amour, qui par toi m'accable de rigueurs,
Par un nouvel objet te comble de douceurs !
L'absence m'ayant fait sortir de ta mémoire,
Mon heureuse Rivale (au moins je puis le croire)
Occupe tous tes soins & te laisse ignorer
Qu'il soit une Philis qui t'ait fait soupirer.
Mon malheur est extrême & ne se peut comprendre,
Si mon nom prononcé, comme tu peux l'entendre,
T'oblige à demander, après mes feux trahis,
Ce que c'est que Philis, & quel est son païs.
Si tu ne le sçais pas, je veux bien te l'apprendre ;
C'est cette Amante, ingrat, trop fidelle & trop tendre,
Qui te donnant retraite en son propre Palais,
Par ses profusions a passé tes souhaits.
C'est celle dont pour toi les bontez trop ouvertes
S'employérent d'abord à réparer tes pertes,
Et qui pour t'affranchir d'un sort infortuné,
T'ayant donné beaucoup, t'eût encore plus donné.

A DEMOPHOON.

L'Empire de Licurgue eût connu ta puissance,
Et tu pouvois compter sous ton obéïssance
Tous ces Peuples Guerriers qui semblent s'indigner
Qu'une femme ait sur eux la gloire de regner.
Oui, je t'aurois soûmis cette vaste étenduë
De Terres & d'Etats qui s'offrent à la vûë
Entre le mont Rodope & ces lieux éloignez
Dont par les eaux de l'Hebre on voit les champs baignez.
Ce fut sous un sinistre & malheureux présage
Que de notre union ta foi me fut le gage,
Et te fit obtenir avec le nom d'Epoux
Ce que dans ses transports l'amour a de plus doux.
Tisiphone aprêtant la couche nuptiale,
Poussa ses heurlemens dans cette heure fatale,
Et pour Epithalame on entendit le bruit
De ces oiseaux hideux qui n'aiment que la nuit.
A l'Hymen que pressoit ta flamme impatiente
Avec tous ses serpens Alecto fut presente ;
Et si pour l'éclairer on y vit un flambeau,
Il vint de quelque mort qu'on portoit au tombeau.
Cependant la douleur qui déchire mon ame,
Toute vive qu'elle est, n'étouffe point ma flamme.
De rocher en rocher courant de toutes parts
Je porte sur la mer mes avides regards ;
Soit que l'Astre du jour remplisse sa carriere,
Soit que ceux de la nuit nous prêtent leur lumiere,
J'observe si du vent qui regne sur les eaux
Le soufle est favorable, ou contraire aux vaisseaux.

Si j'en vois qui de loin commencent à paroître,
Mon amour pour les tiens me les fait reconnoître ;
Et se plait à penser qu'enfin les justes Dieux
Ramenent dans nos Ports ce que j'aime le mieux.
Je descens aussi tôt sur le sable, & m'avance
Jusqu'où les premiers flots roulent sans violence.
A peine, pour trop croire un espoir decevant,
Peuvent-ils m'empêcher de marcher plus avant :
Mais, voyant mon erreur quand ces vaisseaux arrivent,
Je tombe entre les bras des femmes qui me suivent,
J'y demeure sans force, & leur triste secours,
Malgré moi s'étudie à prolonger mes jours.
Sur la côte, où je vais pleurer mon aventure,
S'éleve un grand Rocher taillé par la Nature,
Escarpé des deux bouts, & fait en demi rond,
Il offre un vaste flanc où la vague se rompt.
C'est de-là que l'excès de ma douleur profonde
M'a fait penser cent fois à me jetter dans l'onde ;
Et puisqu'aucun espoir ne peut plus me flatter
Il faudra me résoudre à m'y précipiter ;
Les Flots, que j'ai rendus sensibles à mes peines,
Me porteront peut-être au rivage d'Athenes,
Et sans être inhumée abordant en ces lieux,
Il pourra m'arriver de paroître à tes yeux.
Quelque dur que tu sois il sera difficile
Qu'à ce terrible aspect tu demeures tranquille,
Et ne dises du moins : Ce n'étoit pas ainsi
Que Philis pour me voir devoit venir ici.

A DEMOPHOON.

Je cede quelquefois à la funeste envie
D'employer le poison pour terminer ma vie ;
Quelquefois la Fureur vient animer ma main
Et me porte à plonger un poignard dans mon sein.
Mon col, qu'entre tes bras ma tendresse trop prompte
T'a permis de serrer, me reproche ma honte ;
Et pour en effacer ces marques de mes feux
Souvent mon desespoir m'apprête d'autres nœuds.
Il faut enfin, il faut renoncer à la vie ;
Ma douleur le demande & l'honneur m'y convie,
Et lasse de trainer mon déplorable sort
Je ne tarderai guéres à choisir une mort.
Par elle on connoîtra que ta seule injustice
Aura porté ma gloire à ce grand sacrifice,
Et de ta trahison ces vers, ces tristes vers
Qu'on lira sur ma tombe instruiront l'Univers.
Après mille tourmens, ici Philis repose,
Ce fut Démophoon qui lui perça le sein,
L'ingrat de son trépas ayant fourni la cause
Elle fut obligée à lui prêter la main.

SUJET DE L'EPITRE
de Briseïs à Achille.

Lorsqu'Achille alloit au Siege de Troye, il ravagea toutes les Villes alliées des Troyens qu'il trouva sur sa route. Il fit diverses conquêtes, prit plusieurs Villes, & trouva beaucoup de resistance à celle de Lyrnese, dont Minés étoit Souverain. Ce Prince en combattant vaillamment fut tué de la main d'Achille. Ce rapide vainqueur en se retirant emmena deux belles personnes captives, l'une nommée Criseis, fille de Crisés Grand Prêtre d'Apollon, il envoya cette beauté à Agamemnon. L'autre captive se nommoit Briseis, & étoit veuve de Minés Prince de Lyrnese. Comme Achille s'étoit attendri pour cette Princesse, il la garda dans ses tentes. Quelque tems après l'arrivée d'Achille auprès d'Agamemnon, la peste se mit si violemment dans l'Armée des Grecs, que les Soldats mouroient à centaines de cette contagion. On eut recours aux Ministres des Dieux pour sçavoir quel remede on pourroit apporter à un mal si funeste. Calchas qui passoit pour très sçavant dans l'art de Divination, fut consulté sur cet événement, & dit, que s'il ne craignoit point d'irriter des personnes puissantes, dont le couroux étoit redoutable, il reveleroit la cause des maux cruels qui désoloient le camp. Achille l'exhorta à dire la verité, & l'assurant qu'il le protegeroit contre quelque mortel que ce pût être qui voudroit l'opprimer. Sur cette assurance, Calchas déclara qu'il falloit rendre Criseis, & qu'Apollon fort en colere de ce qu'on retenoit en captivité la fille de son Grand Prêtre, leur avoit envoyé cette maladie pour venger Crisès, qui lui étoit cher. Agamemnon outré de desespoir, fut obligé, malgré tout l'amour qu'il avoit pour Criseis, de rendre cette belle captive à son pere. Mais pour se venger d'Achille il voulut avoir Briseis, & la fit enlever dans la tente de ce jeune Prince, qu'il avoit déja bravé de telle maniere, qu'Achille, qui n'étoit pas propre à souffrir les outrages, auroit dans ce moment tué Agamemnon, si Minerve ne l'en eût empêché. Cependant il quitta les armes par dépit, & protesta de ne les reprendre jamais pour le service d'un si indigne Chef. Mais les Grecs qui voyoient que le repos d'Achille leur étoit fatal, & que tous les jours les Troyens les battoient depuis qu'il les avoit abandonnez, prierent Agamemnon de l'appaiser à quelque prix que ce fût, & de lui rendre cette Beauté qui étoit cause de la querelle. Agamemnon consentit à ce qu'on souhaitoit, il envoya trois Princes Grecs à Achille pour le prier d'oublier le passé, & d'accepter le retour de sa belle Captive, & un grand nombre de beaux presens. Achille refusa tout cela : & c'est sur ce refus que Briseis lui écrit cette Lettre où elle se plaint de la durée de sa colere, & du peu d'empressement qu'il a aujourd'hui pour une personne qu'il avoit aimée autrefois avec tant d'ardeur.

EPITRE
DE BRISEIS
A ACHILLE.
Traduite d'Ovide.

Briseis, à vos feux injustement ravie,
Met à penser à vous le bonheur de sa vie.
Ces mots, qu'en mauvais Grec sa main vous a tracez,
Tout mal formez qu'ils sont, vous le prouvent assez.
Quoiqu'un tel souvenir soit pour moi plein de charmes,
Vous en verrez beaucoup s'effacer par mes larmes :
Mais pour bien exprimer de sensibles douleurs
Il n'est point de discours plus puissans que les pleurs.
Si celui que le Ciel m'oblige à reconnoître
Comme étant mon Epoux aussi bien que mon Maître,
Vouloit souffrir la plainte à mon cruel ennuy,
Peut-être avec raison me plaindrois-je de lui.
Je sçai que malgré vous ma triste destinée
Aux loix d'un puissant Roi se trouve abandonnée :
Mais si de bien aimer vous eussiez connu l'Art,
Forcé d'y consentir, vous l'auriez fait plus tard.

Euribate arrivant suivi de Talthybie
En marquant l'ordre injuste où j'étois asservie;
Ils virent tout se rendre au pouvoir du grand nom
Que prêta contre vous le fier Agamemnon.
Cette facilité les surprit l'un & l'autre,
Et comme ils connoissoient mon amour & le vôtre
Leurs mutuels regards sembloient se demander
Par quel prompt changement vous pouviez me ceder;
Pourquoi vous hâter tant ? J'eusse été consolée
Si j'eusse vû par vous ma peine reculée :
Mais l'ordre fut, hélas ! si pressant pour partir
Que sans vous embrasser je dûs y consentir.
Quel desespoir pour moi ! mes pleurs s'en expliquerent;
Mes cheveux arrachez hautement le marquerent,
Et telle qu'une esclave en ce fatal revers
Je crus que j'étois prête à rentrer dans les fers.
Je voulus, ne pouvant supporter votre absence,
De ceux qui me gardoient tromper la vigilance :
L'amour pour m'échapper me montroit tout permis ;
Mais je pouvois tomber aux mains des ennemis.
Je craignis que la nuit m'égarant dans ma fuite
Au Palais de Priam je ne fusse conduite,
Et de combien mes maux me paroîtroient accrus
S'il me falloit servir quelqu'une de ses Brus.
J'ai donc été livrée ; un traitement semblable ;
Les Destins le voulant, m'étoit inévitable :
Mais depuis tant de tems qu'on nous a separez
Je vois vos sentimens pour moi bien moderez.

A ACHILLE.

Sans me redemander, tranquille dans ma perte
Vous semblez l'oublier après l'avoir soufferte ;
Ou, si vous écoutez votre ressentiment
L'ardeur qu'il vous inspire agit bien lentement,
Patrocle cependant, me voyant toute en larmes ;
Etouffez vos soupirs & calmez vos allarmes,
Me dit-il, dans le tems qu'on alloit m'emmener ;
Un mal qui sera court doit peu vous étonner :
Mais c'est peu de souffrir le coup qui nous sépare,
Sans qu'à me rappeller votre cœur se prépare,
Vous affectez exprès un violent courroux
Pour me pouvoir tenir plus long-tems loin de vous.
Après tant de sermens d'une tendresse extrême,
Si vous m'en croyez digne, est-ce là comme on aime ?
Et vous vanterez-vous de sçavoir constamment
Soûtenir ce que veut la qualité d'amant ?
Le genereux Ajax, l'officieux Ulysse,
Phœnix qui de mon sort plaint comme eux l'injustice ;
Voyant votre colere, ont été vous offrir
De me rendre au vainqueur que seul je puis souffrir;
Par eux entre vos mains je dois être remise,
Et pour calmer votre ame où la fureur s'est mise,
Ils n'ont rien oublié de tout ce que pour vous
L'ardeur de vous fléchir peut avoir de plus doux.
Combien, pour faire agir votre valeur oisive
La priere en leur bouche a-t-elle paru vive ?
D'ailleurs dix Talens d'or, douze Chevaux de main,
Vingt Vases, sept Trépieds du plus luisant airain,

Et ce qui touche peu votre ame indifférente
Des Dames de Lesbos d'une beauté charmante ;
Que leur Ville soûmise a réduites aux fers,
Sont des Dons bien des fois par ces Princes offerts.
Que si l'Hymen vous plait... Mais sans remords, sans gêne
Pourriez-vous vous lier d'une nouvelle chaîne ?
Agamemnon, sous qui se rangent tant de Rois,
De trois filles qu'il a vous fait laisser le choix.
S'il m'avoit mise à prix, en Amant magnanime
Qui veut reprendre un bien qu'il chérit, qu'il estime,
Pour braver les Destins à nos vœux opposez
Vous auriez dû donner ce que vous refusez.
Quelle imprudente erreur, ou quelle faute insigne
A fait que de vos feux vous me trouvez indigne ?
Et comment un amour si prompt à nous unir.
Est-il sorti si tôt de votre souvenir ?
Lorsqu'un sort malheureux une fois nous accable
La colere du Ciel devient-elle implacable ?
Et ne doit-on jamais se flatter que nos pleurs
Trouveront l'heure propre à finir nos malheurs ?
Hélas ! je crois encor vous voir avec furie
Par la flamme & le fer désoler ma Patrie,
Le rang que j'y tenois avoit assez d'éclat
Pour sentir vivement le revers qui l'abat.
J'ai vû dans ce revers, pour comble de miseres,
Sous vos traits inhumains tomber trois de mes freres
Le sang qui nous joignoit vous peut faire juger
Dans quels chagrins amers leur mort ma sçu plonger.

A ACHILLE.

Mon Epoux s'étoit fait un grand nom dans la guerre,
Cependant je le vis étendu sur la terre,
Où dans des flots de sang sur le point d'expirer
Des maux qui m'attendoient il sembloit soupirer,
Malgré tant de malheurs j'avois sujet de dire
Qu'à les reparer tous vous seul pouviez suffire,
Et qu'au milieu des fers mon sort étoit si doux
Que vous me teniez lieu de freres & d'Epoux.
Après m'avoir juré par Thetis votre mere
Que vos vœux les plus chers ne tendoient qu'à me plaire;
Vous m'avez dit souvent que la captivité
Avoit sçû me conduire à la felicité :
Ne me l'avez-vous dit, que pour me faire prendre
Un amour plus ardent, plus sincere & plus tendre;
Et m'éloignant ensuite & dédaignant ma foi
Rejetter tous les biens qu'on vous offre pour moi ?
Si j'en croi même un bruit qui n'est que trop croyable,
Aussi tôt que le vent deviendra favorable,
Sans voir quels maux les Grecs en doivent ressentir,
L'inexorable Achille est tout prêt de partir.
Quelle peine pour moi peut être plus cruelle!
Quand on m'eut apporté cette triste nouvelle,
Je demeurai sans force, & tout mon sang glacé
Suivit le coup fatal dont j'eus le cœur percé
Quoi donc, vous partirez ? si l'ardeur de leur nuire
Vous bannit de ces lieux, où m'allez-vous réduire ?
Et dans l'état funeste où l'on voit que je suis
Qui voudra prendre soin d'adoucir mes ennuis ?

Ah ! plutôt que sans moi vous quittiez ces rivages
Puisse sur moi la foudre étendre ses ravages,
Que la terre entr'ouverte engloutissant mon corps
Me livre par son gouffre à l'empire des morts !
Si vous lassant enfin de Bellonne en furie
Vous recherchez à voir votre aimable Patrie,
Me regarderez-vous comme un pesant fardeau
Qui peut avec excès charger votre vaisseau ?
Je ne demande point, de votre rang jalouse,
Que vous m'y receviez en qualité d'Epouse ;
Je suis votre Captive, & ferai mon bonheur
Par-tout où vous serez de suivre mon Vainqueur.
Parmi ce que la Grece a de plus remarquable
Prenez une Princesse illustre, jeune, aimable,
Que sa beauté réponde à l'éclat de son sang,
Et que rien, s'il se peut, ne surpasse son rang ;
Issu de Jupiter ainsi que de Nerée,
D'ailleurs fils d'une mere en tous lieux reverée,
Vous lui donnerez part vous faisant son Epoux
De toutes les grandeurs qu'on voit briller en vous ;
Pour moi, toûjours soûmise & cherchant à vous plaire
Par tout ce qu'une Esclave a coûtume de faire,
Chez vous sur le travail je recevrai ses loix,
Et m'accommoderai des plus simples emplois.
Tout ce que je demande & qu'il faut que j'obtienne
C'est que son cœur aigri contre moi se retienne ;
Car quelque zele ardent qui puisse m'animer
Elle aura ses raisons pour ne me pas aimer ;

A ACHILLE.

Ainsi ne souffrez point que j'en sois maltraitée ;
Et si mon peu de soin la rendoit emportée,
Dites-lui doucement pour fléchir sa rigueur,
Briseis avant vous eut place dans mon cœur.
Si pourtant vous craignez par-là de lui déplaire,
Laissez-moi tout souffrir de son humeur severe,
Vous m'aurez toûjours fait un destin assez doux
S'il peut m'être permis de vivre auprès de vous.
Que pouvez-vous attendre ? Agamemnon lui-même
De son emportement montre un regret extrême,
Et la Grece à vos pieds attend de votre bras
L'exemple vigoureux qui manque à ses Soldats :
Triomphez de vous-même & de votre colere,
Vous à qui la victoire en tout est ordinaire,
Et ne permettez pas qu'Hector pousse plus loin
Les funestes progrès dont vous êtes témoin :
Rappellez-moi, de grace, & reprenez les armes ;
Les Troyens reprendront leurs premieres allarmes ;
Et par votre valeur leurs efforts réprimez
N'auront plus les succès qui les ont animez.
Un violent courroux vous agite, vous presse,
Il commença pour moi, pour moi faites qu'il cesse,
Et si mon interêt causa votre chagrin,
En faveur de la Grece accordez-m'en la fin.
Ne croyez point qu'il soit honteux à votre gloire
De me ceder sur vous cette foible victoire
Meleagre autrefois par sa femme pressé
A son ressentiment n'a-t-il pas renoncé ?

Vous sçavez quel sujet excita sa colere :
Il avoit fait périr les freres de sa mere,
Qui pleine de fureur voulant venger leur mort
Aux noires Deïtez abandonna son sort :
D'un traitement si dur son ame étant aigrie
Il vit les ennemis attaquer sa Patrie,
Et quoiqu'il eût vaincu sur eux en cent combats,
Contre eux pour sa défense il refusa son bras.
Son Epouse éplorée enfin eut l'avantage
De vaincre en le priant cet obstiné courage ;
Plus heureuse que moi, qui dans votre courroux
Fais tout pour l'étouffer, & n'obtiens rien de vous.
Je sçai que pour fléchir la fierté de votre ame
Je ne puis me parer de l'heureux nom de Femme :
Mais, combien, oubliant le titre de vainqueur
M'avez-vous fait regner sur vous, sur votre cœur ?
Un jour, voyant pour moi votre extrême tendresse
Une autre Esclave osa m'appeller sa Maîtresse ;
Ah ! lui dis-je, pourquoi par ce nom glorieux
Sur mes fers déguisez me faire ouvrir les yeux ?
Peut-être votre amour se fait-il une offense
De ce qu'Agamemnon me tient en sa puissance :
Mais si vous le voyez avec un œil jaloux,
Vos armes ont causé la mort de mon Epoux,
Je jure par son sang, par celui de mes freres,
Ce sang, qui m'a coûté tant de larmes sinceres,
Et qui pour leur Patrie ayant été versé
D'un éternel honneur sera récompensé ;

Par

A ACHILLE.

Par vos coups, dont les miens à force de blessures
Ont fait dans vos assauts des épreuves si dures,
Enfin par l'union si pleine de douceurs
Qui sçut accompagner l'échange de nos cœurs,
Qu'aux vœux d'Agamemnon ma fortune soûmise
N'a d'aucune faveur laissé l'ombre permise :
S'il entre du parjure au serment que j'en fais,
Je l'ai trop merité, ne me voyez jamais.
Ah ! si je vous disois : Jurez-moi que votre ame
Ne se trouve aujourd'hui sensible qu'à ma flamme,
Que depuis mon départ rien de vif, rien de doux
N'a saisi votre cœur, me le jureriez-vous ?
Si l'on en croit les Grecs vous gemissez sans cesse :
La Lyre cependant charme votre tristesse ;
Et peut-être vaincu par de tendres desirs
Pour quelque jeune objet poussez-vous des soupirs.
A-t-on à s'étonner qu'aux plaisirs trop sensible
Vous cherchiez une vie & commode & paisible ?
Par de rudes sentiers Mars conduit les Heros,
Et l'amour fait goûter un aimable repos :
On court moins de peril auprès d'une maîtresse
A ceder aux transports qu'inspire la tendresse,
Qu'à vouloir dans la guerre, armé de toutes parts
De la fiere Bellonne affronter les hasards.
On vous a vû, pourtant au soin de votre vie,
Preferer les travaux dont la guerre est suivie,
Et rien n'avoit pour vous de si charmans appas
Que la gloire qu'on cherche au milieu des combats :

D

Ne faites-vous briller cette ardeur prompte & vive
Que quand vous aspirez à m'avoir pour captive ?
Mon Pays seul a-t-il dequoi vous signaler ?
Et n'étes-vous vaillant que pour le desoler ?
Daigne le juste Ciel vous remettre en mémoire
Ce qu'à votre grand cœur demande votre gloire !
Hector a triomphé dans ses derniers combats
Qu'il périsse, sa mort est dûë à votre bras.
 O vous, Princes des Grecs ! qui pour fléchir Achille
Avez fait tant de fois un effort inutile ;
Envoyez-moi vers lui, je sçai par quel moyen
On peut dompter un cœur aussi dur que le sien.
Plus puissante qu'Ajax & plus qu'Ulisse même
Dont par-tout l'éloquence est d'un pouvoir extrême ;
Plus que l'adroit Phœnix qu'il n'a pas écouté,
Malgré tout son courroux je vaincrai sa fierté.
Les larmes, les soûpirs, la flateuse tendresse,
De l'esprit d'un amant se rend toûjours maîtresse ;
Et c'est en vain qu'il veut résister à des yeux
De toute sa raison cent fois victorieux.
Ouy, trop cruel Achille, ayez l'ame inflexible ;
Malgré la dureté qui vous rend insensible,
Quand je ne dirois rien, fussiez-vous un rocher,
Mes pleurs ont leur langage, ils sçauroient vous toucher.
Rendez-vous donc, de grace, à ma juste priere.
Ainsi Pelée en paix remplisse sa carriere :
Ainsi puisse Pyrrhus par vos leçons instruit,
Entrant au Champ de Mars y marcher à grand bruit,

A ACHILLE.

Briseis, qui faisoit vos plus cheres délices,
Dans votre éloignement trouve mille supplices :
Donnez un prompt remede à sa triste langueur,
Et finissez l'ennui qui consume son cœur.
Que si quelqu'autre amour dans votre ame a sçû naître,
Si vous fuyez celui que je vous fais paroître,
Au lieu de me contraindre à vivre loin de vous
Portez, portez sur moi les plus terribles coups :
Arrachez-moi la vie : aussi-bien est-ce vivre
Que de souffrir les maux où l'absence me livre ?
Je suis toute changée à force de langueur,
Mon visage est terni d'une morne pâleur :
Rien ne me soûtient plus que la douce esperance
De voir bien-tôt finir cette cruelle absence,
Et si vous me l'ôtez, votre injuste couroux
Me forcera d'aller rejoindre mon Epoux.
Comment pouvoir alors vous exempter du blâme
D'avoir par vos mépris fait mourir une femme ?
Ah ! si ma mort vous plaît, que sert de balancer !
Il me reste du sang que vous pouvez verser :
Percez-moi de ce fer, qui dans l'aveugle rage
Où vous mit tout à coup ce qu'on vous fit d'outrage,
Auroit d'Agamemnon précipité les jours
S'il n'eût pas appellé Minerve à son secours :
Mais plûtôt (& l'honneur à ce soin vous convie)
M'ayant comme ennemi déja donné la vie,
Pour rendre comme amant ce triomphe achevé
Conservez-moi le bien que vous m'avez sauvé.

D ij

BRISEIS A ACHILLE.

Si de verser du sang vous vous sentez avide
Suivez dans les assauts votre cœur intrépide.
Quelque nombre de morts qui vous puisse flatter ,
Troye enferme en ses murs dequoi vous contenter.
Consentez seulement à prendre un droit de maître
Qui , soit que de ces lieux vous vouliez disparoître ,
Soit que vous demeuriez , me redonnant à vous
Après tant de chagrins rende mon sort plus doux.

SUJET DE L'EPITRE
de Phedre à Hyppolite.

Phedre étoit fille de *Minos* Roi de *Crete* & femme de *Thesée* Roi d'*Athenes*. *Thesée* étoit fort glorieux par ses exploits guerriers, & fort décrié par ses infidelitez en amour, & surtout par la noire ingratitude qu'il avoit euë pour *Ariane*, sœur aînée de *Phedre* son épouse. Elle l'aima d'abord avec beaucoup d'ardeur; mais comme il avoit un fonds d'inconstance, étoit souvent absent pour chercher la gloire dans de nouveaux exploits, & ne songeoit pas beaucoup à *Phedre*, l'ardeur qu'elle avoit pour lui s'éteignit entierement, & elle prit un coupable penchant pour *Hyppolite* fils de ce Prince. Comme elle n'étoit pas accoutumée au crime, dans les commencemens elle vit toute l'horreur d'une si odieuse passion, & la combattit, mais enfin elle lui ceda honteusement. Cependant n'étant pas encore assez hardie pour dire son extravagant amour à *Hyppolite*, elle lui écrit cette Lettre, où avec beaucoup d'art, elle étale des maximes & des plaintes, qui toutes ingenieuses qu'elles sont, marquent bien l'effroyable emportement d'une femme enivrée d'une folle passion. Elle tâche de donner de la compassion à Hyppolite, & cherche à lui persuader de l'imiter dans son affreux égarement.

EPITRE
DE PHEDRE
A HYPPOLITE.
Traduite d'Ovide.

LA Princesse de Crete à l'aimable Hyppolite
Souhaite avec ardeur dans son pressant ennuy
  La felicité qu'il merite,
Et que jamais elle n'aura sans lui.

Lisez ce que mon cœur m'engage à vous écrire,
Quel qu'en soit le sujet, contentez mon desir,
  Vous ne risquez rien à le lire,
Peut-être même y prendrez-vous plaisir.

Les lettres tous les jours en parcourant la terre
Des amis eloignez, font le plus doux espoir :
  Chaque Peuple pendant la guerre
Des ennemis en daigne recevoir,

Trois fois en vous parlant, d'un doux espoir flattée,
J'ai voulu vous marquer la peine où je me vois,
  Et trois fois ma langue arrêtée
  A refusé son secours à ma voix.

Autant que la raison peut conserver d'empire,
Il faut que la pudeur soit mêlée à l'amour,
  J'aurois eu trop de honte à dire
  Ce qui me fait vous écrire en ce jour.

Son ordre est absolu, quand il veut que l'on aime,
Qui l'ose mépriser attire son couroux,
  Et malgré leur pouvoir suprême
  Il tient les Dieux aussi sujets que nous.

Depuis long tems je souffre une peine terrible,
Et voyant mon tourment s'accroître à le cacher,
  Ecri, m'a-t-il dit, *l'insensible*
  Tout dur qu'il est se laissera toucher.

J'obéis, c'est à lui d'achever son ouvrage,
Comme je sens mon cœur tout rempli de ses feux,
  Puisse le vôtre moins sauvage
  Ne chercher plus qu'à répondre à mes vœux !

A violer ma foi si je me vois réduite,
Ce n'est point que le crime ait pour moi des appas,
  Informez-vous de ma conduite,
  Les bruits fâcheux ne me regardent pas.

A HYPPOLITE.

Je vous aime, il est vrai, je m'y trouve contrainte,
Et plus à m'asservir l'amour a différé,
  Plus de ses traits je sens l'atteinte :
 Ciel ! de quels feux mon cœur est devoré !

Pour de jeunes taureaux indociles, superbes,
Le joug d'abord est rude & pesant à porter :
  Et le poulain tiré des herbes,
 Sentant le frein, cherche à le rejetter.

C'est ainsi que mon cœur nourri dans l'innocence
De l'amour qui l'accable a voulu fuir le poids :
  Avec combien de violence
 M'a-t-il forcée à vivre sous ses loix !

Le crime devient art quand l'habitude prise,
Dès la tendre jeunesse y forme les esprits :
  Lorsque tard l'amour nous maîtrise
 Le cœur en est plus fortement épris.

De la noble fierté qui faisoit mes délices,
Et dont j'ai conservé l'éclat aux yeux de tous,
  Je vous destine les prémices :
 Qui les pourroit meriter mieux que vous !

Vous les aurez pour prix du cœur que je desire,
Jusqu'ici l'un & l'autre ennemis de l'amour,
  Soûmis enfin à son empire,
 Nous lui rendrons hommage en même jour.

E

D'un arbre plein de fruits, au moins c'est quelque chose,
S'ils flattent notre goût, d'en pouvoir détacher ;
 Et toûjours la premiere rose,
 Pour qui la cüeille, eut dequoi le toucher.

L'innocente pudeur, que malgré moi m'arrache
Le penchant où pour vous en vain j'ai résisté,
 Devoit se conserver sans tache
 Dans tout l'éclat qu'avoit sa pureté.

Mais la beauté du choix, quand l'amour me surmonte,
Autorise l'ardeur que j'ose mettre au jour ;
 Un amant qui doit faire honte
 Fait plus rougir mille fois que l'amour.

Quand même Jupiter me cherissant sans cesse,
De l'aveu de Junon viendroit m'offrir sa foi ;
 Hyppolite auroit ma tendresse,
 Et Jupiter n'obtiendroit rien de moi.

Croirez-vous un prodige ! & qu'en vous transformée,
A des arts inconnus je porte mes desirs ?
 De votre esprit seul animée,
 Je vais des Bois faire tous mes plaisirs.

A Diane déja sans réserve attachée,
Je la mets au dessus des Dieux les plus puissans ;
 Par moi sa gloire recherchée
 Sur les Autels fera fumer l'encens.

A HYPPOLITE.

M'appliquant à chasser, les Cerfs seront ma joye,
Quand dans les rets tendus j'aurai sçû les pousser :
  Pour mettre les chiens sur la voye,
 Aux plus hauts Monts je les irai presser.

Pour atteindre une Biche, à courir empressée,
Je lancerai contre elle & dards & javelots :
  Quand le travail m'aura lassée,
 Le gazon verd m'offrira du repos.

Je me ferai de même un charmant exercice
De bien conduire un char sur un terrain poudreux ;
  Et d'empêcher que dans la lice
 Le frein n'échappe à des chevaux fougueux.

Helas ! ma passion trop vive & trop cruelle,
Me fait d'une Bacchante imiter les transports ;
  Et les Ministres de Cybele
 N'eurent jamais des mouvemens si forts.

On diroit quelquefois, à me voir furieuse,
Qu'un Faune plein de rage agite mes esprits ;
  Et de ma course impetueuse
 Dans ces momens, tout le monde est surpris.

Quand de cette fureur un peu moins tourmentée,
J'apprends ce que j'ai dit & tout ce que j'ai fait,
  J'ai honte de m'être emportée
 J'en sçai la cause & l'on en voit l'effet.

PHEDRE

Ah ! je n'en doute point, mon cœur seroit de glace,
Mais l'amour qui me brûle est un amour fatal ;
　Venus qui hait toute ma race
　Me marque ainsi son couroux sans égal.

Jupiter, pour cacher sa figure divine,
Se changeant en Taureau, d'Europe fut l'amant ;
　Europe de notre origine,
　Vous le sçavez, est le commencement.

Pour un autre Taureau Pasiphaé ma mere
Se soûmit à l'amour dont son cœur fut seduit ;
　L'artifice y fut necessaire,
　Que ne peut-on en ignorer le fruit !

La credule Ariane, au perfide Thesée,
Ayant du labyrinthe ouvert tous les détours,
　Lui fut une conquête aisée,
　Et cet ingrat la laissa sans secours.

J'aime enfin à mon tour, & ne puis m'en défendre ;
Ce penchant marque en moi la fille de Minos :
　C'est un tribut qu'il me faut rendre
　Au fier Amour qui trouble mon repos.

Par quel bizarre sort ce qui nous a sçu plaire
A-t-il dû se trouver dans la même maison ?
　Ma Sœur s'aveugla pour le Pere,
　C'est pour le Fils que je perds la raison !

A HYPPOLITE.

Hyppolite & Thesée ont remporté la gloire
D'avoir donné des fers aux deux plus fieres Sœurs;
  Pour vous cette double victoire
 Est un triomphe assez plein de douceurs.

     ❈

Pourquoi dans Eleusis voulus-je être presente
Lorsqu'on y celebroit la fête de Cerés ?
   Curiosité trop ardente
 Combien peux-tu me coûter de regrets !

     ❈

J'avois toûjours en vous découvert bien des charmes;
Mais quel brillant amas n'en vis-je point alors !
   Il fallut vous rendre les armes;
  A resister je fis de vains efforts !

     ❈

Votre habit étoit blanc, je m'en souviens encore;
Et pendant qu'on voyoit votre front ceint de fleurs;
   La pudeur y faisoit éclore
 Tout ce qu'elle a de plus vives couleurs.

     ❈

Ce que pour d'autres yeux vous aviez de sauvage;
Ce qui leur paroissoit dédain, severité
   Me sembloit, sur votre visage,
 L'aimable effet d'une noble fierté.

     ❈

Je n'aime point qu'un homme en ses cheveux affecte
Ainsi que notre Sexe, un mol ajustement;
   La frisure en lui m'est suspecte,
 Il n'est point fait pour ce fade ornement.

Vos cheveux sans nul art, rejettez en arriere,
Marquent un air guerrier où la gloire se peint :
    Il est beau qu'un peu de poussiere
Puisse affoiblir l'éclat de votre teint.

Quand vous vous renfermez dans un petit espace,
Pour dompter un cheval fâcheux à gouverner,
    J'admire avec combien de grace,
Sans en sortir, vous le faites tourner.

Prenant un javelot, si d'une main robuste,
Vers quelque but choisi je vous le vois lancer :
    Que le coup, m'écriai-je, est juste !
De quelle force il a sçu le pousser !

Votre adresse par-tout me paroît surprenante :
Faut-il d'un large épieu vous armer quelquefois ;
    Quoi que vous fassiez, tout m'enchante,
Je donne à tout mon suffrage & ma voix.

Allez dans ces forêts qui sçavent tant vous plaire
Remplir de votre cœur toute la dureté :
    Il faut ailleurs vous en défaire,
Dois-je périr par votre cruauté !

J'y consens, de Diane aimez les exercices :
Mais songez que Venus a de charmans appas !
    Pourquoi méprifer les délices
Qu'elle ôte à ceux qui ne l'honorent pas ?

A HYPPOLITE.

Il n'est point de travail qui puisse être durable,
Lorsqu'il n'est pas suivi d'un aimable repos ;
    Par lui la peine est agréable,
    C'est lui qui rend la vigueur aux Héros.

On ne demande point un repos mol & lâche,
Diane porte un arc dont l'exemple nous sort :
    L'arc tendu long-tems se relâche,
    Il s'affoiblit & sa force se perd.

Céphale, ce chasseur, dont, plus qu'on ne peut croire,
Le nom étoit fameux dans toutes les forêts,
    Avoit acquis beaucoup de gloire
    Et fait tomber Tigres, Loups sous ses traits.

Cependant pour l'Aurore il eut de la tendresse,
L'honneur d'en être aimé lui fut sensible & doux,
    Et cette charmante Déesse
    Souvent pour lui quitta son vieil Epoux.

Combien de fois à l'ombre a-t-on vû, sous un chêne,
Se reposer sur l'herbe Adonis & Venus ?
    Chacun d'eux, chérissant sa peine,
    Par mille soins rendoit ses feux connus.

Meléagre brûla pour la belle Atalante,
Quelles preuves d'amour ne lui donna-t-il pas ?
    Par une dépouille éclatante
    Il se montra soûmis à ses appas.

Sur un si bel exemple, aux douceurs du bel âge
Donnons sans plus tarder, le reste de nos jours,
  Les Bois sont un séjour sauvage
  Si l'on n'y voit la mère des amours.

Vous m'aurez pour compagne, & les terribles roches
Pour suivre un Sanglier ne m'arrêteront pas,
  Je n'en craindrai point les approches
  Si je le voi revenir sur ses pas.

L'Isthme, qu'à tous momens, à la gauche, à la droite
Deux orageuses Mers battent sans nul repos,
  Est une terre fort étroite
  Où l'on entend le double bruit des flots.

Avec vous, s'il le faut, pour habiter Trezene
Je ne refuse point de tout abandonner :
  Rien ne sçauroit me faire peine,
  Et de mon sort vous pouvez ordonner.

L'occasion ne peut être plus favorable,
Notre Pere en tous lieux suit son Pirithoüs,
  Et de lui trop inséparable
  Peut-être ici ne le verra-t-on plus !

L'indifferent Thesée à son fils, à sa femme,
Nous n'en pouvons douter, prefere son ami,
  Phedre ne touche point son ame,
  Son fils, de lui n'est aimé qu'à demi.

A HYPPOLITE.

Mais pourquoi s'arrêter à ces legers outrages ?
Quoiqu'un pareil oubli puisse avoir de rigueur ;
   Nous avons d'autres témoignages
   Des duretez de son barbare cœur.

De mon frere il trancha la triste destinée,
Ses os avec fureur par lui furent brisés ;
   Par lui ma sœur abandonnée
   A cent perils vit ses jours exposés.

Antiope, fameuse entre les Amazones,
Digne mére d'un fils aussi charmant que vous,
   Méritoit avec mille Trônes
   De posseder le cœur de son Epoux.

Qui jamais auroit cru qu'un si précieux gage
N'eût pas mis contre lui sa vie en sûreté,
   Et qu'elle eût dû craindre la rage
   Par qui le fer dans son sein fut porté ?

Point d'Hymen avec elle, afin qu'à la Couronne
Aucuns droits, s'il mouroit, ne vous fussent acquis ;
   Il vous hait, il vous abandonne,
   Quel naturel d'un pere pour un fils !

Après tant de rigueurs respectez-vous un Pere
Qui n'a jamais fait voir de tendresse pour vous ?
   Qui me quitte, & qui s'ose faire
   Un deshonneur du nom de mon Epoux ?

PHEDRE

Hâtez-vous seulement, venez serrer nos chaînes !
Ainsi puisse l'Amour par un heureux secours,
　　　Lui qui m'a causé mille peines,
　　Ne vous donner jamais que de beaux jours !

Je veux bien avec vous m'abbaisser aux prieres
Et vous sacrifier la gloire de mon sang :
　　　Où sont ces superbes manieres,
　　Et cet orgueïl si digne de mon rang ?

J'ai crû, vous résistant avec un soin extrême
Vous dérober un cœur aussi fier que le mien ;
　　　Je m'en flattois : mais quand on aime
　　Peut-on, hélas ! se tenir sûr de rien !

Je suis vaincuë enfin, & j'ose vous le dire :
Un aveu si honteux me doit faire rougir ;
　　　Mais où l'Amour a tant d'empire,
　　La bienséance a-t-elle droit d'agir ?

La raison cherche en vain à retenir ma flamme,
Elle cede au penchant qui vous livre mon cœur :
　　　Voyez le trouble de mon ame
　　Et bannissez votre injuste froideur.

Que me sert qu'en ces mers Minos qui m'a fait naître,
Rende par sa vertu son regne glorieux !
　　　Que du Ciel le souverain Maître
　　Puisse être mis au rang de mes Ayeux !

A HYPPOLITE.

Si d'ailleurs de ma mere on cherche l'origine,
Que me sert qu'on y trouve un éclat sans pareil ?
  Qu'elle soit de race divine
 Et que pour pere elle ait eu le Soleil ?

Lorsque j'ose oublier cette grandeur suprême,
Rendez quelque justice à ceux dont je descens ;
  Pour eux, si ce n'est pour moi-même
 Adoucissez les peines que je sens.

La Crete, où Jupiter a reçu la naissance,
Doit m'élever un jour au trône de ses Rois ;
  Je n'y veux avoir de puissance
 Que pour la faire obéir à vos loix.

Par l'amour, dont les feux brûlent toute mon ame,
Je cherche votre cœur, qu'il soit du mien le prix ;
  Ainsi jamais pour votre flamme
 Aucun objet n'ait rigueur ni mépris.

Ainsi toûjours Diane à vos vœux favorable,
Vous faisant jour au fond des plus sombres forêts,
  Vous rende la Chasse agréable
 Et prenne soin de conduire vos traits !

Ainsi puissent les Dieux qui gardent les montagnes,
Les Faunes, les Silvains, s'interesser pour vous !
  Ainsi jusques dans nos campagnes
 Les Sangliers soient percez de vos coups !

PHEDRE A HYPPOLITE,
Si la soif vous surprend, puissent, malgré la haine
Dont pour tout notre sexe on peut vous accuser,
  Les Nymphes chercher dans la plaine
  La plus belle eau qui la puisse appaiser !

Aux prieres pour vous j'ajoûte ici les larmes.
Si ma lettre peint mal l'excès de mes malheurs,
  Pour vous faire rendre les armes,
  Figurez-vous que vous voyez mes pleurs.

SUJET DE L'EPITRE
d'Oenone à Pâris.

Œnone fille du fleuve Cebrene, fut si charmée des belles qualitez de Pâris, que malgré sa condition obscure (car on le croyoit Berger) cette Nymphe ne laissa pas de l'épouser. Pâris en effet n'étoit pas ce qu'il paroissoit, il étoit d'un sang des plus illustres. Hecube fille de Cissée & femme de Priam Roi de Troye étant grosse de Pâris, songea une nuit en dormant, qu'elle accouchoit d'un flambeau ardent; elle fit part à Priam du songe qu'elle avoit eu, & tous deux ayant consulté les Devins sur ce sujet, ils répondirent que l'enfant que la Reine mettroit au monde seroit cause de la ruine de sa Patrie. A-peine fut-il né que Priam voulant détourner les malheurs qui le menaçoient, le mit entre les mains d'Archelaüs, avec ordre de l'exposer aux bêtes sauvages pour en être dévoré: mais Hecube touchée de pitié le fit nourrir secretement par les Bergers du mont Ida sans lui découvrir qui il étoit. Une éducation si basse ne l'empêcha point de faire éclater les rares qualités qu'il tiroit de sa naissance, & qui avoient si vivement frappé Oenone. Cependant Pâris ayant été reconnu pour fils du Roi des Troyens, fut envoyé à Lacedemone pour demander le retour de sa Tante Hesione, qui avoit été autrefois enlevée par Telamon. Dans Sparte Pâris devint passionnément amoureux d'Helene femme de Menelas, qui avoit laissé ce jeune Prince chez lui pendant un voyage qu'il fit en Crete. Pâris s'étant fait aimer d'Helene & l'ayant amenée à Troye, il oublia entierement Oenone dont il avoit reçu tant de bienfaits, & dont il avoit un fils qui passoit pour le plus beau & le plus aimable enfant qui fût au monde. Oenone penetrée de douleur de l'ingrat oubli de Pâris, lui reproche son infidelité par cette lettre où l'on voit la force & la délicatesse de son amour pour ce parjure époux.

EPITRE D'ŒNONE A PARIS.

Traduite d'Ovide.

SI le coupable feu de ta nouvelle Amante
N'est point absolument maître de ton esprit;
Si tu ne crains point trop sa fureur menaçante,
Jette, infidele Epoux, les yeux sur cet écrit.

Ce n'est pas un défi de la Grece animée,
Qui voudroit dans ton sang éteindre son courroux;
Dans les Bois Phrygiens, Oenone renommée,
Se plaint ici du tort que lui fait son Epoux.

Quels Dieux à nos desirs opposent leur puissance,
De nos sinceres vœux troublent l'aimable paix!
Quel crime ai-je donc fait? Quelle est l'horrible offense
Qui m'ôte le bonheur d'être à toi pour jamais?

Un cœur, qui foible & bas, fait son malheur lui-même,
Doit sans aucun murmure en souffrir le tourment :
Mais lorsque sans sujet notre peine est extrême,
Nous pouvons du Destin nous plaindre justement.

Tu n'avois aucun rang, pour briller dans le monde,
Lorsque je te choisis pour te donner ma foi,
J'étois Nymphe, & du sang du puissant Dieu de l'Onde,
Qu'on voyoit de Héros qui soupiroient pour moi !

Toi, qui du Roi Priam, veux aujourd'hui descendre,
(Avoüe, en bonne foi, que c'est la verité ;)
Tu n'étois qu'un Berger, & je voulus bien prendre
Un Epoux qui vivoit dans cette obscurité.

Sans dégoût pour ton sort, te suivant aux bocages,
On nous a vûs souvent éviter des chaleurs,
N'ayant pour pavillon que l'ombre des feüillages,
Et faisant un tapis des herbes & des fleurs.

Lorsque par son retour, l'Aquilon effroyable
Nous réduisoit tous deux à chercher le Hameau,
Aimant mieux qu'un Palais ta Cabane agréable,
J'y trouvois chaque jour quelque plaisir nouveau.

N'étois-je pas toujours compagne de ta Chasse,
Te suivant aux réduits habitez du Dieu Pan ?
Et n'étoit-ce pas moi qui t'enseignois la place
Où la Biche craintive avoit caché son Fan ?

Souvent

À PARIS,

Souvent j'ai pris tes rets pour t'aider à les tendre,
Partageant avec toi tes travaux genereux :
Et j'animois tes chiens à monter, à descendre
Par les côteaux fleuris, & par les monts pierreux.

Cent Hestres dans ces lieux sur leur écorce gardent
Les chiffres de mon nom, que ta main a gravés :
Plus ces arbres croissans, de près le Ciel regardent,
Plus, croissans avec eux, ces traits sont élevés.

Il me souvient encor, qu'en un second rivage,
On voit au bord des eaux un Peuplier planté,
Qui garde de tes feux un rare témoignage,
Et qui fait preuve aussi de ta legereté.

Vis, Peuplier chéri, sans éprouver la force,
Dans les suites des ans, des Hyvers rigoureux ;
Gardes toujours gravé sur ta rustique écorce
Le serment violé de ces vers amoureux.

Quand Oenone verra son Paris infidele,
Quand sous une autre loi son cœur respirera,
Le Xante aux flots d'argent, à soi-même rebelle,
Avec rapidité contre sa source ira.

Xante, changes le cours de ton onde si pure ;
Tandis qu'elle entendra publier ce serment,
Paris trahit Oenone, & son ame parjure
Lui fait même oublier qu'il s'est dit son Amant!

Dans ce jour, cher ingrat, mon bonheur fit naufrage
Avec les tendres vœux de ta fidelité,
Quand trois Divinités voulurent ton suffrage,
Pour décider du prix de leur rare beauté.

On te vit declarer Venus pour la plus belle,
Et quand tu me le dis, je tremblai pour ta foi;
D'un noir pressentiment la menace mortelle,
Par ce fatal discours me vint glacer d'effroi.

Je courus faire part de cette grande affaire
A ceux qu'un âge meur rend sages & prudens :
Tous blâmerent beaucoup ton arrêt temeraire,
Et prévirent de-là de cruels accidens.

Leur avis fut, hélas ! pour moi trop veritable :
Pour te conduire à Sparte on bâtit des Vaisseaux
Superbes & pompeux, je les vis sur le sable,
Et puis bien-tôt au Port prêts à fendre les eaux.

Peux-tu desavoüer, que ta triste paupiere
Ne se noyât de pleurs dans cette occasion ?
Non, ta seconde ardeur, plutôt que la premiere,
Te doit combler de honte & de confusion.

Tu pleuras en voyant les mortelles allarmes,
Que me faisoient sentir mes cruels déplaisirs,
Et ton cœur attendri par mes cris, par mes larmes,
Te fit mêler tes pleurs à mes tristes soûpirs.

La Vigne qui chérit l'Ormeau qu'elle environne,
Le serre cependant beaucoup moins fortement,
Qu'en cet instant fatal, de la fidelle Oenone
Tes bras tenant le col, le serroient tendrement.

Souvent tu te plaignois que l'inconstant Eole,
Déployoit sa fureur pour agiter les flots ;
Tes Voyageurs rioient de ce discours frivole,
Car tout sembloit flatter l'espoir des Matelots.

Ils te virent cent fois après m'avoir quittée,
Pour m'embrasser encor retourner sur tes pas ;
Et ta langue cent fois, tristement arrêtée,
Commencer un adieu qu'elle n'achevoit pas.

Cependant tu partis, les rames employées
Faisoient blanchir les flots en t'éloignant de nous ;
Et le Vent qui poussoit tes voiles déployées,
Se hâtoit de m'ôter un spectacle encor doux.

Jamais mes tristes yeux ailleurs ne se tournerent,
Tant que sur ton Vaisseau je pûs les arrêter ;
Et ne le voyant plus, de larmes ils baignerent
Les bords infortunés qu'il venoit de quitter.

Pour accourcir le temps d'une cruelle absence,
Tous mes vœux à Thetis demandoient ton retour ;
Hélas ! qui le croiroit ? que ce retour m'offense
Plus que ne fit jamais la longueur du séjour !

F ij

Quoi ! tant de vœux offerts étoient pour ma Rivale !
Et quand les Dieux sembloient exaucer mes desirs,
C'étoit pour m'accabler d'une douleur fatale,
Et mettre la perfide au comble des plaisirs !

Quelque escarpé que soit le fier Mont de Sigée,
Qui leve vers le Ciel son front audacieux,
Pour soulager les maux de mon ame affligée,
J'y promenois souvent mes chagrins ennuyeux.

Du haut de son sommet j'apperçus, la premiere,
Ce Vaisseau de qui seul j'attendois mon bonheur;
Pour t'embrasser plutôt il ne s'en fallut guére
Qu'Oenone de la mer ne bravât la fureur.

Pendant qu'à ce dessein, je rêvois attentive,
Je vis dans ton Vaisseau de la pourpre briller :
Ce présage déplut à ma flamme craintive,
Je ne te vis jamais dans ce goût t'habiller.

J'accourus vîte au Port : tu gagnes le rivage :
Mais lorsque le lointain ne sçut plus m'éblouir,
D'une femme aussi-tôt discernant le visage,
Je fus par cet aspect prête à m'évanoüir.

Ce n'étoit pas assez pour tourmenter mon ame,
De soupçonner l'oubli de mes tristes appas,
J'apperçus qu'étalant ta criminelle flamme,
Tu tenois ma Rivale assise entre tes bras.

A PARIS.

À cet indigne objet, dans ma douleur amere,
J'arrachai mes cheveux, je me frappai le sein,
Et tournai contre moi la vengeance severe,
Dont mes feux outragés m'inspiroient le dessein.

Abandonnant mon ame à la plus rude peine,
Dans les rochers d'Ida je vins pousser des cris,
Et souhaitai cent fois qu'à la perfide Helene,
Bien-tôt un autre objet ravît aussi Pâris.

Tu traînes sur tes pas une troupe insolente
De Grecques dont l'Hymen n'a pû fixer la foi ;
Du rang où l'on te voit la splendeur éclatante
Leur fait toutes briguer la gloire d'être à toi.

Mais quand simple Berger, sur les bords du Scamandre,
Tu gardois les troupeaux dans un état obscur,
Nulle femme à ton sort n'auroit voulu descendre,
Qu'Oenone dont le cœur brûloit d'un feu si pur.

Contente seulement de regner sur toi-même,
Je ne regrette point tes biens, ni ta grandeur,
Et des Brus de Priam, le rang, l'éclat suprême
Touchent peu les desirs de mon trop tendre cœur.

Ce n'est pas que, malgré le fier orgueil du Trône,
Priam dans notre Hymen pût condamner ton choix ;
Tel que soit un beau sang, l'alliance d'Oenone
Ne peut deshonorer les Héros ni les Rois.

OENONE

Les Nymphes sont d'un rang qui brille d'un grand lustre,
Et pour t'avoir chéri, quoique simple Berger,
Mériterai-je moins l'éclat d'un Sceptre illustre,
Et pour mon trop d'amour me dois-tu négliger ?

Il ne t'expose point à nul affreux ravage
Qui rende pour jamais les Peuples malheureux ;
Et sans voir sur tes bords du sang & du carnage,
Tu peux toujours pour moi brûler des mêmes feux.

Mais Helene, en fuyant son Epoux, sa Patrie,
Pour se joindre avec toi, d'un Hymen odieux,
Ne t'apporte pour dot qu'une Ligue en furie,
Et te rend l'ennemi des Hommes & des Dieux.

Les Grecs, pour elle seule, entreprennent la guerre,
Rends-la, croi les avis de Priam, d'Antenor ;
Avant qu'à ton sujet on ravage ta terre,
Repares ton outrage, il en est temps encor.

Il est toûjours honteux d'exposer un Empire,
Pour ce qu'un fol amour offre de vains appas :
Dans ce grand differend dont la Gloire soupire,
Tous les Dieux indignés seront pour Menelas.

J'avoüerai, si tu veux, qu'Helene est toute aimable,
Mais tu dois son amour à sa facilité ;
Et tu n'as pas sujet d'attendre un feu durable
D'une ame si portée à l'infidelité.

De son premier Epoux, vois la disgrace horrible,
Des liens de l'Hymen elle rend le nœud vain ;
Dès qu'elle cessera d'être pour toi sensible,
Attends de la perfide un semblable destin.

Quand on peut sans fremir voir publier son crime,
Quand on ne rougit point de sa coupable erreur,
On ne retombe plus que d'abîme en abîme,
Et l'on ne peut jamais recouvrer la pudeur.

De ta Greque aujourd'hui la tendresse est extrême ;
Son cœur brûle pour toi du plus ardent amour :
Ce cœur pour Menelas ne fut-il pas de même ?
Comme il s'en voit trahi, tu le seras un jour.

Trop heureuse Andromaque ! A tes liens fidelle,
Jamais le grand Hector ne brûla que pour toi !
Pâris, que ne suis-tu cet illustre modele,
Imitant noblement sa valeur & sa foi.

Des feüilles qu'un Zephir emporte en sa colere,
Ton infidelle cœur a la fragilité :
Il est moins ferme aussi que la cime legere
Des épics tous sechés des chaleurs de l'Eté.

Et c'est là ce qu'un jour, dans sa fureur subite,
Cassandre m'annonça par l'esprit d'Apollon ;
Pleine du feu Divin qui l'inspire & l'agite,
Elle me dit ces mots d'un effroyable ton.

Oenone, que fais-tu ! D'un travail inutile ;
Reserve tous les soins pour une autre saison !
Tu cultives en vain un rivage sterile !
Tu n'en recueïlleras qu'une ingrate moisson !

De Grece, pour ta perte, il vient une Genisse ;
Ainsi qu'à toi, fatale à tous les Phrygiens !
Dieux ! détournez ces maux, moderez le supplice
Dont votre ardent courroux menace les Troyens !

Il paroît cet objet, source de nos alarmes :
Tandis qu'il est sur mer, abîmez son Vaisseau :
Troyens, il porte en lui les trop funestes armes
Qui, noyés dans le sang, vous mettront au tombeau !

Cassandre, après ces mots, sembla rester muette :
On la vint emporter, pour calmer sa fureur :
Moi, les cheveux dressez par une horreur secrette
Je sentis tout mon sang se glacer de frayeur.

Infortunée ! ah Ciel ! ces malheureux présages
N'ont été que trop vrais pour combler mes tourmens !
Cette Genisse Grecque est dans mes pâturages,
Et je ne puis, helas ! la chasser de mes champs !

Qu'entre mille Beautez elle ait le don de plaire,
Ne sçais-tu pas quels droits la perfide a trahis ?
Et que pour conserver le titre d'adultere,
Elle a quitté ses Dieux, son Epoux, son Païs !

Pour

Pour d'autres que pour toi, cette indigne personne
S'étoit déja livrée à l'amour sans effroi,
Un Thesée amoureux, si ma mémoire est bonne,
L'avoit des murs de Sparte enlevée avant toi.

Ce jeune audacieux, avant que de la rendre,
Fit payer sa rançon par le prix de ses feux :
Ne me demande point d'où j'ai pû tant apprendre :
J'aime, tout est connu d'un cœur bien amoureux.

Déguise, si tu veux, du nom de violence,
La faute qu'elle fit par ses bas sentimens :
Il faut qu'on ait flatté ses Amans d'espérance,
Quand on est exposée à tant d'enlévemens.

Oenone cependant, toûjours fidelle & sage,
Conserve une foi pure à son leger Epoux :
Je pourrois imiter ton procedé volage,
Si pour moi des vertus le charme étoit moins doux.

J'ai souvent en tous lieux évité par la fuite,
Des Satyres hardis les discours insolens ;
Et du Dieu des Bergers dédaignant la poursuite,
J'ai négligé l'hommage & les soupirs ardens.

Rien ne me fut jamais aussi cher que ma gloire :
Apollon vainement attaqua mon honneur ;
Il ne put remporter une indigne victoire,
Et je desavoüai son offensante ardeur.

Pour calmer le dépit de mon ame outragée,
Il m'offrit des tréfors fuperbes & pompeux :
Mais ma gloire en couroux eût été mal vengée,
Si je l'euffe appaifée à des prix fi honteux.

Enfin, ce Dieu m'offrit de me rendre fçavante
Dans l'art qui peut donner aux Mortels la fanté :
J'en acceptai le don ; il n'eft herbe ni plante
Dont j'ignore l'effet & la propriété.

Mais ni fimples, ni fleurs, au mal qui me poffede,
N'ont point le don, hélas ! d'apporter du fecours :
De tous les autres maux, je fçai le fûr remède ;
Mais mon art ne peut rien contre ceux des amours.

Le divin Inventeur de cet art falutaire,
Chez Admete bleffé, ne put fe fecourir ;
Et puis brûlant pour moi, fans avoir fçu me plaire,
Il n'eut point le fecret de pouvoir fe guérir.

Ce que ne peut la Terre, & fa plus divine herbe,
Ce que ne peut le Ciel, pour mon foulagement,
Hélas ! fi tu quittois ma Rivale fuperbe,
Tu le pourrois toi feul, Pâris, en un moment.

Daigne donc fecourir une Epoufe, une Amante ;
Prend pitié de l'ennui de mes jours malheureux :
Je n'ai pas allumé cette guerre fanglante,
Ni fomenté des Grecs les complots dangereux.

A PARIS.

Loin qu'à tes ennemis je fuſſe favorable,
Je ſuis ce que j'étois quand tu me ſçus charmer;
Dès mes plus tendres ans tu me parus aimable,
J'achéverai mes jours, ſans ceſſer de t'aimer.

SUJET DE L'EPITRE
d'Hypsipyle à Jason.

Hypsipyle étoit fille de Thoas, Roi de Lemnos, & de la Princesse Myrine. Les Femmes de Lemnos prétendant avoir reçu des outrages de leurs Maris, conspirerent contre eux pendant qu'ils étoient allez faire la guerre aux Thraces, & résolurent de massacrer tout ce qui étoit resté d'hommes dans leur Isle, afin de donner plus facilement la mort à ceux qui reviendroient de la Thrace. Ces cruelles Femmes executerent un si horrible dessein, il n'y eut qu'Hypsipyle qui sauva son Pere ; mais ce malheureux Prince fut obligé de se retirer dans une des Isles de Bacchus, & vécut dans cette Isle sous la protection de ce Dieu, dont il étoit fils. Cependant Hypsipyle, qui depuis long-tems avoit perdu la Reine sa mere, regna à Lemnos à la place de Thoas. Elle étoit dans une heureuse tranquillité dans ses Etats, lorsque Jason fut poussé par la tempête vers cette Isle, où elle régnoit si paisiblement. Jason étoit fils d'Eson, & d'une valeur reconnuë. Il avoit été envoié à la conquête de la Toison d'or par Pelias son Oncle, Roi de Thessalie, qui cherchoit à le faire périr dans une entreprise qu'il voyoit au dessus des forces d'un mortel. Jason cependant se résolut à tenter l'avanture, & s'embarqua dans un Vaisseau nommé Argo, qui fit donner le nom d'Argonautes à tous les jeunes Héros qui monterent ce Vaisseau, pour accompagner Jason dans sa fameuse entreprise. On les nomma aussi Miniens, à cause qu'il y en avoit parmi eux un grand nombre qui descendoient de Mines. Tous avoient élu Jason pour leur Chef, & comme ce jeune Prince avoit tout d'un coup paru fort aimable aux yeux d'Hypsipyle, tous les Argonautes furent très bien reçus d'elle, à sa considération. Jason lui offrit des vœux, parla de mariage, & elle en agréa la proposition. Après l'avoir épousé, elle l'arrêta deux ans auprès d'elle. Les Miniens en general, s'ennuyoient assez d'un si long séjour : pour Jason il paroissoit enchanté de la présence de son Epouse, & marquoit le plus tendre amour pour elle. Cependant comme la gloire l'obligeoit de partir, enfin, il la pria de vouloir bien ne point s'opposer à ce départ, & elle y consentit, à condition qu'après qu'il auroit executé le glorieux dessein qu'il avoit formé, il repasseroit chez elle, avant que de s'en retourner en Thessalie : & qu'il viendroit faire cesser les chagrins où son absence l'alloit livrer, & voir l'enfant dont les Dieux avoient favorisé leur union ; car cette Princesse étoit grosse, quand son Epoux fut contraint de se séparer d'elle. Mais Jason s'étant laissé séduire des attraits de *Médée*, qui par le pouvoir de ses enchantemens, lui facilita la conquête de la Toison, il ne se souvint plus d'*Hypsipyle*, & retourna en *Thessalie* avec sa Rivale, chargé des glorieuses dépoüilles qu'il remportoit de *Colchos*. Ainsi il donna sujet à cette malheureuse Reine de se plaindre de son ingratitude, & de lui exprimer par cette Lettre, l'affreux désespoir où la mettoit un oubli si étrange & si peu mérité.

EPITRE
D'HYPSIPYLE
A JASON.

Traduite d'Ovide.

LA Renommée ici de tous côtez publie,
Qu'après mille périls, enfin, mon cher Jason,
Vous êtes arrivé dans votre Thessalie,
Glorieux du butin de la riche Toison.

Ce retour met mon cœur dans une joye extrême:
Mais puisque vous sçavez à quel point il m'est doux,
Ne devois-je donc pas l'apprendre par vous-même,
Quand des nœuds si sacrez sont formez entre nous?

Au retour de Colchos, si la mer orageuse,
Sembla vous empêcher de paroitre à mes yeux,
Mon amour, toûjours plein de son ardeur flatteuse,
Veut bien ne l'imputer qu'aux Vents trop furieux.

Mais je veux que leur souffle, à mes désirs contraire,
Vous ait tyrannisé sur l'empire des flots,
Votre main pouvoit bien, sans craindre leur colére,
Pour charmer mes ennuis, me tracer quelques mots.

Une Lettre de vous, non pas la Renommée,
Devoit m'avoir appris, que malgré leur couroux,
Les Taureaux qui jettoient une haleine enflammée,
Furent mis sous le joug par vos terribles coups.

Ce bruit commun m'apprend que du sein de la terre
Il sortit des Guerriers, qui furieux d'abord,
Se livrant l'un à l'autre une sanglante guerre,
Furent, sans votre bras, victimes de la mort.

C'est de lui que je sçais, que quelque résistance
Que fasse un Monstre affreux, à votre illustre effort,
La Toison est le prix qu'obtient votre vaillance,
En dépit du Dragon qui jamais ne s'endort.

Après des faits si grands, quelle seroit ma gloire,
Si, quand j'en vois douter quelque bizarre esprit,
J'étois en droit de dire, Ah ! vous les devez croire,
Lisez, Jason ainsi lui-même me l'écrit.

Mais je me plaindrai peu de votre négligence,
Et croirai mon amour assez bien reconnu,
Si, malgré la froideur de votre long silence,
Je tiens encor chez vous le rang que j'ai tenu.

A JASON.

On me dit cependant qu'une indigne mortelle,
Qui d'un art infernal fait ses soins les plus doux,
Vous chérit, suit vos pas, vous fait brûler pour elle,
Et que vous affectez d'en paroître l'Epoux.

L'Amour est soupçonneux, quand on est dans sa chaine,
Le cœur a bien souvent trop de crédulité.
Fassent les justes Dieux que ma plainte soit vaine,
Et que tout ce rapport blesse la vérité !

Mais un Thessalien arrivé dans mon Isle,
Bien reçu par les droits de l'hospitalité,
Ne m'a pas donné lieu d'avoir l'esprit tranquille,
Quoiqu'il ne cherchât pas à le rendre agité.

Que fait mon cher Jason ? contez-moi son voïage,
Ses exploits, son retour, lui dis-je avec chaleur?
Mais il baissa les yeux, & son triste visage
Me fit appréhender quelque cruel malheur.

Pleine du desespoir que la douleur inspire,
Je m'écriai, livrée aux plus ardens transports;
Jason vit-il encore ! ou faut-il que j'expire !
Je veux suivre son ombre au rivage des morts.

Il est vivant, dit-il, & tout couvert de gloire,
Je voulus cependant l'obliger à jurer,
Et malgré les efforts que je fis pour le croire,
A peine ses sermens purent me rassurer.

Après avoir calmé mes frayeurs, ma tristesse;
Je parlai de Colchos & de vos faits nouveaux :
Alors il me conta par quelle heureuse adresse
Vous mîtes sous le joug les superbes Taureaux.

Que des dents d'un Serpent vous semâtes la plaine;
Dont nâquirent d'abord des Guerriers forcenez,
Qui prenant l'un pour l'autre une cruelle haine,
Se donnerent la mort si-tôt qu'ils furent nez.

Enfin, voulant en tout contenter mon envie,
Il me peint aux abois l'effroïable Dragon.
Je tremble à ce récit encor pour votre vie;
Et la crainte & l'espoir égarent ma raison.

Mais, en me racontant votre fameuse histoire,
Entraîné malgré lui par le fil du discours,
Il m'apprend, qu'oubliant mes feux, & votre gloire,
Vous avez couronné de coupables amours.

Hélas ! vous trahissez une ardeur sans égale !
L'Hymen charma mon cœur par son sacré flambeau;
Il devoit bien plûtôt par sa torche fatale,
Allumer mon bûcher, éclairer mon tombeau.

Les frivoles transports d'une amour imprudente
Ne me livrerent point à l'ardeur de vos feux :
Pour lier nos deux cœurs d'une flamme innocente
Et l'hymen & Junon en formerent les nœuds.

A JASON.

Mais, non, on n'y vit point Junon, ni l'Hymenée,
Il n'y vint que Megere & ses barbares sœurs,
Qui marquant de leurs mains ma triste destinée,
Porterent devant moi leurs flambeaux pleins d'horreurs.

Qu'avois-je à faire ici de la troupe indocile,
Des jeunes Myniens, & de leur Chef trompeur ?
Qui t'obligea, * Typhis, d'aborder dans mon Isle ?
Que ton fatal abord coûta cher à mon cœur !

Jason, & ses Guerriers, cherchoient la Cour d'A ète,
Eh ! si la gloire seule animoit ces Heros,
Pourquoi venir troubler mon heureuse retraite !
La fameuse Toison n'étoit point dans Lemnos.

Mon orgueil me portoit d'abord en cent manières
A bannir de nos bords d'audacieux soldats ;
J'y pouvois emploier ma troupe de guerrieres ;
Mais mon cruel destin ne me le permit pas.

Les femmes de Lemnos ont assez de courage,
Pour vaincre par le fer les hommes les plus forts,
Si j'avois pû prévoir votre barbare outrage,
J'aurois sçû vous chasser par leurs vaillans efforts.

Mais, loin de vous bannir, mon cœur, mon diadème,
Par mon tendre penchant, furent bien-tôt à vous ;
Par les nœuds de l'Hymen je me donnai moi-même,
Et nous eûmes deux ans le destin le plus doux.

* *Typhis étoit Pilote du Vaisseau des Argonautes.*

La troisiéme moisson paroissoit déja mûre,
Quand forcé de partir pour combattre à Colchos,
Votre cœur ressentant la peine la plus dure,
Les yeux baignés de pleurs vous me dites ces mots.

Il faut donc nous quitter, je pars, chére Princesse
Mais, si le juste Ciel daigne accomplir mes vœux,
Bientost de ton Epoux la constante tendresse,
Reviendra t'assurer de l'ardeur de ses feux.

Songe à moi cependant & conserve le gage,
Que nous donne l'Hymen de nos tendres amours,
Vous ne pûtes jamais en dire davantage,
Les sanglots redoublés finirent ce discours.

Le cœur gros de soûpirs, le dernier de la troupe,
Vous montez lentement dans le fatal Vaisseau;
Les yeux tournez vers moi, vous restez sur la Poupe,
Tandis que les Zéphirs le font voler sur l'eau.

Les flots qui paroissoient de couleur azurée,
Commencent à blanchir sous l'effort des Rameurs,
Vous regardez la terre où je suis demeurée,
Moi, je regarde l'onde au travers de mes pleurs.

Une superbe tour, qu'on voit sur le rivage,
Semble par sa hauteur s'élever jusqu'aux Cieux,
Par des ruisseaux de pleurs arrosant mon visage,
J'y monte avec ardeur, pour vous suivre des yeux,

Là, mes regards fixés trouvent de tristes charmes,
Doux pouvoir de l'amour, dont je ressens l'effet !
Mes yeux, quoiqu'offusquez par des torrens de larmes,
Discernent de plus loin qu'ils n'avoient jamais fait.

Pour rendre à vos désirs le Ciel toûjours propice,
Voulant toucher les Dieux par ma fidelle ardeur,
J'ai fait cent & cent vœux qu'il faut que j'accomplisse,
Puisqu'ils vous ont comblé de gloire & de bonheur.

J'accomplirai mes vœux, & ma fiére Rivale
Seule en aura les fruits, & glorieux & doux.
Quels combats ! quelle peine à la mienne est égale !
Je brûle tour à tour, d'amour ou de courroux !

Quoi ! j'irai rendre grace aux Puissances Celestes,
Lorsque mon cœur gémit de cent malheurs divers ?
Non, je n'offrirai point ces victimes funestes.
Que me servent vos jours, ingrat, quand je vous perds ?

Malgré ce qu'en vos feux j'avois de confiance,
Je craignois quelquefois qu'Eson plein de courroux,
Cherchant pour vous en Grece une illustre alliance,
Ne voulût vous ôter le nom de mon Epoux.

Les Beautez de la Grece excitoient mes allarmes ;
Mais je n'aurois pas crû qu'un objet étranger,
En vous donnant des fers, eût fait couler mes larmes,
Une Scythe pourtant, hélas ! vient m'outrager.

Ses appas n'ont jamais allumé votre flame,
Elle a peu de vertus, encor moins de beauté ;
Ses noirs enchantemens seuls ont séduit votre ame,
C'est par eux qu'elle tient votre esprit arrêté.

Dans l'horreur de la nuit, par ses Dragons portée,
Sur les Monts les plus hauts elle va moissonner
Des herbes qu'elle doit à sa faux enchantée,
Et sa cruelle main les sçait empoisonner.

Son funeste pouvoir fait venir sur la terre
La Lune, qu'elle arrache au céleste séjour,
Et son art infernal au Ciel faisant la guerre,
De cent voiles obscurs couvrent l'Astre du jour.

Elle arrête d'un mot les eaux les plus rapides,
Fait remonter leur cours par d'odieux secrets ;
Bois & rochers, soumis à ses ordres perfides,
Marchent, changent de place au gré de ses souhaits.

Souvent près des tombeaux, dans les nuits les plus sombres
Elle erre, en prononçant d'épouvantables mots ;
Les cheveux en désordre, elle évoque les Ombres,
Et recueille avec soin des cendres & des os.

Quelquefois elle forme une image de cire
Et d'un fer dangereux la pique avec chaleur ;
Par-là, sur les absens exerçant son empire,
Souvent elle les fait expirer de langueur.

A JASON.

Par de pareils secrets cet objet vous enflame ;
Voit-on naître l'Amour par des enchantemens ?
Il veut par les attraits assujettir une ame,
Par le mérite seul il fait des neuds charmans.

Quoi ! vous osez chérir une Scythe cruelle,
Qui soûmet les Enfers à sa funeste loi !
Vous formez avec elle une chaîne éternelle,
Et vous pouvez dormir dans ses bras sans effroi !

Ainsi que le Dragon & les Taureaux superbes,
Vous êtes par son art mis sous son joug vainqueur,
Elle a par le pouvoir de ses fatales herbes,
Comme ces animaux sçu dompter votre cœur.

Quelle honte pour vous ! quand on croit que Medée,
A vos exploits divers a la plus grande part !
Elle-même sans cesse en affoiblit l'idée,
Et dit qu'ils ne sont dûs qu'aux effets de son art.

Il est plus d'un mortel du parti de Pélie,
Par qui ce qu'elle a fait se vante à tous momens,
Et persuade enfin, ainsi qu'il le publie,
Qu'on ne doit la Toison qu'à ses enchantemens.

Le Peuple dit, qu'en vain vous vous donnez la gloire
D'avoir sçu conquerir cette riche Toison ;
Que Medée en effet seule en eut la victoire,
Et ne fut qu'à ce prix l'épouse de Jason.

Votre Pere ne peut goûter cet Hymenée,
Votre Mere en ressent le chagrin le plus fort,
Quelle Brû, disent-ils, quand elle est amenée,
Sans choix & sans aveu des froids climats du Nort !

Pour avoir un Epoux digne de son mérite,
Il falloit le choisir aux bords du Tanais ;
A cette ame barbare, il falloit un vrai Scythe,
Devoit-elle quitter ces sauvages Païs !

O perfide Jason ! dont l'ame est plus legere
Que ne l'est au Printems l'haleine des Zéphirs ;
Falloit-il me jurer une amour si sincere,
Pour me trahir si-tôt par de nouveaux désirs !

En partant de Lemnos, vous mettez votre gloire
A vous parer cent fois du nom de mon Epoux ;
Ah ! souffrez, qu'occupant toujours votre mémoire,
Je sois ce que j'étois alors auprès de vous.

Si vous êtes touché d'une haute alliance,
J'unis le Sang des Dieux au pur sang des Héros ;
Mon Pere eut dans ces lieux la suprême puissance,
Et compte pour Ayeul le célébre Minos.

Il doit le jour au Dieu que l'Orient révére,
Oui, Bacchus, dont le nom est par-tout glorieux,
S'étant rendu l'Epoux d'Ariane sa Mere,
L'a fait par sa Couronne éclater dans les Cieux.

A JASON.

A la splendeur du Sang, je joins le rang suprême ;
Et quand je vous fis don de ma main, de ma foi,
Je vous portai pour dot un brillant Diadême,
Et je vous fis regner sur mon Peuple & sur moi.

Si vous ne m'aimez plus, que vôtre sang vous touche ;
Considerez mes fils qui vous doivent le jour :
Deux aimables jumeaux sont sortis de ma couche,
Doux fruit de notre Hymen, doux fruit de notre amour.

On voit dans ces enfans votre fidelle image.
On dit, en les voyant, c'est Jason trait pour trait,
Sinon que de trahir ils ignorent l'usage,
Ils offrent à nos yeux votre vivant portrait.

Hélas ! pour vous toucher en faveur de leur Mere
Je voulois emploïer de tels Ambassadeurs
Mais j'ai trop redouté cette horrible Megere,
Qui tient chez vous ma place & comble tout d'horreurs.

Oui, j'ai crains cet objet que votre ame idolâtre ;
On connoît sa fureur, son courage inhumain ;
La perfide Medée est plus qu'une marâtre,
On sçait tout ce qu'à fait sa parricide main.

Celle, qui déchirant les membres de son frere,
Sans pitié, sans remords, en a semé les champs,
Quand par un nœud sacré je vous ai rendu Pere,
Voudroit-elle épargner le sang de mes enfans ?

Mais, pourquoi vous tracer une image inutile !
Quel que soit cet objet, fait pour la trahison,
Vous l'osez préférer à la tendre Hypsipyle,
Tant un art enchanteur séduit votre raison.

Medée a pris pour vous une coupable flame,
Un adultere affreux pour jamais la ternit ;
Au lieu qu'en vous rendant le maître de mon ame,
Un pur & sacré nœud par l'Hymen nous unit.

Elle eut contre son Pere une audace outrageante,
Moi, j'ai sauvé la vie à l'auteur de mes jours ;
Tandis que ses forfaits l'obligent d'être errante,
Tranquille dans Lemnos je demeure toujours.

Mais, pour moi vain secours : helas ! Jason estime
La conduite insensée & la noire fureur ;
Il accepte pour dot la trahison, le crime,
C'est par-là que Medée a sçu gagner son cœur.

Les femmes de Lemnos me semblent trop cruelles ;
On doit de grands égards au sacré nom d'Epoux ;
Mais lorsqu'on a reçu des offenses mortelles,
La vengeance est permise & ses effets sont doux.

Chargé d'un crime affreux, si la Mer en colere,
Vous poussant dans mes Ports, par les vents irrités,
Vous eût fait voir mes fils dans les bras de leur Mere,
N'auriez-vous point frémi de vos nœuds détestés ?

A JASON.

De quel front ? de quel œil votre lâche inconstance,
Vous eût-elle laissé voir mes enfans & moi ?
Et quel genre de mort eût rempli la vengeance
Des noires trahisons dont vous payez ma foi ?

Quoique vous m'ayez fait le plus cruel outrage,
Du soin de vous punir j'eusse chargé les Dieux :
Mais ma Rivale indigne eût éprouvé ma rage,
Et j'aurois fait couler tout son sang odieux.

De haine & de courroux justement possedée,
Rien dans de tels momens ne m'auroit fait horreur ;
Tout m'eût semblé permis, & j'aurois de Medée
Emprunté sans effroi la barbare fureur.

Ah ! s'il est quelques Dieux aux malheureux propices,
Ces Dieux me vengeront de tant de maux soufferts :
Ma Rivale éprouvant les mêmes injustices,
Gémira comme moi des plus cruels revers.

Oui, comme je me vois par son lâche Hymenée
Trahie indignement de mon parjure Epoux,
Comme je reste Epouse & Mere abandonnée,
Qu'elle puisse bientôt sentir de pareils coups.

Que d'un Hymen formé par le fruit de son crime,
On rompe avec eclat les trop coupables nœuds ;
Qu'en cent lieux, de sa rage elle soit la victime,
Sans voir jamais la fin de son exil honteux.

Qu'elle soit pour ses fils aussi pieuse mere ;
Qu'elle ait pour son Epoux une aussi noble ardeur ;
Comme elle respecta le sacré nom de Pere,
Et conserva les droits du tendre nom de Sœur.

Qu'après avoir long-tems couru l'Onde & la Terre,
Elle erre dans les airs par son art odieux ;
Que tous les maux humains lui déclarent la guerre,
Et qu'elle soit l'horreur des Mortels & des Dieux.

C'est ce qu'avec ardeur, pour venger mon injure,
J'offre de vœux au Ciel, les yeux baignez de pleurs ;
Vivez, Femme & Mary, Couple lâche & parjure,
Accablez chaque jour des plus cruels malheurs.

SUJET DE L'EPITRE
de Didon à Enée.

Didon étoit veuve de Sichée, & Sœur de Pygmalion, Roi de Tyr. Pour fuir les perſécutions de ce frere tirannique, elle vint en Afrique avec une Flotte chargée de richeſſes, bâtit Carthage, & s'établit un puiſſant Roïaume. Elle régnoit avec gloire, lorſqu'Enée arriva dans ſes Etats, & inſpira à cette Princeſſe le plus violent amour : il y répondit parfaitement, lui jura de paſſer ſa vie auprès d'elle. Mais s'imaginant être preſſé par des avertiſſemens du Ciel, de s'en aller en Italie, dont la poſſeſſion lui avoit été promiſe par les Oracles, il ſe prépara à partir ſecretement de Carthage, où Didon croyoit l'avoir arrêté pour jamais. Quand cette Amante trop tendre ſçut qu'il faiſoit deſſein de ſe dérober d'elle ; après lui avoir parlé elle-même, & fait parler par la Princeſſe ſa ſœur, pour empecher, ou du moins retarder ſon départ, elle lui écrivit cette Lettre, où elle tâche de lui perſuader par de vives raiſons, qu'il doit demeurer, & ne ſe point précipiter dans les dangers de la Mer pour fuïr une vie pleine de douceurs. A ces raiſons, elle ajoûte des prieres, rappelle aux yeux de ce Prince les graces qu'il avoit reçus d'elle, la promesse de mariage qu'il lui a faite, & vous l'engager à ne plus penser à son voyage d'Italie. Mais enfin faisant reflexion qu'il n'y a point d'esperance de l'avrêter, elle se livre tout à coup au desespoir, & se résout à se donner la mort : elle se la donna en effet, avec l'épée fatale dont Enée lui avoit fait present.

EPITRE
DE DIDON
A ENE'E.
Traduite d'Ovide.

Didon, prête à mourir, veut bien vous faire entendre
    Jusqu'où va pour vous son amour :
Tel, le Cigne aux abois chante aux bords du Méandre,
Dans le moment fatal qu'il doit perdre le jour.

Ce n'est point dans l'espoir de vous trouver flexible
    Que je veux encor vous parler :
A mes plaintes le Ciel s'est fait voir insensible,
Et son ordre cruel ne se peut rappeller.

Mais ayant tout perdu par mes amours frivoles,
    Raison, vertu, repos, honneur,
Pourrois-je appréhender de perdre des paroles ?
Ce chagrin ne doit pas augmenter mon malheur.

Des Destins ennemis les décrets immuables
    Vous font donc cesser d'être à moi ?
Vous partez, & les vents devenus favorables,
Vont avec vos Vaisseaux emporter votre foi.

DIDON

Quoi! sans considerer que mon amour n'aspire
  Qu'à vous soumettre mes Etats,
Vous le sacrifiez à l'espoir d'un Empire
Qu'il vous faut établir en d'inconnus climats!

La nouvelle Carthage & ses murs qui s'élevent,
  N'ont rien qui vous puisse attacher,
Il faut loin de nos Mers que vos desseins s'achevent
Et mon Trône à remplir ne sçauroit vous toucher.

Une conquête faite a pour vous peu de charmes ;
  Une autre à faire vous plaît mieux ;
Et vous voulez ailleurs acheter par les armes
Le pouvoir souverain qu'on vous offre en ces lieux.

Je veux que vous trouviez cette terre promise
  Que vous prétendez conquerir ;
Qui vous en fera maître ? Et dans cette entreprise
A combien de perils vous faudra-t-il s'offrir ?

Pour quelqu'autre Didon, dont vous prendrez les chaînes
  De nouveau vous soupirerez ;
Et vous aurez encore sur ces rives lointaines
A donner des soins que vous rejeterez.

Quel tems vous faudra-t-il pour bâtir une Ville
  Qui de Carthage ait la beauté ?
Et d'où vous puissiez voir la campagne fertile
Enrichir vos Sujets par sa fécondité ?

       Quoique

DIDON A ENE'E.

Quoique ces grands succès demandent un miracle,
  Vous les obtiendrez, je le croi:
Mais, où trouverez-vous sans peine, sans obstacle,
Une Epouse qui soit aussi tendre que moi?

Je brûle, & d'une torche où le souphre & la cire
  Sont du feu le vif aliment,
Dans l'excès de l'amour qui cause mon martyre,
Les flammes de mon cœur passent l'embrasement.

Enée à tous momens devant moi se présente,
  Il me suit le jour en tous lieux,
Et sans cesse la nuit, cette image charmante
Gravée en mon esprit, se fait voir à mes yeux.

Il est vrai qu'il se montre infidelle & volage,
  Insensible aux vœux que je fais;
Et si de la raison je conservois l'usage,
Je devrois souhaiter de ne le voir jamais.

Cependant, c'est en vain que je sens dans mon ame
  Son injustice à me trahir;
Je m'en plains, & ne puis faire cesser ma flame,
Malgré tous les sujets que j'ai de le haïr.

Epargnes moi, Venus, le nom de Belle-mere,
  Dans mon parti te doit jetter,
Et toi, qui je veux bien reconnoître pour frere,
Amour, fléchis son cœur, que je n'ai pû dompter.

Que s'il faut que toûjours ma flame continuë
Pour celui qui touche mon cœur,
Faites que de la sienne elle soit soûtenuë,
Et que l'ingrat me traite avec moins de rigueur.

Mais sur quoi l'esperer ? Quelle vaine chimere
Se forment mes sens abusés ?
Il est trop éloigné de l'esprit de sa Mere,
Pour vouloir adoucir les maux qu'il m'a causés.

Non ! tu n'es point le fils de l'aimable Déesse,
Que suivent les Ris & les Jeux :
C'est parmi les Rochers qu'une affreuse Tigresse
T'a fait succer un sang si contraire à mes feux.

Ou, peut-être, la Mer t'a donné la naissance
Dans son plus terrible courroux :
Ainsi tu crois pouvoir braver sa violence,
Lorsqu'elle te défend de t'éloigner de nous.

Mais, à quoi penses-tu ? Voi comme la tempête
Fait jusqu'au Ciel bondir les flots :
Mes pleurs ne pouvant rien, que l'orage t'arrête;
Les Vents l'emporteroient sur l'art des Matelots.

Souffre qu'en t'effraiant, je doive à leur furie,
Ce que je voudrois te devoir ;
Ton inflexible cœur les passe en barbarie,
Et sur toi la pitié n'eut jamais de pouvoir.

Mais, quoi ? Je ne veux pas que pour fuïr ma colere
 Tu te hazardes à périr :
La crainte que j'en ai déja me défespere ;
Et malgré tes mépris, je ne le puis souffrir.

La haine dans ton ame est bien enracinée ;
 Si, par les perils où tu cours,
Le plaisir de m'avoir trahie, abandonnée,
Te fait compter pour rien la perte de tes jours.

Attends du moins, attends que la Mer plus tranquille
 Ne menace plus tes Vaisseaux :
Le calme à tes desirs va la rendre facile,
Et bien-tôt les Tritons paroîtront sur les eaux.

Les Vents s'appaiseront, leurs bruyantes haleines
 Cesseront d'y semer l'effroi ;
Et si tu n'avois pas la dureté des Chesnes,
En te laissant toucher, tu me rendrois ta foi.

Te livrant à la Mer, sur quelle confiance
 Le fais-tu si legerement ?
Tu ne connois que trop par ton expérience
L'inconstance attachée à ce fier Element.

Quand les Vents en partant te seroient favorables,
 Que d'affreux perils à courir !
Combien d'écüeils cachés, de rochers redoutables
Te mettront à tout heure en état de périr !

Pour les Amans trompeurs la Mer n'est jamais sûre ;
C'est là que l'infidelité
Fait trouver aux Ingrats, après un noir parjure,
Le destin malheureux qu'ils ont trop merité.

L'Amour y fut toûjours prompt à venger sa Mere,
Elle qui nâquit sur les flots,
Et qui par eux poussée aux rives de Cythere,
Mena dans ce beau lieu la joye & le repos.

A quel honteux chagrin ma foiblesse m'entraine !
Je crains de nuire à qui me nuit,
Et de son mauvais sort l'image me fait peine,
Lorsque tout mon bonheur par lui seul est détruit.

Qu'il vive cependant : les malheurs de sa vie
Soulageront mon triste sort,
Quand j'aurai le plaisir de la voir asservie
Au reproche odieux d'avoir causé ma mort.

Si les flots s'irritoient : Eh puisse un tel présage
N'avoir rien de triste pour vous !
Si vous étiez surpris d'un violent orage,
Verriez-vous sans trembler les vagues en couroux ?

Bientôt tous vos sermens, qu'accompagne la feinte,
Viendroient vous remplir de terreur,
Et Didon à mourir indignement contrainte,
Vous feroit de ce crime envisager l'horreur.

Didon, cette Didon que vous prîtes pour femme,
 Titre qu'elle tint glorieux,
Le poignard dans le sein, & prête à rendre l'ame,
Les cheveux tout épars s'offriroit à vos yeux.

Quoiqu'il vous arrivât de fâcheux, de funeste,
 Vous diriez : J'ai tout mérité,
Et la foudre tombant de la voute céleste,
Vous en croiriez sur vous le coup précipité.

A ces flots écumeux que la tempête éleve,
 Donnez le tems de se calmer,
Aussi-tôt qu'avec eux les Vents auront fait trêve,
La Mer n'aura plus rien qui vous doive alarmer.

Ne considerez point que c'est moi qui vous prie,
 Ascagne a besoin de secours :
Si la gloire vous porte à m'arracher la vie,
Il vous seroit honteux de hazarder ses jours.

Vos Dieux qu'avec ce Fils vous tirâtes de Troye,
 Vous peuvent-ils toucher si peu,
Qu'à la fureur des eaux vous les mettiez en proye,
Après avoir pris soin de les sauver du feu.

Mais ! quelle est mon erreur ? Ces Dieux & votre Pere
 Sur vos épaules emportés,
Lorsqu'au sein de la nuit la flamme vous éclaire,
Sont pour nous éblouïr des contes inventés.

Le mensonge vous plaît, & vos feintes promesses
 En ont trompé d'autres que moi;
D'autres, avant que j'eusse écouté vos tendresses,
Avoient déja connu votre manque de foi.

Témoin de votre Fils la Mere infortunée,
 Que vous laissâtes sans secours,
Quand Troye a succombé, par vous abandonnée
Dans l'horreur du carnage elle a fini ses jours.

Vous m'en avez conté la déplorable histoire,
 Et vos maux sçûrent m'attendrir :
Ah ! ce que j'ai montré d'imprudence à vous croire
Mérite plus encor qu'on ne me voit souffrir.

N'en doutez pas pourtant, quand tout vous fait la guerre,
 Vos Dieux mêmes sont contre vous ;
Errer depuis sept ans & par mer & par terre,
N'est-ce pas un effet de leur juste courroux ?

L'orage vous ayant jetté sur nos rivages,
 Mon secours ne vous manqua pas :
D'abord, sur votre nom, avec quels avantages
N'avez-vous pas été reçu dans mes Etats ?

Ah ! que n'ai-je borné cette amitié naissante
 A vous faire un destin plus beau !
Hélas ! ma gloire encor seroit pure & brillante,
Et je pourrois entrer avec elle au tombeau.

DIDON A ENÉE.

Ce jour me fut fatal, où la pluye en orage
  Nous ayant tout à coup surpris,
Nous contraignit d'entrer dans un antre sauvage,
Trop favorable au feu dont vous étiez épris.

Des cris furent poussés, que je crus devoir prendre
  Pour ceux des Nymphes d'alentour :
C'étoient les noires Sœurs que l'Enfer fait entendre
Lorsqu'il leur abandonne un malheureux amour.

Elles vous vengeront de ma foi violée,
  Sacré Devoir, noble Pudeur,
L'ombre de mon Epoux pour ma honte appellée,
Me va bientôt punir de ma trop folle ardeur.

Sa figure est placée en un lieu solitaire
  Qu'on trouve au fond de mon Palais,
Un voile blanc la couvre, & le jour ne l'éclaire
Qu'en perçant tout au tour des feüillages épais.

Trois fois de cet endroit j'ai d'une voix plaintive
  Entendu les sons éclatans,
Didon, viens me trouver sur l'infernale Rive,
C'est là, m'a-t-elle dit, c'est là que je t'attens.

Oüi, Sichée, il est juste, en Epouse soûmise,
  Attendez-moi, je vous rejoins :
Sans la honte que j'ai du feu qui m'a surprise,
Vous me verriez déja, ma mort tarderoit moins.

Pardonnez la foiblesse où l'amour m'a reduite;
Celui qui me manque de foi
Par les rares vertus dont l'éclat m'a séduite,
Se seroit fait aimer de toute autre que moi.

Il nâquit de Venus, & son debile Pere
Fut par lui de Troye emporté :
Un Fils si généreux & si digne de plaire,
Marquoit-il quelque pente à l'infidelité ?

A quitter mon devoir si j'étois condamnée
Ma faute se peut excuser :
Qu'on ne viole point la foi qu'on m'a donnée,
Tout, à ce que j'ai fait, a dû m'autoriser.

Avec quelle rigueur le destin trop contraire
S'obstine à me persecuter !
Je suis jusqu'au tombeau l'objet de sa colere,
Et malgré tous mes soins je ne puis l'éviter.

Au pied de nos Autels l'infortuné Sichée
Tombe, percé de mille coups :
Par son injuste mort que mon frere a cherchée,
Ses tresors sont le prix de ses desirs jaloux.

Contrainte à me bannir, je vais traîner ma vie
Loin des lieux où j'ai vû le jour,
Et de mon Ennemi sans pitié poursuivie,
Je renonce à jamais à l'espoir du retour.

DIDON À ENÉE.

Par une longue fuite échapée à sa rage,
    Ainsi qu'à la fureur des flots,
Enfin lasse d'errer j'aborde ce rivage,
Où j'achete un lieu propre à goûter le repos.

J'y bâtis une Ville, & de son étenduë
    Je vois tous mes Voisins jaloux ;
La guerre en mes Etats par eux est répanduë,
Et ma grandeur naissante allume leur couroux.

Ils ont peine à souffrir qu'une Femme étrangere
    Fasse auprès d'eux suivre ses Loix ;
Mon bonheur trop constant commence à leur déplaire,
Et tous, pour m'abaisser, s'élevent à la fois.

Combien d'Amans trompés dans leur juste esperance
    S'unissent d'ailleurs contre moi !
Aux vœux d'un Inconnu donner la preference,
C'est ajoûter l'injure au mépris de leur foi.

Pour m'en récompenser, que ne m'avez-vous mise
    Au pouvoir du fier Jarbas ?
J'aurois favorisé cette noble entreprise :
Quels services de moi ne méritez-vous pas !

Mais plûtôt vous devez me livrer à mon Frere,
    Qui plein d'un couroux inhumain
Veut répandre mon sang de la main meurtriere,
Comme de mon Epoux il a percé le sein.

Renoncez à ces Dieux que le Ciel vous condamne
    A ne plus avoir avec vous,
Ce soin les deshonore, & votre main profane
Vous rend, en les touchant, digne de leur couroux.

Si c'est pour leur marquer l'ardeur de votre zele,
    Qu'ainsi par tout vous les portez,
Ils vont avoir horreur des vœux d'un Infidele,
Et vous croyez en vain qu'ils seront écoutés.

Quand vous m'osez quitter, de notre Hymen peut-être
    Je porte en mes flancs quelque fruit,
Et l'Ingrat qui veut bien prendre le nom de traître,
Par un autre lui-même est en moi reproduit.

Ce malheureux Enfant, quoique plein d'innocence,
    Sera confondu dans mon sort,
Et votre dureté, même avant sa naissance
Me forçant à mourir, le condamne à la mort.

Le Frere infortuné de votre cher Ascagne
    Avec moi finira ses jours,
Il faut que mon malheur malgré moi l'accompagne,
Et qu'ainsi que sa Mere, il meure sans secours.

Mais, un Dieu, dites-vous, à partir vous engage;
    Ah! pourquoi vous a-t-il permis,
A vous, à vos Troyens d'aborder à Carthage,
Pour y voir à l'Amour mon foible cœur soûmis ?

DIDON A ENÉE.

C'est sous ce même Dieu que vous prenez pour guide,
  Que vous êtes battu des flots,
Et qu'enflé par les Vents, un Elément perfide
Exerce en son couroux l'art de vos Matelots.

Quand Troye ayant encor Hector pour la défendre,
  Seroit dans toute sa grandeur,
Au prix de tant de maux pourriez-vous entreprendre
Un retour dont la peine affoibliroit l'ardeur ?

Ce ne sont ni ses murs, ni les rives du Xante,
  Que vous aspirez à revoir,
Vous voulez que le Tibre à vos yeux se présente ;
Mais là d'un Etranger quel peut être l'espoir ?

D'ailleurs, vous le sçavez, cette Terre si chere
  Se cache depuis si long-tems,
Que s'éloignant toûjours, quoique vous puissiez faire,
Vous ne la trouverez que dans vos plus vieux ans.

Acceptez pour regner une Terre étrangere,
  Que je veux soûmettre à vos Loix,
Les Tresors par ma fuite enlevés à mon Frere,
Pourront vous égaler aux plus puissans des Rois.

Ayant transmis par là votre Troye à Carthage,
  Quels vœux aurez-vous à former ?
Pour voir tous mes sujets vous rendre un prompt hommage,
Il ne vous coûtera que le plaisir d'aimer.

Si la pressante ardeur d'obtenir de la gloire
  Vous rend avide de combats,
Si par une brillante & fameuse victoire
Le jeune Ascagne cherche à signaler son bras :

Je m'offre à lui fournir, quand il voudra combattre,
  De fiers Ennemis à dompter :
Les douceurs de la Paix ne nous sçauroient abattre,
Mon Peuple pour la guerre est prêt à les quitter.

Laissez-vous donc fléchir ; par Venus votre Mere ;
  Par ces inévitables coups
Que m'ont porté les traits de l'Amour votre Frere,
Par vos Dieux trop long-tems fugitifs comme vous !

Ainsi tous vos Troyens échapés de l'orage,
  Finissant leurs travaux guerriers,
Remportent sous Ascagne un entier avantage,
Et couvrent comme lui leur tête de lauriers.

Ainsi jamais ce Fils ne fasse d'entreprise
  Que sur les traces des Héros :
Ainsi, puissent toûjours du respectable Anchise,
Reposer doucement les cendres & les os.

Conservez, s'il se peut, les jours d'une Princesse,
  Dont le malheur doit vous toucher :
Peut-être elle aime trop ; mais quelle autre foiblesse,
Hors ce crime innocent, peut-on lui reprocher ?

DIDON A ENÉE.

Ce n'est point chez les Grecs que le Ciel m'a fait naître;
 Et lors qu'assemblés contre vous,
Dans les Champs Phrygiens vous les vîtes paroître,
Vous fit-on remarquer mon Pere, ou mon Epoux?

Si votre hymen est trop pour le prix de ma flamme,
 Vous ayant reçû dans ces lieux,
Je serai votre hôtesse, & non pas votre femme ;
Tout nom, s'il nous unit, me sera glorieux.

Je sçai de quelles Mers l'Afrique environnée,
 En fait redouter le trajet :
La grandeur du peril par les Saisons bornée,
N'est pas toûjours de crainte un juste & vrai sujet.

Les Vents en certains tems deviennent favorables ;
 Attendez ce tems pour partir :
Il n'est pas encore propre, & les flots redoutables
S'ouvrant sous vos Vaisseaux, pourront les engloutir.

Pour sortir de nos Ports sans risquer votre vie,
 Chargez-moi d'observer les Vents ;
Et quand de demeurer vous auriez quelque envie,
Je vous avertirai dès qu'il en sera tems.

Aussi bien, fatigués d'une longue tempête,
 Vos gens ont besoin de repos ;
Et votre Flote encor ne sçauroit être prête
A souffrir de nouveau le rude choc des flots.

Par le secours du tems, & la triste habitude
 Des maux que je souffre pour vous,
Ce qui m'est aujourd'hui le tourment le plus rude,
Portera sur mon cœur de moins sensibles coups.

Au lieu de votre hymen, dont mon amour sincere
 A jusqu'ici flaté mes vœux;
Puisque m'abandonner est un mal nécessaire,
Partez un peu plus tard, c'est tout ce que je veux.

Si vous ne m'accordez ce que je vous demande,
 Je suis resoluë à mourir:
Qu'au plus terrible excès votre rigueur s'étende,
Vous ne pourrez long-tems me la faire souffrir.

Dans le cruel moment que j'écris cette Lettre,
 Ah! que ne pouvez-vous me voir!
Le fer que sous mes yeux exprès j'ai voulu mettre,
Peut-être vous feroit craindre mon désespoir.

Ce fer qui vient de vous, & vous servit à Troye,
 A present moüillé de mes pleurs,
S'il faut qu'à mes chagrins vous me laissiez en proye,
Bien-tôt, teint de mon sang, finira mes malheurs.

Que ce présent convient avec ma destinée!
 Il va m'épargner bien des soins:
Pour me voir terminer ma vie infortunée,
Il seroit mal-aisé qu'il vous en coûtât moins.

DIDON A ENE'E.

Aux bleſſures du cœur je ſuis accoûtumée ;
    Et ſi j'oſe me le percer,
J'acheve, en étouffant l'amour qui m'a charmée,
Ce que ce même amour avoit ſçû commencer.

O vous, ma chere ſœur, dont l'amitié trop tendre
    Flata mes aveugles transports ;
Bien-tôt ſur mon tombeau vous aurez à répandre
Les dons, les derniers dons que reçoivent les Morts.

Trop indigne du nom d'Epouſe de Sichée,
    Dont ma faute doit me priver ;
Du deſir de la gloire à jamais détachée,
Je ne veux que ces Vers que vous ferez graver.

    Didon, ſous ce marbre repoſe ;
Si, ne pouvant ſuffire à ſon accablement,
Par ſes mains elle-même a fini ſon tourment ;
L'ingrat, qui de ſa mort oſa fournir la cauſe,
    En fournit auſſi l'inſtrument.

SUJET DE L'EPITRE
d'Hermione à Oreste.

H Ermione étoit fille de Menelas & d'Helene; & Oreste, fils d'Agamemnon & de Clitemnestre. Ainsi Hermione & Oreste étoient doublement Cousins germains. Et comme dans ces tems reculés, c'étoit beaucoup l'usage de donner le nom de Frere à un Cousin germain, Ovide fait suivre cet usage à Hermione. Oreste lui étoit fort cher, & Tindare l'avoit uni à elle par le titre d'Epoux. Pendant la Guerre de Troye, où Menelas étoit allé pour se faire rendre Helene son Epouse, Tindare son Beau-pere, qui dans son absence prenoit soin de son Royaume & de sa Famille, s'apperçut de l'inclination qu' Oreste & Hermione avoient l'un pour l'autre. Ce Prince, qui étoit Ayeul de ces deux jeunes Amans, trouva qu'ils se convenoient parfaitement, & fit célébrer leur Mariage. Cependant Menelas qui n'en étoit point encore informé, promit sa fille à Pyrrhus fils d'Achille, qui ne fut pas si-tôt de retour, que malgré toutes les raisons qu'on lui avoit dites sur ce sujet, il alla, suivi d'une Troupe audacieuse dans le Palais d'Oreste, &

enleva

enleva violemment Hermione. Cette désolée Princesse qui haïssoit mortellement son Ravisseur, se voyant si étroitement gardée, qu'il n'y avoit point d'esperance de pouvoir se tirer de captivité, écrit cette Lettre à Oreste, pour le conjurer de venir, à quelque prix que ce soit, la délivrer du cruel esclavage où elle est réduite. Ce Prince la servit comme elle desiroit. Il trouva le moyen de surprendre Pyrrhus dans le Temple d'Apollon, où il étoit allé offrir en Sacrifice. Il se défit de ce Rival, & par sa mort, il délivra son Hermione. Ces deux Epoux étant réünis, vécurent depuis avec beaucoup de tendresse & de tranquillité. C'est ce que rapportent divers Auteurs, que le fameux Monsieur Racine n'a pas suivis dans sa belle Tragedie d'Andromaque, qui cependant, malgré cette negligence historique, n'en a pas moins eu l'art de plaire.

EPITRE
D'HERMIONE
A ORESTE.
Traduite d'Ovide.

Hermione aujourd'hui parle à son cher Oreste,
Lui qu'elle a tant nommé son Frere & son Epoux ;
Le nom de Frere seul est celui qui vous reste,
Un autre veut ma main, que je ne dois qu'à vous.

Pirrhus, fier d'être fils du redoutable Achille,
Violant contre moi toutes sortes de droits,
M'entend pousser sans cesse une plainte inutile,
Et ne me laisse rien de libre que la voix.

Quand mon enlevement fit éclater sa flamme,
J'employai mille efforts contre ses attentats ;
Je m'armai de fureur : Mais que peut une femme,
Qui pour la soûtenir n'a que ses foibles bras ?

Que faites-vous ? lui dis-je, & quelle violence
Vous fait deshonorer votre sang & le mien ?
Oreste, à qui je suis, sans en tirer vengeance,
Verra-t-il de nos nœuds rompre le doux lien ?

HERMIONE A ORESTE.

Plus sourd à tous mes cris que la Mer en furie,
Sans craindre votre nom, ni mes tristes regrets,
Tandis que je m'arrache, & m'outrage & m'écrie,
Il ose me traîner dans son fatal Palais.

A quels plus durs ennuis serois-je condamnée,
Si me tenant esclave, un barbare vainqueur,
Maître de ma Patrie, & de ma destinée,
Par des ordres cruels tirannisoit mon cœur!

Les Grecs, après dix ans de travaux & de peines,
Eurent pour Andromaque un procedé plus doux,
Et ce qu'elle souffrit sous le poids de ses chaînes,
Cede à l'horreur du sort qui m'éloigne de vous.

Si l'amour, que cent fois vous m'avez peint extrême,
Est le même toûjours, & toûjours se soûtient,
Pour montrer qu'en effet vous sçavez comme on aime,
Arrachez à Pirrhus ce qui vous appartient.

Pour ravoir vos troupeaux, que d'une main jalouse
On viendroit vous ravir, que ne feriez-vous pas?
Un injuste Rival vous ravit votre Epouse,
Pour vous en ressaisir n'avez-vous point de bras?

D'un Beaupere constant soyez le digne Gendre,
Heureux Epoux d'Helene! il en fut si charmé,
Qu'à ses vœux les Troyens refusant de la rendre,
On vit par lui contre eux tout son Païs armé.

De son enlevement si le honteux outrage
Dans une langueur molle eût laissé son couroux;
Paris auroit encore le charmant avantage
De posseder Helene, & d'en être l'Epoux.

Vous n'avez pas besoin d'une flote nombreuse,
Ni d'assembler les Grecs pour me reconquerir;
Suivez de votre cœur la pente généreuse,
Il suffira de vous, venez me secourir.

Fallût-il essuyer une guerre cruelle;
Je serois à ce prix peut-être à racheter;
A l'amour d'un Epoux une Femme fidelle,
Pour ne la perdre pas ne sçauroit trop coûter.

Songez qu'un même Ayeul, dont Pelops fut le Pere;
Rend les liens du sang fort étroits entre nous,
Et que je vous pourrois presque nommer mon Frere;
Si vous n'aviez pas pris le nom de mon Epoux.

En Mari plein d'amour, secourez votre Femme;
En Parent généreux, secourez votre sang;
Si ce double interêt peut émouvoir votre ame,
Hâtez-vous de venger & nos feux & mon rang.

Tindare, dont ma Mere a reçu la naissance,
Arrêtant notre Hymen vous engagea ma foi,
Ménelas, qui m'avoit laissée en sa puissance,
L'autorisoit assez à disposer de moi.

HERMIONE A ORESTE.

Il est vrai, qu'ignorant ma foi déja donnée,
Mon Pere pour Pirrhus ordonna de mes vœux ;
Mais peut-il m'obliger à rompre un Hymenée,
Qui nourrit dans mon cœur de légitimes feux ?

Quand nous fumes unis, je n'étois à personne,
Je ne manquois en rien en m'attachant à vous :
Mais c'est vous dérober ce qu'un saint nœud vous donne,
Que de souffrir Pirrhus prendre titre d'Epoux.

Si vous brûlez pour moi, si pour vous je soupire,
Ménelas à nos vœux doit prêter son appui :
Lui-même de l'amour a trop connu l'empire,
Pour condamner en nous ce qu'il excuse en lui.

Il verra sans chagrin dans votre ame enflammée,
Ces violens transports qu'il a trouvés si doux,
Et ma Mere par lui si tendrement aimée,
Dans le fond de son cœur lui parlera pour vous.

Vous m'êtes aujourd'hui ce qu'il est à ma Mere :
Si pour punir Paris qui la vint enlever,
Pendant dix ans entiers la guerre a pû lui plaire,
Ce que Pirrhus a fait, pourra-t-il l'approuver ?

En vain, pour m'éblouïr par le grand nom d'Achille,
Pirrhus en le vantant croit flater ma douleur ;
Votre Pere à nos Grecs, plus qu'aucun autre utile,
Vous fournit un beau champ d'élever sa valeur.

Agamemnon sous lui voyoit toute l'Armée,
Le fier Achille même en recevoit des loix ;
Et ce qu'il s'est à Troye acquis de renommée,
Aux ordres pris d'un autre a borné ses exploits.

Et Tantale & Pelops, tous deux d'un rang suprême,
Laissent-ils souhaiter de plus nobles Ayeux ?
Et si vous comptez bien, vous êtes le cinquième
En qui brille le sang du plus puissant des Dieux.

Laissons cette valeur qui vous fut toûjours chere ;
Si par vous Clytemnestre a vû finir son sort,
Pouviez-vous négliger l'ombre en couroux d'un Pere,
Qui sans cesse crioit : Mon Fils, venge ma mort !

Je voudrois que le Ciel eût offert à vos armes,
Un sujet moins rempli d'un rigoureux chagrin ;
Il vous a bien coûté des soûpirs & des larmes,
Vous fûtes trop vengé par un coup du destin.

Egiste, en expirant dans l'horreur de son crime,
D'une tache éternelle a vû couvrir son nom,
Et son sang a rougi, par un coup légitime,
Le Palais qu'avoit teint celui d'Agamemnon.

Pirrhus de cette juste & pieuse vengeance
Prend plaisir à vous faire un indigne forfait,
Et quand il vous accuse il soûtient ma présence,
Sans que de ma colere il redoute l'effet.

HERMIONE A ORESTE.

Contrainte, sans rien dire, à souffrir cette injure,
Je succombe aux ennuis qui m'arrachent le cœur,
Et n'osant découvrir le tourment que j'endure,
J'en sens jusqu'à l'excès redoubler la rigueur.

Quoi ! devant Hermione on parle mal d'Oreste ?
On attaque sa gloire, on cherche à la ternir !
Ah ! d'un sexe sans force impuissance funeste,
Qui m'expose à l'outrage & ne sçauroit punir !

Je m'abandonne aux pleurs, ce sont les seules armes
Qu'à mon brûlant courroux le Ciel a pû souffrir ;
J'en affoiblis le feu par un ruisseau de larmes,
Que ma juste douleur empêche de tarir.

Je les répands toûjours ces larmes d'amertume,
Triste soulagement de mon cruel chagrin ;
Ce secours seul me reste, & mon cœur s'accoûtume
A l'opposer sans cesse à mon mauvais destin.

Quelle fatalité pour celles de ma race !
Certain charme enchanteur qu'en nous on veut trouver,
Nous expose toûjours à la même disgrace,
Toûjours un téméraire ose nous enlever.

Je ne parlerai point de ce Cigne admirable,
Qui du grand Jupiter cacha la majesté ;
Ce Dieu, pour qui Leda fut un objet aimable,
Par là tendit un piege à sa simplicité.

HERMIONE A ORESTE.

Pelops d'Hippodamie ayant eu l'ame éprise,
En des lieux étrangers fit briller ses appas :
Mais il ne l'emmena qu'après l'avoir conquise ;
Un artifice heureux la mit entre ses bras.

Tout le monde vantoit l'incomparable Helene,
Le fier Thesée en fut le premier Ravisseur,
Et les Freres* Jumeaux ne purent qu'avec peine
Retirer de ses mains cette charmante Sœur.

Paris, ainsi que lui, trop touché de ses charmes,
Montra dans son amour le même emportement :
Quelle frayeur par tout, lorsque la Grèce en armes
Traita de noir forfait cet autre enlevement.

Je m'en souviens à peine, & pourtant ma memoire
M'en represente encor quelques informes traits ;
L'horreur regnoit par tout plus qu'on ne sçauroit croire,
Ce ne furent que cris, que larmes, que regrets.

Clytemnestre, Pollux, Castor, le vieux Tindare
Se Plaiguoient à l'envi de la rigueur des Cieux,
Et Leda que ce coup de sa Fille sépare,
Avec son Jupiter invoquoit tous les Dieux.

Moi-même, quoiqu'encor dans l'âge le plus tendre,
J'arrachois mes cheveux, & tremblante d'effroi,
Quel malheur ! m'écriois-je, & que viens-je d'entendre !
Quoi ! vous partez, ma Mere, & vous partez sans moi !

* *Castor & Pollux.*

HERMIONE A ORESTE.

Mon Pere étant absent favorisoit sa fuite,
Et moi, que tyrannise un semblable destin,
Pour être de son sang je me trouve reduite
A me voir de Pirrhus l'injurieux butin.

Eh ! plût au Ciel qu'Achille, au crime si contraire,
Eût évité les traits par Appollon conduits !
Le Fils dans son amour retenu par le Pere,
N'eût osé me plonger dans l'abîme où je suis !

Achille n'aprouva jamais la violence ;
Et s'il vivoit encore il ne souffriroit pas
Qu'un Ravisseur, flaté d'une injuste esperance,
Eût le prix du plus noir de tous les attentats.

Par quel crime secret, que je ne puis connoître,
Ai-je sur moi des Dieux attiré le couroux ?
Et sous quel Astre ingrat le Ciel m'a-t-il fait naître,
Pour ressentir du Sort les plus terribles coups ?

Dans mes plus tendres ans je n'ai point eu de Mere,
Mon Pere avoit alors des Emplois hasardeux :
Quoique tous deux vivans, telle étoit ma misere
Que la Guerre & l'Amour me les ôtoient tous deux !

Ma Mere n'a jamais entendu de ma bouche
Ces mots qu'un ton flateur rend aux Meres si doux ;
Jamais cet air badin qui leur plaît, qui les touche,
Ne m'a fait pour me voir, prendre sur ses genoux.

L

Dans un âge plus mûr ma triste destinée
Me priva du plaisir de la voir me parer ;
Et ses soins, quand le Ciel conclut mon hymenée,
N'eurent rien à prévoir, & rien à préferer.

Allant au devant d'elle à son retour en Grece,
Je sentis tous mes sens de plaisir prévenus ;
Dans cette occasion où parut ma tendresse,
Son visage & ses traits ne m'étoient point connus.

Voyant un vif éclat qui sur toute autre brille,
C'est-là ma Mere, dis-je, il n'en faut point douter ;
D'un regard curieux elle cherchoit sa Fille,
Et le sang dans son cœur se faisoit écouter.

Parmi tant de malheurs attachés à ma vie,
Oreste pour Epoux fut un bonheur pour moi ;
Et cependant peut-être une jalouse envie,
S'il ne soûtient ses droits, me ravira la foi.

Quand mon Pere a vaincu Pirrhus me tient captive,
Ménelas de retour ne lui fait point de peur ;
Les Grecs ont détruit Troye, & leur triomphe arrive
Sans qu'il ait assûré le repos de mon cœur.

Lorsque sur l'horison l'Astre du jour s'éleva,
Sa lumiere affoiblit les peines que je sens ;
Il semble qu'avec moi mes chagrins fassent trève,
Je respire, & mes maux deviennent moins perçans.

HERMIONE A ORESTE.

Mais quand la nuit approche, & qu'une Loi cruelle
Me force d'être auprès de mon Persécuteur,
De ma captivité l'horreur se renouvelle,
Et je ne puis assez en détester l'Auteur.

Par de fréquens soûpirs, qu'accompagnent mes larmes,
Lui peignant mes malheurs, j'en tremble, j'en frémis,
Et m'éloigne de lui toute pleine d'allarmes,
Comme du plus mortel de tous mes Ennemis.

Malgré l'accablement d'un destin si funeste,
Le cœur toûjours touché, toûjours rempli de vous,
Croyant nommer Pirrhus, souvent je nomme Oreste;
Et c'est pour mon amour un présage bien doux.

Par vos soins les plus prompts remplissez-le de grace,
J'ose vous en prier par le Maître des Dieux,
Par ce divin Auteur de votre illustre race,
Qui fait trembler la Terre, & la Mer & les Cieux.

Si vous avez vengé la mort de votre Pere,
S'il a reçu par vous les honneurs du tombeau,
Me refuserez-vous le secours que j'espere,
Pour finir un tourment qui m'est toûjours nouveau.

A de honteuses loix c'est trop être asservie,
Les nœuds d'un chaste hymen m'ayant unie à vous,
Ma main avant le tems terminera ma vie,
Ou je serai renduë à mon premier Epoux.

L ij

SUJET DE L'EPITRE
de Déjanire à Hercule.

Hercule, si célebre par ses Victoires & par ses grandes actions, avoit autant de foiblesse en amour, qu'il avoit de fermeté dans les perils de la Guerre. Il ne se presentoit point de Beauté devant ses yeux, qu'il n'en devint l'esclave. Après avoir fait diverses infidelités à Déjanire son épouse, qu'il avoit un tems adorée, il devint enfin amoureux d'Iole, fille du Roi d'Oechalie. Ayant vaincu le Pere de cette Princesse, il se déclara son Amant avec éclat ; & sans garder aucunes mesures, il la fit marcher avec lui dans un superbe Equipage, dans le dessein de l'amener jusques dans le même Palais qu'habitoit Déjanire. Cette Epouse allarmée de ce projet, se souvint alors, avec plus d'amertume que jamais, de toutes les infidelités de cet inconstant Heros : elle lui écrivit pour lui en faire des reproches, & sur tout elle lui rappelle les étranges égaremens où l'avoit jetté l'amour violent qu'il avoit pris pour Omphale Reine de Lydie, qui, avant Iole, avoit été l'objet d'une des plus fortes passions qu'eût jamais senti Hercule. Déjanire, qui craignoit qu'il ne portât encore plus loin ses folles ardeurs pour la Princesse d'Oechalie, qu'il n'avoit fait pour la *Reine de Lydie*, songea à empêcher ce malheur. Elle crut y donner un remede sûr en envoyant à *Hercule* une Robe de dessous, que les *Anciens* appelloient Tunique, teinte d'un sang qu'elle pensoit être propre à ralumer un amour éteint : c'étoit une erreur où *Nessus* l'avoit jettée. Dans le tems que ce *Centaure* passoit le Fleuve *Eveno* avec *Déjanire*, il reçut une atteinte mortelle d'une fléche qu'*Hercule* lui tira. En mourant, voulant se venger, il sçut persuader à cette Princesse que son sang auroit la vertu de rendre son Epoux fidele. Elle envoya donc à *Hercule* une Robe teinte de ce sang fatal, croyant qu'il étoit tems enfin de chercher des secours contre son inconstance ; elle fit prier son Epoux, que pour l'amour d'elle, il portât ce vêtement. Le Heros ne l'eut pas plûtôt mis sur sa personne, qu'il se sentit brûler de la plus cruelle maniere, sans qu'on pût jamais arracher cette Robe fatale, qui le fit mourir comme au désespoir. *Déjanire* qui ne sçavoit rien d'un évenement si funeste, lui écrit pour lui reprocher ses infidelités, & le tort qu'il faisoit à sa gloire. Sur la fin de sa Lettre, elle apprend l'affreuse nouvelle de sa mort, & après avoir cherché à justifier l'innocence de ses intentions, elle se résout de mourir pour se punir elle-même d'un crime qu'elle avoit fait par ignorance, mais où sa jalousie l'avoit seule précipitée.

EPITRE
DE DEJANIRE
A HERCULE.
Traduite d'Ovide.

J'Apprends avec plaisir ce que chacun publie,
Que vous avez soûmis la superbe Oechalie;
Mais je rougis pour vous, qu'un illustre Vainqueur,
Aux Loix de sa Captive abandonne son cœur.
Une si déplorable & honteuse foiblesse,
Après tant de hauts faits surprend toute la Grece;
Et l'on ne conçoit point qu'un Heros tel que vous,
Devant tout à sa gloire en soit si peu jaloux.
Quoi! celui que Junon ardente à le combattre,
Sous le poids des travaux ne put jamais abattre;
Invincible toûjours, & par tout Conquerant,
Après avoir vaincu, voit Iole & se rend!
Que peut vouloir de plus l'implacable Eurysthée,
Et Junon si constante en sa haine emportée?
Quel sera son triomphe à vous voir lâchement
Pour un indigne objet soupirer en Amant?

Est-ce là soutenir les prodiges célebres
De la nuit dont le Ciel prolongea les ténebres,
Lorsqu'il voulut en vous, pour remplir ses desseins,
Donner à l'Univers le plus grand des Humains ?
Junon, qui n'a jamais cherché qu'à vous détruire,
Beaucoup moins que Venus réüssit à vous nuire,
L'une en vous opprimant vous rend plus glorieux,
Et l'autre vous retient sous un joug odieux.
Par la force d'un bras plus craint que le tonnerre,
Songez que vos Exploits ont sçû calmer la Terre;
Et que ses habitans vous doivent leur repos
Dans tout ce que la Mer entoure de ses flots.
Par tout où le Soleil & se couche & se leve,
La Déesse à cent voix vous vante, vous éleve;
Et le Monde par vous de cent Monstres purgé,
Admire les Lauriers dont vous êtes chargé.
Atlas, tout fort qu'il est, jamais n'eût pû suffire
Au fardeau que sur lui le poids du Ciel attire;
Ce Ciel qui vous attend, si pour le supporter,
Hercule, à son défaut, eût craint de se prêter.
Que peut le feu nouveau que vous laissez paroître,
Que causer votre honte & la faire connoître,
Si l'infidelité, par un crime odieux,
Ternit de vos Exploits le lustre glorieux ?
Est-ce vous, qu'en naissant, une avanture insigne,
Du sang de Jupiter fit paroître si digne ;
Lorsque de deux Serpens que presserent vos mains,
Les efforts redoublés contre vous furent vains ?

Soutenez votre gloire & changez de conduite ;
De ce commencement quelle honteuse suite ?
Et quand dans votre cœur l'Amour est triomphant,
Combien l'Homme est en vous plus foible que l'Enfant ?
Euryſtée & Junon, ſans aucun avantage,
Pour vous faire perir ont mis tout en uſage ;
Les Monſtres employés n'ont pû rien à leur tour,
Et, ſûr de tout dompter, vous cedez à l'Amour.
Comme Epouſe d'Hercule, on me croit fortunée,
Par le rang que me donne un ſi grand hymenée.
L'honneur d'être alliée au Souverain des Dieux,
M'eſt, parmi les Mortels, un titre glorieux ;
Mais c'eſt pour une Epouſe une extrême diſgrace,
Qu'un Epoux dont le ſang en ſplendeur la ſurpaſſe.
La Terre produit tout : Pour l'y bien préparer,
Par des Bœufs inégaux la fait-on labourer ?
Votre hymen me flata ; mais l'éclat que j'en tire,
Eſt bien moins un honneur, qu'un poids dont je ſoupire ;
Et de l'ambition quelque ſoit le conſeil,
L'hymen n'eſt point heureux, ſi le ſang n'eſt pareil.
Mon Epoux eſt illuſtre & tout couvert de gloire ;
Mais ſon éloignement : Eh ! qui le pourra croire !
Fait que les Etrangers ſont enfin aujourd'hui
Devenus à mes yeux moins Etrangers que lui.
Tandis qu'à cent perils vous courez ſans rien craindre ;
Seule, & faiſant des vœux qui me rendent à plaindre,
Je me ſens déchirée, & je cede à la peur
Qu'un cruel ennemi ne ſoit votre vainqueur.

DEJANIRE A HERCULE.

Les Monstres que par tout vous trouvez à combattre,
Offrent à mon esprit tout ce qui peut l'abattre :
Rien ne peut m'assurer, & je vous voi toûjours
Au milieu des Serpens, des Lions & des Ours.
Il me semble souvent que d'une dent cruelle,
Les Chiens font contre vous une guerre mortelle.
J'immole une victime, & dans ses intestins,
Je lis pour votre perte un Arrêt des Destins.
Des songes odieux me remplissent d'images
De noires trahisons, & d'horribles carnages ;
Et tout ce que la Nuit peut inspirer d'effroi,
Pour me glacer le cœur se montre devant moi.
Le jour, ce que l'on dit, quoique sans assurance,
Confondant ma raison, étonne ma constance ;
Et je fais succeder, trop prompte à m'émouvoir,
L'esperance à la crainte, & la crainte à l'espoir.
Je n'ai personne ici qui soulage ma peine ;
Amphitrion, Hillus, & votre mere Alcmene,
Qui charma Jupiter & plut tant à ses yeux,
Pour comble de malheur ne sont point en ces lieux :
Des fureurs de Junon, Ministre impitoyable,
Eurystée en sa haine est toûjours implacable ;
Et, si sur le passé je regle l'avenir,
Le courroux de Junon n'est pas prêt à finir.
Ces peines cependant me paroîtroient legeres,
Si vous n'y joigniez pas des amours étrangeres :
Mais l'infidelité, par de nouveaux soupirs,
Vous porte chaque jour à changer de desirs.

DÉJANIRE A HERCULE.

Je ne veux point ici vous reprocher les crimes
Où vous ont fait tomber des feux illégitimes ;
Ainsi qu'Astidamie, Auge, s'il est besoin,
Sur vos égaremens servira de témoin.
Les Filles de Theutras ayant mis dans votre ame
L'insatiable ardeur d'une coupable flamme ;
D'elles tous ces Enfans qui sont venus au jour,
Parleront à jamais de votre injuste amour :
Depuis peu même encor on fait bruit d'une Omphale,
Que vous avez osé me donner pour rivale ;
Lamus, qui reconnoit sa Belle-mere en moi,
De cette trahison, contre vous fera foi.
Le Méandre qui fuit & revient sur lui-même,
Vous a vû, par l'effet d'une mollesse extrême,
Sur ses célebres bords marcher honteusement,
Avec tout l'appareil d'un fade ajustement.
Des Perles, pour un homme, ornement ridicule,
Ceignoient aux yeux de tous le col du Grand Hercule ;
De lourdes chaînes d'or chargeoient ses bras nerveux,
Et par tout des Bijoux brilloient dans ses cheveux.
Quelle force funeste à votre renommée,
A soumis le vainqueur du Lion de Nemée ?
Ce vainqueur, qui pour prix d'un triomphe si beau,
Marche avec sa dépouille & couvert de sa peau.
Vous n'avez point rougi de vous orner la tête,
Comme fait une femme en certains jours de Fête :
Comme si des Rubans rangés sur votre front,
Au lieu de Peuplier, n'étoient pas un affront.

DEJANIRE A HERCULE.

Comment avoir voulu, pour surcroît de parure,
Vous orner mollement d'une riche ceinture?
Telle, dans l'Ionie, on peut la voir porter
Aux Filles sans pudeur qu'on n'ose respecter.
C'est donc là ce Héros, qu'une intrépide audace
Obligea d'attaquer ce cruel Roi de Thrace,
Qui livrant sans pitié ces hôtes à cent maux,
De leurs corps massacrés nourrissoit ses Chevaux?
Que diroit Busiris? Que penseroit Antée,
Dont la force par vous se trouva surmontée?
Si revenant au monde ils voyoient leur vainqueur,
Sous de foibles apas démentir son grand cœur.
Ne trouvant plus en vous cette vertu parfaite
Qui les a consolés de leur triste défaite,
Ils fremiroient tous deux d'un trop juste courroux,
D'avoir en combattant succombé sous vos coups.
Pour contenter, dit-on, l'imperieuse Omphale,
Par un abaissement que nul autre n'égale,
La corbeille à la main, vous êtes toûjours prêt
A faire au moindre mot, tel travail qu'il lui plaît.
Quoi! vous pouvez vous mettre au rang de ses Suivantes?
Vous prenez leur exemple, & vos mains triomphantes,
Qui resistent à tout dans les plus longs combats,
S'appliquent pour lui plaire à des emplois si bas!
Vous faites encor plus: l'Amour vous rend si lâche,
Que vous vous engagez à remplir votre tâche,
Sans quitter le Fuseau qu'après avoir filé
Tant que le tems prescrit soit enfin écoulé:

Comme de ce grand art vous avez peu d'usage,
Combien de fois vos doigts, peu propres à l'ouvrage,
En tenant le fuseau l'ont-ils si fort pressé,
Qu'au lieu de le tourner, vous l'avez fracassé.
On dit que redoutant cette fiere Maîtresse,
Si-tôt que vous manquez, confus, plein de tristesse,
Vous jettant à ses pieds, vous tâchez d'obtenir
Qu'elle daigne oublier ce qu'elle veut punir :
Afin de la toucher, vous lui contez l'histoire
Des faits les plus hardis qui vous couvrent de gloire,
Quoiqu'un tel souvenir dans un honteux repos,
S'il veut rentrer en lui, deshonore un Héros.
Qu'il est beau qu'en filant vous lui fassiez connoître,
Qu'encor dans le berceau, ne faisant que de naître,
De deux affreux Serpens qu'on vous vit étouffer,
Malgré leurs sifflemens vous sçûtes triompher.
L'énorme Sanglier, que d'une main pesante
Vous renversâtes mort sur le Mont Erimante,
Où la Terre gémit sous son terrible poids,
Est alors mis au rang de vos plus grands Exploits.
Dans ces occasions vous lui parlez sans doute
Du sang que votre bras à Diomede coûte :
Du Monstre Geryon, de qui le triple corps
Obligeoit, pour le vaincre, aux plus puissans efforts :
De Cerbere, ce Chien aux trois gueules affreuses,
Qui garde des Enfers les routes ténébreuses,
Et qui branlant sa tête, étale à grands replis
Des Serpens dont par tout ses longs poils sont remplis ;

DEJANIRE A HERCULE.

De cette Hydre effroyable en têtes si fertile,
Que pour une coupée elle en produisoit mille ;
De ce vaste Géant la terreur des Humains,
Elevé dans les airs étouffé dans vos mains :
Enfin de cette troupe Homme & Cheval ensemble,
Dont le terrible aspect fait qu'aussi-tôt on tremble,
Et qui forcée à fuïr, pour éviter vos coups,
Aux Monts Thessaliens ne tint point contre vous :
Ce peut-il que l'amour jusqu'à ce point vous flatte ?
Que vétu richement & d'Or & d'Ecarlate,
Vous fassiez ce recit dans un état honteux,
Qui par trop de molesse en rend les faits douteux.
L'orgueilleuse Beauté dont vous suivez les charmes,
Pour vous mieux abaisser se pare de vos armes,
Et dans cet air guerrier se plait à faire voir,
Qu'elle a sur son Captif un souverain pouvoir.

    Vantez-nous aujourd'hui ces faits si mémorables,
Que la difficulté fait paroître incroyables ;
Quand vous cessez d'être Homme, Omphale a merité
Qu'on lui donne le nom que vous avez quitté :
Vous êtes d'autant plus au dessous de sa gloire,
Qu'après avoir gagné victoire sur victoire,
Il eut été plus beau de dompter votre cœur
Qu'un monde d'Ennemis dont vous êtes vainqueur.
Cedez-lui vos honneurs, c'est elle à qui sont dûës,
Tant d'actions d'éclat en tous lieux repandües :
La gloire qui les suit ne vous doit plus flatter,
Vous en montrant indigne, elle en doit hériter.

N'avez-vous donc vaincu ce Lion effroyable,
Dont la peau vous rendoit par tout si redoutable,
Qu'afin qu'ayant brillé sur vous en cent combats,
Vous l'alliez profaner sur ses trompeurs appas?
De ce fier Animal la peau parant un autre,
N'en est plus la dépoüille, elle devient la vôtre :
Oüi, ce Lion fameux expira sous vos coups,
Vous fûtes son vainqueur, Omphale l'est de vous.
Celle qui ne pouvoit suffire qu'avec peine
A tenir la Quenoüille & filer de la laine,
S'est servie à son choix de ces traits redoutés,
Par vous du sang de l'Hydre autrefois infectés.
Elle a voulu porter la pesante Massuë
Dont vous armez vos mains, & qu'elle en a reçuë,
Et pour voir quelle grace elle pouvoit avoir,
Elle a dans cet état consulté son Miroir.
Quoique l'on m'eût appris cette honteuse histoire,
C'étoient des bruits mal sûrs, je pouvois n'en rien croire;
Mais en puis-je douter après ce que je voi,
Qu'Iole vous oblige à faire contre moi.
On l'amene en ces lieux, vous l'y laissez paroître,
Quoique de mon destin l'Hymen vous ait fait maître,
Je ne vous cache point que dans mon cœur jaloux,
Cet amour va porter les plus terribles coups.
Loin de lui faire prendre une route secrete,
Vous voulez, qu'orgüeilleuse après votre défaite,
En traversant la Ville elle étale à mes yeux,
De sa fiere beauté le triomphe odieux.

DEJANIRE A HERCULE.

Elle marche, non pas telle qu'une Captive,
Qui porte en ses regards une langueur plaintive,
Et qui sans ornement fait lire sur son front
Du revers qui l'abat l'irréparable affront;
Ses cheveux ajustés & l'Or qui l'environne,
D'un éclat sans pareil font briller sa personne.
C'est ainsi qu'en Phrygie on vous a vû paré,
Lorsque pour de beaux yeux vous avez soupiré.
Moins Esclave que Reine, elle leve la tête,
Comme si revenant d'une grande conquête,
Après avoir défait de puissans Ennemis,
Elle voyoit Hercule à son Pere soûmis.
Je ne le tairai point, tant de fierté me blesse :
Que sçait-on, si quittant le titre de Maîtresse,
Elle ne pourra point, à force de presser,
Prendre celui d'Epouse, & me faire chasser?
Peut-être que cherchant à redoubler sa flamme,
Par ce qu'a de pompeux le nom de votre Femme,
Vous-même vous voudrez que par d'injustes nœuds,
Un Hymen criminel vous unisse tous deux.

A cette triste idée, interdite & tremblante,
Je ne puis soûtenir l'ennui qui me tourmente,
Je me perds, je m'égare, & cet accablement,
A laissé tout à coup ma main sans mouvement.

On vous a vû m'aimer : mais d'un amour sans crime,
L'ardeur de m'acquerir fut en vous légitime,
Et pour me conserver, deux combats entrepris
Firent voir à quel point vous vous sentiez épris.

Le fier Achéloüs qui tenta l'aventure,
D'un Taureau, pour vous vaincre, ayant pris la figure,
Dans le fond de son lit fut contraint de chercher
La Corne que vos mains lui sçurent arracher,
Le Centaure Nessus reconnut à sa honte
Qu'il n'est rien de si fort qu'Hercule ne surmonte;
Ce Monstre vit son sang, qui coulant à ruisseaux,
En rougissant l'Evene en infecta les eaux.
 Mais! à quoi m'arrêtai-je? en ce moment funeste
J'apprends un crime, hélas! que tout mon cœur déteste,
Hercule, dont j'ai crû me conserver la foi,
Périt par le present qu'il a reçû de moi.
Qu'ai-je fait malheureuse! à quel excès de rage
Mes aveugles transports ont porté mon courage!
Ah! rien dans mon malheur ne me peut secourir,
Hâte-toi, Déjanire, il est tems de mourir.
La dévorante ardeur d'une invisible flamme,
Des jours de ton Epoux fera finir la trame,
Et tu voudrois survivre aux horreurs de son sort,
Toi qui te reconnois la cause de sa mort?
Qu'ai-je fait jusqu'ici, qui donne lieu de croire,
Qu'Hercule en m'épousant m'ait fait part de sa gloire?
Si l'Hymen pour nous joindre alluma son flambeau,
Il faut que mon trépas en devienne le sceau.
Méléagre pour Sœur sçaura me reconnoître,
Atalante l'aimoit, pour elle il cessa d'être,
J'adorois mon Epoux, & je le fais périr,
Hâte-toi, Déjanire, il est tems de mourir.

Famille

DÉJANIRE A HERCULE.

Famille, par les Dieux à souffrir condamnée !
Sous le dur poids des ans languit le triste Ænée,
Tandis que dans son Trône Agrius élevé,
Possede les honneurs dont je le vois privé.
A deux Freres vaillans le sang m'avoit unie,
L'un dans d'affreux Païs mene une triste vie,
Et l'autre subissant la dure loi du Sort,
Dans un tison fatal trouve une lente mort.
Ma Mere, succombant à l'ennui qui l'accable,
Se plonge dans le cœur un fer impitoyable.
Combien d'affreux revers ! & comment les souffrir !
Hâte-toi, Déjanire, il est tems de mourir.
M'y voilà résolue : & toute mon envie,
Avant qu'à ma douleur j'abandonne ma vie,
Cher Epoux, c'est de peindre en mes derniers discours,
Que je n'ai point dressé d'embuches à vos jours.
Nessus, blessé par vous d'une fleche infectée,
Qui d'un bras vigoureux jusqu'à lui fut jettée :
Le sang que je répands, dit-il, a la vertu
D'animer un amour par le tems abattu.
Pour rendre de la force à votre flamme éteinte,
De ce sang noir, impur, une Robe fut teinte ;
Quel funeste présent, hélas ! à vous offrir !
Hâte-toi, Déjanire, il est tems de mourir.
Je ne différe plus. C'en est fait : O mon Pere !
O ma chere Patrie ! O ma Sœur ! O mon Frere !
Qui toûjours sur mon cœur eûtes tant de pouvoir,
Je n'aurai plus jamais le plaisir de vous voir !

M

Tout va finir pour moi : Cette heure est la derniere,
Où mes yeux joüiront encor de la lumiere.
Adieu, mon Fils Hillus : Vous, mon illustre Epoux,
Daignez bien recevoir ce que je fais pour vous.

SUJET DE L'EPITRE
d'Ariane à Thesée.

Minos Roi de Crete, étoit fils de Jupiter & d'Europe. Ce Prince voulant vanger la mort de son fils Androgée, que les Atheniens avoient tué par trahison, leur fit de longues & sanglantes guerres, & les réduisit à une si cruelle extrêmité, que pour obtenir la Paix, ils se soumirent à lui envoyer tous les ans pour Tribut, un certain nombre de jeunes hommes, qu'il donnoit à dévorer au Minotaure, Monstre demi Homme demi Taureau, fils de Pasiphaé, épouse de Minos. On avoit enfermé ce Monstre dans le Labyrinthe, bâti par Dedale avec tant d'art & une si confuse diversité de détours, que ceux qui y étoient une fois entrés, ne pouvoient plus trouver d'issuë pour en sortir. C'étoit là qu'on renfermoit les malheureux qui devoient servir de proye au Minotaure. Le sort étant tombé sur Thesée fils d'Egée Roi d'Athenes, il fut envoyé dans l'Isle de Crete avec les autres infortunés qui devoient être exposés à la fureur du Monstre. Thesée, rempli de courage, n'entra dans le Labyrinthe, que dans le desir de l'exterminer. Il le combattit en effet avec tant d'adresse & de force, qu'il lui ôta la vie : Mais sa victoire lui auroit été bien inutile, sans la tendresse qu'il avoit inspirée à Ariane fille de Minos. Cette Princesse lui donna un fil, qui lui fit trouver le moyen de sortir heureusement du Labyrinthe : ensuite, la crainte qu'elle eut des effets de la colere du Roi son Pere, & le panchant qu'elle se sentoit pour Thesée, la firent consentir à fuïr avec un Prince qui lui marquoit le p'us violent amour. Mais, malgré ses sermens, & toutes ses brillantes promesses, il paya d'une si noire ingratitude le service important que lui avoit rendu cette Princesse, qu'il la laissa dans l'Isle de Naxe sur un affreux Rocher. C'est de là qu'Ovide lui fait écrire cette Lettre, pour se plaindre de la perfidie d'un Amant qui l'avoit si cruellement trahie.

EPITRE
D'ARIANE
A THESÉE.
Traduite d'Ovide.

NON, je ne suis point morte, barbare Thesée; j'ai trouvé dans les Tigres & dans les Ours, moins de cruauté qu'en vous. Hélas! pouvois-je placer ma foi & ma confiance dans une ame qui en fût moins digne que la vôtre! Je vous écris de ces bords, où, pendant que je dormois, vous m'avez si lâchement abandonnée. O nuit funeste! ô sommeil fatal! qui tous deux d'intelligence, pour me désesperer, vous donnèrent, perfide, la malheureuse facilité de me trahir! Dans le tems que nous voïons sur les fleurs les larmes de l'Aurore naissante briller comme un cristal, & que les Oiseaux cachés sous les feüilles, expriment leur amour par leurs chansons, toute assoupie encore ; à peine dégagée de l'embarras d'un songe, j'étendis la main pour vous embraſſer, je ne vous trouve plus. O Ciel ! que devins-je dans ce moment ! Je recommence diverſes fois à porter de tous côtés la main ſur mon lit ; plus de Theſée pour moi : l'ingrat s'étoit échapé. L'effroi acheva de chaſſer entierement le ſommeil. Pleine de trouble & d'étonnement, je me léve avec précipitation, & m'éloigne d'un lit, témoin funeſte du manque de foi de mon Epoux. Dans le déſeſpoir où me met la fuite de cet infidele, je m'arrache les cheveux, & me frapé le ſein avec violence. La Lune éclairoit encore : j'obſerve le rivage, mais je ne fais aucune découverte qui puiſſe être propre à ſoulager ma peine. M'abandonnant toute entiere à ma douleur mortelle ; je cours de tous côtés, ſans ordre, & ſans aucun deſſein arrêté. Je traverſe divers ſentiers, mais le ſable épais retardoit la rapidité de mes pas, & redoubloit mes fatigues. Cependant, pleine de mes tranſports, je nommois Theſée à hauts cris : votre nom m'étoit renvoyé par le creux des Rochers ; & toutes les fois que j'implorois votre ſecours, auſſi-tôt ces lieux ſolitaires l'imploroient de même : comme ſi l'état déplorable où j'étois, les eût rendu ſenſibles à la pitié. Là,

ARIANE A THESE'E.

d'une montagne rude & difficile à monter, s'avance une Roche qui pend en précipice sur la mer, & sous qui les eaux grondent: J'y montai avec précipitation, le courage me donnoit des forces: Du plus haut du sommet je promene mes regards sur les flots, & je vois d'abord les voiles de votre Vaisseau enflées par un vent qui vous emportoit avec rapidité (car les Vents, complices de votre perfidie, se sont cruellement déclarés aussi contre moi) soit que ce fût véritablement votre Vaisseau que j'eusse vû, ou que mon imagination frapée, eût séduit mes yeux, cette idée me glaça: je tombe de foiblesse, & je fus abandonnée de mes sens. Mais la douleur qui me déchiroit, ne me permit pas d'être long-tems dans cet état de langueur; je repris le sentiment, & de nouveau j'appelle Thesée: Revenez, ingrat! m'écriai-je d'une voix éclatante; ramenez ici votre Vaisseau, il n'a pas toute sa charge, Ariane manque dans votre Troupe. En proferant ces paroles, je me frapois mille fois le sein; & réfléchissant que mes cris douloureux ne pouvoient pas aller jusqu'à vous, je crus que mes bras étendus, pourroient être un signal propre à fraper vos yeux. Enfin, je mis un voile blanc au bout d'une baguette, pour vous faire sou-

venir que vous m'aviez oubliée. Ensuite, je vous perdis de vûë ; & ce fut alors, que je versai des torrens de larmes, que l'excès de mon saisissement avoit suspenduës : Hélas ! quel autre emploi auroient eu mes yeux, que celui des pleurs, puisqu'ils ne pouvoient plus voir votre Vaisseau ? Tantôt, comme une Bacchante, agitée par les fureurs du Dieu qui la possede, j'errois, les cheveux épars ; tantôt, regardant tristement la mer, je me venois asseoir sur un Rocher : là, froide, immobile, il me sembloit, dans ma douleur stupide, que j'étois moi-même devenuë Rocher. Combien de fois ai-je retourné vers ce lit fatal, dont je me vois le reste infortuné ? Lit perfide ! m'écriois-je, tu reçus hier mon Epoux avec moi ; d'où vient que tu ne me le rends pas aujourd'hui ? Pourquoi ne partons-nous pas ensemble de ce desert ? Ah, lit funeste ! puisque le nœud qui nous assemble, a fait que tu nous as reçû deux, pourquoi me dérobes-tu la moitié la plus chere de mon cœur ? Que deviendrai-je dans cette Isle affreuse ? Je n'y vois aucune culture, ni aucunes traces d'humains. Non seulement la mer l'environne de tous côtés, mais encore on ne voit point de Vaisseau qui cherche à en approcher, tant les écüeils & les rochers qu'on
découvre

découvre, paroissent en rendre l'abord difficile. Mais quand j'aurois des Vaisseaux prêts, des Pilotes excellens, & des Vents les plus favorables, où irois-je? Quel azile pourrois-je trouver? Mon Pere ne me recevra pas dans ses Etats : ma folle tendresse pour vous, m'a fait oublier ce que je devois à l'Auteur de ma naissance. Je ne te verrai plus, ô Crete! célebre par tes Campagnes fertiles, par tes cent Villes fameuses, & plus illustre encore par la naissance de Jupiter : non, Isle charmante, je ne te verrai plus ! mom Pere, & ma Patrie (où l'on adore ses Loix) sont des noms précieux, que j'ai trahis par les erreurs où m'ont jetté l'Amour. Vous devez vous en souvenir ingrat ! lorsque tremblant pour vos jours, j'écoutai les conseils d'une pitié ingénieuse, & vous mis dans les mains un fil, dont le secours heureux vous fit vous débarasser de tous les nombreux détours du Labyrinthe. Alors, paroissant animé de la plus vive reconnoissance, vous me disiez, avec transport : Je vous jure, belle Ariane, par les perils mortels que j'ai courus, que tant que nous respirerons, vous ne cesserez pas un seul moment de regner sur mon cœur : je ne vivrai que pour vous. Hélas! vous m'avez si cruellement abandonnée, & je vis encore; si cependant une femme peut vivre, lorsque, comme moi, elle est abysmée dans un goufre de maux, par la noire trahison de son infidele Epoux. Ah! que ne m'avez-vous immolée avec la même massuë qui fit perir sous vos coups mon déplorable Frere! ma mort auroit promptement dégagé votre foi, & je ne serois pas livrée au plus affreux désespoir. En proye aux plus funestes idées, non seulement je me représente les maux que je dois souffrir, mais encore les tourmens horribles où peut être exposée une mortelle trahie & abandonnée comme je suis. Mille cruels genres de mort se presentent en foule à mon esprit; & dans la tristesse amere où votre perfidie m'a plongée, l'image de la mort me donne moins d'effroi que l'attente de cette mort. A tout moment, je crois qu'un Loup affamé va me venir dévorer; &, plus tremblante encore, je crains qu'un Lion, ou qu'un Tigre en fureur ne viennent me déchirer. On raconte que quelquefois les mers irritées ont vomi sur leurs bords des Monstres marins, qui font fremir les ames les plus fermes. Hélas! peut-être que quelqu'un de ces Monstres terribles teindra ce rivage de mon sang. Dieux, qui répandez tant d'amertume sur mes jours infortunés! épargnez-moi du moins la honte de me voir chargée de fers parmi des captives : daignez ne pas permettre que mes mains soient employées à un travail vil & dur. Minos, fils de Jupiter, m'a donné le jour ; je compte pour Aïeul l'Astre brillant qui éclaire le Monde ; &, ce qui flate mon cœur d'un souvenir encore mille fois plus doux, Thesée, l'illustre Thesée a pris un tems le nom de mon Epoux : mais ! que me reste-t-il de tant d'honneurs divers, dans l'état funeste où je me trouve ? Si je regarde la Mer, la Terre, ou le Rivage, tout me menace, tout semble m'annocer de nouveaux malheurs ; il ne me reste plus que le Ciel, & lorsque j'ose y lever les yeux, il me semble que les Astres me présagent la colere des Dieux ; elle me fait attendre d'être la proye des Tigres dévorans. Je me vois sans défense, & je ne puis esperer aucun secours des Humains, puisque cette Isle fatale n'a point d'Habitans. Mais ! dois-je souhaiter qu'aucuns hommes habitent ces lieux ? Vos trahisons ne m'ont que trop appris à craindre la perfidie des Etrangers. Plût aux Dieux, qu'Androgée vît encore le jour ! ou du moins qu'Athenes, pour expier sa mort, ne vous eût point soumis au triste choix d'un sort aveugle ! mais plûtôt il faudroit qu'un ingrat qui m'est si cher, tout perfide qu'il eſt, n'eût pû vaincre le Minotaure, & que pour tirer cet ingrat Theſée des détours confus du Labyrinthe, mon amour trop crédule l'eût laiſſé ſans ſecours. Je ne m'étonne point, Amant barbare! que vous aïez remporté la victoire ſur le Monſtre redoutable, qui faiſoit la terreur de tous les autres combattans ; le Minotaure les pouvoit percer, mais pour vous, il vous ſuffiſoit d'être armé de votre cœur ; ſa dureté ſurpaſſe celle du fer, & le marbre & le diamant doivent lui ceder. Oüi, le marbre & le diamant ſont moins durs que le cœur de Theſée! Sommeil trompeur & funeſte! qui, pour donner le tems à un perfide de me trahir, vintes fermer mes yeux. Hélas! que ne les fermiez-vous pour l'éternelle nuit. Vents cruels! qui vous êtes trouvés ſi prompts à les ſervir, & à me faire verſer des larmes! Foi parjure! pourquoi m'avez-vous été donnée, puiſque vous n'êtiez pour moi qu'un nom ſéducteur? La Foi violée, le Sommeil, les Vents, tout a conſpiré contre moi, pour vous favoriſer dans votre crime. Ah! il n'en faloit pas tant contre une infortunée, à qui le Ciel ſemble avoir refuſé toute ſorte de ſecours. Quoi! prête à expirer, je ne verrai point couler les larmes de ma mere, & je n'aurai perſonne en ces lieux ſauvages qui me ferme les yeux après ma mort, ni qui honore mon corps d'aucun soin ? Dans un air étranger, mon ombre volera errante & fugitive ! les Oiseaux carnaciers feront leur nourriture de mon corps, & séjourneront sur mes os, qui seront sans sepulture ! Cet indigne tombeau sera la récompense & de ma foi, & de tous les bienfaits dont je vous ai comblé ! Lorsque vous serez de retour à Athenes, où l'on vous recevra avec des acclamations triomphantes, vous y raconterez les efforts de courage que vous fîtes pour vaincre le Minotaure, & avec quelle adresse vous sçûtes vous dégager des détours confus du Labyrinthe, où tant de malheureux avoient peri : mais dans le recit de vos belles actions, n'oubliez pas de dire que vous m'avez abandonnée à tout mon désespoir dans une Isle déserte, après vous avoir accablé des marques du plus parfait amour. Triomphez, ingrat ! triomphez impunément de ma tendresse & de mes larmes. Non, vous n'êtes point sorti du sang d'Egée & d'Ethra ; la mer & le plus âpre rocher seuls vous ont produit. Quelque dur que vous soïez, que n'avez-vous pû me voir du haut de votre Poupé ? l'état affreux où votre fuite m'avoit laissée, & la plus vive douleur peinte sur mon visage, vous auroient, malgré vous, touché de quelque pitié : mais si vous ne pouvez me voir, que votre imagination vous représente l'abysme de maux où vous m'avez plongée ; figurez-vous me voir gémir sur un Rocher battu par les flots de la mer, mes cheveux en désordre, dispersés sur mon front desolé ; mes habits dégoûtans de l'eau des pleurs que j'ai versés. Dans l'horreur dont je suis saisie, tout mon corps frémit, ainsi qu'on voit trembler tout à coup les moissons agitées par l'Aquilon : vous verrez des marques de ce trouble dans les traits mal formés dont cette Lettre est remplie : parmi les sanglots, je vous l'écris d'une main la plus tremblante, & je vous trace avec une peine infinie, ce que l'amour & le désespoir m'inspirent. Lorsque je cherche à rendre votre ame sensible à la pitié, je ne vous conjure point par mes bienfaits & par ma tendresse ; elle m'a trop mal réüssi, pour oser en attendre du secours : mais si vous ne trouvez pas que mes soins si vifs & si tendres, soient dignes d'aucune récompense, vous devez du moins ne pas chercher à m'en punir. Eh bien, je veux que je n'aie point contribué à conserver votre vie : mais, cruel ! vous ai-je jamais fait aucun outrage, qui vous puisse exciter à me ravir la mienne ? Hélas ! songez, que malgré les Mers qui nous séparent, je vous tens les mains, toutes lasses qu'elles sont de me fraper le sein. Imaginez-vous que je vous montre mes cheveux arrachés, témoignage funeste de l'affliction qui m'accable par tant de maux que j'ai si peu merités, & qui m'ont déja coûté tant de pleurs. Revenez, cher infidele, venez finir les tourmens où je succombe. Si ma mort les termine avant votre retour sur ce rivage, du moins je puis me flater que vous daignerez prendre le soin de me faire rendre les honneurs du tombeau.

SUJET DE L'EPITRE
de Canacé à Macarée.

Ovide, dans cette Epître, donne de la famille d'Eole une idée bien differente de celle qu'en donne Homere, qui peint ce Roy si heureux & si tranquille. A la description de son bonheur, il ajoûte un recit des Loix & des Coûtumes de son Royaume, qui ne s'accorderoit pas avec les sentimens & les procedés qu'Ovide lui donne ici pour Canacé sa fille. Mais les Poëtes sont les maîtres de leurs fictions : & de plus, les peintures d'Ovide à cet égard sont plus conformes à la maniere de penser qu'ont toutes les Nations, que ne sont celles d'Homere. Il semble même qu'il y ait une sorte de morale dans cette Epître, puisqu'on y voit que la coupable Princesse, qui avoit oublié la raison & le devoir pour tout sacrifier à de criminelles passions, en est si severement punie.

EPITRE
DE CANACÉ
A MACARÉE.
Traduite d'Ovide.

SI dans les tristes mots que je vais vous écrire,
Vous trouvez par hazard quelqu'endroit effacé,
Ces taches qui pourront vous empêcher de lire,
Seront mon propre sang par moi-même versé.

Cet objet remplira votre cœur d'amertume :
A quoi vais-je employer mes foibles mains pour vous ?
L'une tient un Poignard, l'autre tient une Plume,
Et dans ce triste état, j'écris sur mes genoux.

Pourrez-vous soûtenir cette image funeste
De l'abyſme effroyable où me plonge le Sort ?
A la Fille d'Eole aucun espoir ne reste,
Son trop barbare Pere a demandé sa mort.

C'est en quittant le jour qu'elle pourra lui plaire;
Quand il l'ose contraindre à se percer le sein ;
Plût au Ciel qu'il voulût pour se mieux satisfaire,
Estre le spectateur de ce coup inhumain !

Peut-être qu'attendri... Mais sur quelle apparence,
A former ce souhait mon cœur a-t-il panché ?
Plus cruel que les Vents qui craignent sa puissance,
Il verroit mon trépas sans en être touché.

En vivant avec eux il a pris leur nature,
Rien ne peut adoucir sa farouche fierté ;
Il a, de même qu'eux, l'ame sauvage & dure,
Et son humeur répond à leur ferocité.

Le violent Borée & l'aimable Zephire,
Aussi-bien que Notus, à ses loix sont soumis ;
Et le rapide Eurus, rangé sous son Empire,
S'il n'a l'ordre de lui, ne se croit rien permis.

Quelle fatalité ! lorsqu'aux Vents il commande,
Il ne peut commander à son ressentiment !
Quoiqu'en de vastes lieux sa puissance s'étende,
Elle est plus foible encor que son emportement !

Que me sert que l'éclat d'une haute naissance,
Me faisant partager celui de mes Ayeux,
Me donne dans le Ciel une haute alliance,
Et la fasse monter jusqu'au Maître des Dieux ?

En ai-je moins reçû cette fatale Epée,
Que je dois employer à terminer mes jours ?
Trop indigne present, dont ma main occupée,
Va, pour finir ma peine, emprunter le secours.

CANACE' A MACARE'E.

Ah ! mon cher Macarée, à qui trop de tendresse,
Aux dépens de ma gloire attache tous mes vœux ;
Plût au Ciel que ma mort prévenant ma foiblesse,
Au point de leur naissance eût étouffé mes feux !

D'abord, en vous voyant, je sentis dans mon ame
Regner je ne sçai quoi de piquant & de doux,
Tel que l'on m'avoit dit qu'une secrette flamme
Dans nos cœurs, tout à coup, le répand malgré nous.

A force de maigreur, pâle & défigurée,
Je n'eus plus ce teint vif où brilloient mille attraits ;
Je mangeois avec peine, & ma peau retirée,
Flétrissant mon visage, en changeoit tous les traits.

Plus de sommeil pour moi ; chaque nuit, d'une année
Me paroissoit avoir l'importune longueur ;
Et quoique sans souffrir, rêveuse, infortunée,
Du Sort, en soupirant, j'accusois la rigueur.

En vain, de ces soupirs me demandant la cause,
Je cherchois d'où venoit un si prompt changement ;
Peu faite encor au trouble où l'Amour nous expose,
J'étois, sans le sçavoir, ce qu'on est en aimant.

Ma Nourrice, en qui l'âge étoit une lumiere,
Qui perçoit les secrets dans les cœurs renfermés,
De l'embarras du mien s'apperçut la premiere ;
Ne me les cachez point, dit-elle, vous aimez.

Je rougis, & la honte expliquant mon martyre,
Dans ma confusion me fit baisser les yeux ;
Timide à les lever, pouvois-je sans rien dire,
Lui dire davantage & me déclarer mieux ?

Mais cependant en vain je combats ma foiblesse,
Je cede aux vifs transports de votre folle ardeur :
Par une tyrannique & funeste tendresse,
Du Devoir gémissant l'Amour est le vainqueur.

Un Fruit naît dans mon sein, suite trop ordinaire
D'un amour qui n'a point consulté la raison ;
Et d'un croissant fardeau dont je voulois me taire,
J'avois à redouter la dure trahison.

Pour m'épargner l'éclat qu'elle a fait à ma honte,
Il n'est herbes ni sucs, qu'au peril de mes jours,
A s'en servir pour moi ma Nourrice trop prompte,
N'ait crûs, dans mon malheur, un innocent secours.

Mais les effets n'ont pû répondre à son envie,
A tous ses attentats ce Fruit a resisté ;
La Nature a pris soin de conserver sa vie,
Et contre ses efforts l'a mis en sûreté.

Neuf mois s'étoient passés, quand les douleurs pressantes
D'un travail qui me mit tout à coup aux abois,
Dès leur commencement furent si violentes,
Qu'il falut, malgré moi, crier à haute voix.

CANACE' A MACARE'E.

Ah ! Dieux ! que faites-vous ! dit tout bas ma Nourrice,
Si l'on entend vos cris, vous vous cachez en vain :
Alors, pour empêcher que je ne me trahisse,
A me fermer la bouche elle employa sa main.

Cruelle extrêmité ! la crainte de mon Pere,
La honte d'un amour que je voulois celer,
Ma gloire à soûtenir, tout m'oblige à me taire,
Tandis que la douleur me contraint de parler.

Ce que j'endure cede à ses justes allarmes ;
Et retenant des mots à demi prononcés,
Je dévore mon mal, & repousse les larmes
Que mes yeux, à répandre, alloient être forcés.

Par tant de durs efforts je crus ma mort certaine :
Lucine se montroit lente à me secourir ;
Et ce qui dans l'excès faisoit aller ma peine,
Je devenois coupable en me laissant mourir.

A ce coup, qui pour vous fut plus qu'un coup de foudre,
Dans quel accablement ne parûtes-vous pas ?
Surpris, déseperé, ne sachant que résoudre,
L'amour vous fit long-tems me serrer dans vos bras.

Vivez, si vous aimez le constant Macarée,
Qui pour sauver vos jours fait les plus tendres vœux,
Disiez-vous ; Votre mort rend la mienne assûrée,
Et combattant vos maux vous nous sauvez tous deux.

Qu'une heureuse esperance à souffrir vous anime;
Vous aimez Macarée, il sera votre Epoux,
Et l'Hymen dans nos feux ne laissant plus de crime,
Pour nos cœurs enflammés n'aura rien que de doux.

Languissante, accablée & prête à rendre l'ame,
Je sentis que ces mots me rapelloient au jour;
Le plaisir que j'en eus en rassûrant ma flamme,
M'affranchit du fardeau qu'avoit produit l'Amour.

Vous crûtes du Destin n'avoir plus à vous plaindre:
Mais, si je souffrois moins, nous n'en étions pas mieux;
Eole en son Palais me laissoit tout à craindre,
Il falloit dérober notre crime à ses yeux.

Ma Nourrice prenant l'Enfant qui vient de naître,
De rameaux d'Olivier l'envelope à l'instant,
Et fait tout ce qui peut empêcher de connoître
De mon accouchement le secret important.

Ce grand apprêt, dit-elle, est pour un sacrifice,
Dont, selon sa promesse, elle veut s'acquitter,
Afin que sans délai son dessein s'accomplisse
Chacun sur son passage a soin de s'écarter.

Elle approchoit déja de la derniere porte,
Quand l'Enfant par ses cris commence à m'accuser;
Le Roi qui les entend, apprend ce qu'elle emporte,
Et fait voir des transports qu'on ne peut appaiser.

CANACE' A MACAREE.

Du Fruit de nos amours s'étant rendu le maître,
Il parle hautement du sacrifice feint.
Il éclate, il s'écrie, & sans plus se connoître,
S'abandonne aux fureurs dont son cœur est atteint.

Comme on voit que du Vent l'impetueuse haleine
De la Mer tout-à-coup fait boüillonner les flots,
Ou que ce même Vent, lorsqu'il fond sur un Frêne,
Entrant dans son feüillage en trouble le repos.

Ainsi le juste effroi que mon malheur me donne,
Confondant ma raison, fait trembler tout mon corps;
Et de ce qui l'agite au moment qu'il frissonne,
Mon sit tout ébranlé marque les durs efforts,

Mon Pere entre où je suis, & tout rempli de rage
De voir ainsi ma gloire immolée à l'Amour,
Peu s'en faut, pour venger un si honteux outrage,
Que de sa propre main il ne m'ôte le jour.

Dans ce terrible état, quelles sont mes alarmes!
La peur glaçant ma langue & retenant ma voix,
Sans avoir contre lui pour secours que mes larmes,
J'attens sur mon destin ses tyranniques Loix.

Ce malheureux Enfant qui dut être ma joye,
Et de nos cœurs unis serrer les doux liens,
Il veut qu'on l'abandonne, & qu'il serve de proye
A l'avide fureur des Oiseaux & des Chiens.

De cet Arrêt barbare on diroit qu'il murmure,
De terreur à l'entendre, il semble être surpris,
Et comme s'il vouloit émouvoir la Nature,
Pour fléchir son Ayeul il redouble ses cris.

Dans quel abime affreux d'une douleur extrême
Tant de maux à la fois sçûrent-ils m'engloutir !
Hélas ! cher Criminel, jugez-en par vous-même,
Tout ce que je sentis, vous l'avez dû sentir.

Un Ennemi cruel m'arrachant les entrailles,
Se saisit de l'Enfant, l'expose dans un Bois,
Où les Loups, célébrant ses tristes funerailles,
Pour lui faire un tombeau, de leurs flancs ont fait choix.

Eole étant sorti sans parler davantage ;
Confuse, abandonnée à tout mon desespoir,
Je me frappe le sein, déchire mon visage,
Et souffre tous les maux qu'il me laisse prévoir.

Dans ce moment un Garde envoyé par mon Pere ;
Recevez, me dit-il, ce funeste poignard :
L'usage que le Roi vous ordonne d'en faire,
Expiera votre faute : Il me le donne, & part.

Je connois quelle peine a merité mon crime,
M'écriai-je : Et ce fer enfoncé dans mon sein,
Sans me faire trembler frapera la victime
Qu'Eole veut me voir immoler de ma main.

Sont-ce là les présens qu'en attendoit sa Fille,
Quand il auroit voulu lui donner un Epoux !
C'est donc ce que j'aurai du bien de ma Famille ?
Quelle dot ! & qui peut en devenir jaloux !

Retire ton flambeau, trop credule Hymenée,
Qui prétendois m'unir à l'objet de mes vœux ;
Va loin d'une maison assez infortunée,
Pour m'avoir vû livrée à de coupables feux !

Et vous, mes cheres Sœurs, qu'il faut que j'abandonne,
Fuyez le joug honteux que mon cœur a porté,
Et regardez la mort qu'on veut que je me donne,
Comme un supplice juste, & que j'ai merité.

Mais, hélas ! un Enfant qui ne vient que de naître,
Quel crime en un moment peut-il avoir commis ?
Et par quelle action me fera-t-on connoître
Qu'il doit compter mon Pere entre ses Ennemis ?

De la mort en naissant si l'on peut être digne,
Je consens qu'on le croye, il a dû la souffrir :
Mais, par quel dur excès d'une rigueur insigne
A-t-il pour mon forfait merité de mourir ?

O mon Fils ! qui devois faire toute ma joye,
On t'abandonne donc à de fiers animaux !
Quand j'ose envisager que tu leur sers de proye,
Quel desespoir pour moi ! quel abîme de maux !

J'avois lieu de penser que tu serois le gage
D'un amour qui vaincroit la dureté du Sort :
Faut-il que par l'effet d'une trop prompte rage,
Le premier de tes jours soit celui de ta mort !

Encor pour satisfaire aux Loix de la Nature,
Si l'on m'avoit permis, dans mes vives douleurs,
D'aller sur ton tombeau couper ma chevelure,
Du moins si j'avois pû t'arroser de mes pleurs !

Mais, loin qu'aucun baiser pris sur ta froide bouche,
Me laisse en te perdant quelque leger repos ;
On me force à souffrir qu'un Animal farouche
En dévorant ta chair, brise tes tendres os !

Pour t'arracher à moi, quoique l'on ait pû faire,
D'Eole par ma mort l'espoir sera déçû,
Je n'aurai pas long-tems le triste nom de Mere,
Sans rejoindre celui de qui je l'ai reçu.

Pour vous qui trop flaté d'une vaine espérance
M'avez fait consentir 'à vos feux insensés,
D'un Enfant qu'on a fait périr dans sa naissance
Recüeillez, s'il se peut, les membres dispersés.

Vous-même portez-les au tombeau de sa Mere,
Et que de nos deux corps les restes malheureux
Mêlés dans la même Urne, après tant de misere,
Eprouvent par vos soins un sort moins rigoureux.

CANACÉ A MACARÉE.

Adieu. C'est trop tarder. Dans la fin de ma vie
Quand j'aurai rencontré celle de mes malheurs,
Songez que par ma main je me la suis ravie,
Et que qui meurt pour vous est digne de vos pleurs.

Ce tendre souvenir est le seul bien qu'espere
La triste Canacé prête à perdre le jour.
C'en est fait : J'accomplis les ordres de mon Pere,
Mon sang coule, & je meurs victime de l'Amour.

SUJET DE L'EPITRE
de Medée à Jason.

Jason étant arrivé à Colchos, dans le dessein de faire la conquête de la Toison d'Or, il fut bien reçu du Roi Aëthes, qui lui donna un grand festin & à tous ses Argonautes. Dans ce festin Medée, fille du Roi, le vit, & prit une forte passion pour lui. Ce Prince lui persuada qu'il en sentoit une semblable pour elle, & la fit consentir à l'épouser & à le suivre. Après qu'ils se furent donnés la foi, Medée mit en usage toute la force de son Art magique pour le garantir des dangers où il alloit s'exposer. Il surmonta tous les perils qui lui faisoient obstacle, & soûtenu par son courage & sa valeur, ainsi que par les enchantemens de la Princesse, il enleva glorieusement la Toison. Après sa victoire il emmena son Epouse, comme il lui avoit promis. Ils furent plusieurs années ensemble dans une grande union ; mais enfin Jason s'étant laissé charmer par les attraits & la Couronne de Creüse, fille de Creon Roi de Corinthe, il pria Medée de consentir à un divorce, ce qu'il ne put obtenir. Il ne laissa pas de l'abandonner avec deux Enfans qu'elle avoit eus de lui, &

MEDÉE A JASON.

songea à celebrer son mariage avec Creüse, ce qui irrita si fort la violente *Medée*, qu'elle lui écrivit cette *Lettre*, où après lui avoir reproché son ingratitude, & representé l'affreux desespoir où il la mettoit, elle le menace de se venger de lui de la maniere la plus terrible.

EPISTRE
DE MEDÉE
A JASON.
Traduite d'Ovide.

JE m'en souviens, Jason, dans l'extrême surprise
Qu'à mes sens étonnés causa votre entreprise;
Princesse de Colchos, pour conserver vos jours
J'employai de mon art l'infaillible secours.
Ah! que n'a-t-on pû voir de la fin de ma vie
Cette ardeur empressée en ce tems-là suivie!
J'aurois toute ma gloire, & le sort qui m'abat
N'en avoit point encor diminué l'éclat.
Tout ce que j'ai vécu depuis l'heure fatale,
Où je vous aime assez pour craindre une Rivale,
N'a fait que m'accabler des plus cruels tourmens,
Où l'Amour ait jamais exposé les Amans.
N'êtes-vous donc venu sur les rives du Phase,
Que pour livrer Medée à l'ardeur qui l'embrase?
Malheureuse! pourquoi tant de jeunes Héros
Pour avoir la Toison ont-ils fendu les flots?

MEDE'E A JASON.

Falloit-il que Jason, sans dessein de me plaire,
Malgré lui, malgré moi, réüssit à le faire !
Et que de ses discours le charme imperieux
Fît sentir à mon cœur le plaisir de mes yeux !
Sans mon funeste amour, cette ardente Jeunesse
Que la gloire avec vous fit partir de la Grece,
Arrivant à Colchos eût vû s'évanoüir
Les projets dont l'éclat avoit sçu l'éblouir.
C'est envain que privé du secours de mes charmes,
Pour dompter les Taureaux vous eussiez pris les armes,
De leur ardente haleine à l'instant consumé
Dans les sillons ouverts vous n'auriez rien semé :
Quand vous l'auriez pû faire, une telle semence
D'un monde d'Ennemis eût causé la naissance,
Et d'épais bataillons par la Terre produits,
Traversant vos desseins les auroient vû détruits.
Combien de trahisons & de feintes cachées,
en vous laissant perir j'eusse alors empêchées !
Et de quels durs chagrins, l'un à l'autre enchaînés,
Aurois-je garanti mes jours infortunés !
Je le connois trop tard ; mais au moins, si mes plaintes
Ne peuvent de mes maux soulager les atteintes,
Il est doux de pouvoir, dans un sort rigoureux,
Reprocher aux Ingrats ce qu'on a fait pour eux.
Ce seul plaisir me reste, il faut que j'en joüisse.
On resout de vos jours le triste sacrifice,
Et la riche Toison qu'il vous faut conquerir,
Paroit une entreprise où vous devez périr.

Vous venez à Colchos, vous y voyez Medée;
Là pour elle d'amour votre ame est possedée,
Et je suis à vos yeux tout ce qu'est aujourd'hui,
Le rare & digne Objet dont vous cherchez l'appui.
A son Pere Créon si Corinthe est sujette,
On voit de grands Païs sous l'Empire d'Aëte.
Roi puissant! qui devoit, en me donnant le jour,
M'avoir formé le cœur ennemi de l'Amour.
Ce Prince trop sensible à la vertu guerriere
Reçoit dans son Palais la Troupe avanturiere,
Et vos Grecs, comme vous, à sa table appellés,
Des mets les plus exquis s'y trouvent regalés.
Alors vous ayant vû j'appris votre naissance,
J'eus de votre destin l'entiere connoissance,
Et dès ce même instant j'avalai le poison,
Dont la douce habitude infecta ma raison.
A force de vous voir, quel trouble dans mon ame!
Je sentis les ardeurs d'une invisible flamme,
Et devant nos Autels le Pin qu'on voit brûlant,
Forme, quand il s'embrase, un feu moins violent.
Tout me plaisoit en vous, le port, la bonne mine,
Mon destin m'entraînoit d'ailleurs à ma ruine;
Et d'un charme secret l'invincible pouvoir,
Me présageoit un mal qu'il me faisoit vouloir.
J'eus beau faire, il vous fut aisé de le connoître:
Car qui peut de l'amour long-tems se rendre maître?
Et le cacher si bien, que par quelque lueur,
La flamme qu'il produit n'en découvre l'ardeur?

Mon

MEDE'E A JASON.

Mon Pere cependant, qui pour vous s'inquiéte,
Vous dit dans quels périls trop d'audace vous jette.
Songez-y ; par quel art seront-ils affrontés ?
Mettrez-vous sous le joug des Taureaux indomptés ?
Qui recevant de Mars une force sans bornes,
Sont bien moins dangereux par leurs affreuses cornes,
Que par les feux brûlans que leurs naseaux ouverts
Leur font en respirant répandre dans les airs.
Ils ont les pieds d'airain, & l'épaisse fumée
Que pousse avec le feu leur narine enflammée,
La rendant toute noire, est un objet hideux,
Qui rend presque certain ce qu'on doit craindre d'eux.
Sortis de ces périls, vous aurez sur la Terre
A jetter contre vous des semences de guerre,
Des Dents dont aussi-tôt, dans un champ plein d'horreur,
Naîtront mille Soldats tous remplis de fureur :
Trop funeste moisson pour qui l'aura produite !
Envain vous prétendrez échaper par la fuite,
La prissiez-vous dans l'air : Pourrez-vous empêcher
Que leurs rapides traits ne vous aillent chercher ?
Quand même leur valeur cederoit à la vôtre,
Ce terrible combat seroit suivi d'un autre,
Il faudroit vaincre encore un Dragon furieux
Qui ne sçait ce que c'est que de fermer les yeux.
Il garde la Toison, & sa gueule béante
Pousse à flots successifs son haleine brûlante,
Qui par des feux secrets au dedans allumés,
Avant qu'on l'approchât vous auroit consumés.

P

De tant d'affreux périls l'étonnante peinture,
Vous fut pour vos desseins d'un malheureux augure ;
Vous vous levâtes tous, & la fin du repas
Fit de vos cœurs troublés paroître l'embarras.
Alors cette Creüse, aujourd'hui recherchée,
N'avoit rien dont votre ame eût lieu d'être touchée,
Et le Trône où Créon vous doit faire monter,
N'étoit point une Dot qu'on vous vit souhaiter.
Vous quittâtes le Roi, rêveur, plein de tristesse,
Trop sensible au chagrin que je vois qui vous presse ;
J'en partage l'atteinte, & vous suivant des yeux,
Je demande pour vous l'assistance des Dieux,
Mille & mille soucis, dont j'eus l'ame frapée,
Pendant toute la nuit me tinrent occupée :
Ah ! combien mon repos en demeura détruit !
Et de quelle longueur me parut cette nuit :
Tantôt les fiers Taureaux & l'horrible Semence
Pour vos jours hazardés m'ôtent toute espérance ;
Et tantôt du Dragon l'insurmontable effort,
Si vous le combattez, me fait voir votre mort.
L'Amour me fait tout craindre, & telle est ma foiblesse,
Que cette crainte encore augmente ma tendresse.
Le jour paroit, ma Sœur vouloit m'entretenir,
Enfin ma Chambre s'ouvre, & je l'entens venir.
Ma tête détournée, & cachant mon visage,
Du trouble de mon cœur lui fut un témoignage ;
Mes cheveux sur mon col sans ordre étoient épars,
Et l'on voyoit mes pleurs marqués de toutes parts ;

Pour tous vos jeunes Grecs elle implore mon aide,
Je l'accorde à Jason, & veux que tout lui cede.
A quelle extrêmité mon malheur me reduit!
Quand mon Art se déploye, un autre en a le fruit.
Dans un Bois où des Pins & des Chênes sans nombre
Font, malgré le Soleil, en tout tems regner l'ombre,
Un vieux Temple s'éleve, où de pieux Mortels
Ont cent fois de Diane encensé les Autels;
Sa Statuë en est d'Or : une main étrangere
A fait pour l'embellir tout ce que l'art peut faire ;
Je ne sçai si ce Temple, alors si reveré,
Depuis mon infortune est encore honoré ;
Nous nous y rencontr. ns : Là commence ma perte ;
Votre infidele bouche aussi-tôt fut ouverte,
Et d'un air tendre & doux, de mon cœur pour jamais
Par ce discours flateur vous troublâtes la paix.
Parlez, belle Princesse, & comme Souveraine
Menez-moi vers la gloire, ou resolvez ma peine :
Soit que vous souhaitiez ou ma vie ou ma mort,
La Fortune vous rend arbitre de mon sort :
Si vous voulez me perdre, il faut que je périsse,
Je ne puis l'éviter, mais rendez-moi justice,
Et vous verrez pour vous plus de gloire à s'offrir,
A conserver mes jours, qu'à me laisser périr.
Par les maux que je crains, & les rudes tempêtes
Que vous pouvez d'un mot détourner de nos têtes,
Par ce divin Ayeul, le plus brillant des Dieux,
Qui produit la lumiere, & la porte en tous lieux.

P ij

Par la Divinité dont le triple visage,
Sous trois noms differens à l'honorer engage ;
Enfin par ce qu'on doit aux Dieux de ces Climats,
S'ils en ont quelques-uns qu'on ne connoisse pas,
Secourez ces Héros, qui m'ayant voulu suivre,
Vont tenter les hasards où la Gloire les livre ;
Et faites qu'à vos soins à jamais obligé,
A vivre tout à vous je me trouve engagé :
Que si, quand je vous viens exposer nos alarmes
Pour vous l'himen d'un Grec peut avoir quelques charmes,
Mais comment esperer que la bonté des Dieux
S'étende jusques-là pour des Audacieux !
Dans la reconnoissance où l'honneur me convie,
J'oserai vous jurer qu'on me verra sans vie,
Plûtôt que de souffrir qu'aucune autre que vous,
Ait droit de me donner le tendre nom d'Epoux.
Junon, qui par l'Hymen fut toûjours reverée,
Et la chaste Diane en ce Temple honorée,
Voudront bien, si vos vœux secondent mes souhaits,
Vous garantir pour moi le serment que j'en fais.

Pouvois-je soûtenir ces flateuses manieres ?
Jeune encor, sur l'amour j'avois peu de lumieres,
Et je crus entre nous l'Hymen ferme & certain,
Dès que vous eûtes joint votre main à ma main.
Ce qui pour moi sur tout eut de sensibles charmes,
De vos yeux en parlant je vis couler des larmes ;
Un jeune cœur, hélas ! peut s'en laisser fraper ;
Devoient-elles, grands Dieux ! servir à me tromper ?

Mon Art vous rend bientôt les Destins favorables ;
Il vous fait mettre au joug des Taureaux indomptables ;
Et tracer dans le Champ de funestes sillons,
D'où sortent contre vous de nombreux bataillons ?
Des venimeuses Dents que vous avez semées,
Ces terribles Soldats naissent les mains armées ;
Et prêts à soûtenir les plus rudes efforts,
D'un large bouclier ils se couvrent le corps :
Moi-même en les voyans tout remplis de furie ;
Malgré mes soins donnés à vous sauver la vie,
Comme s'ils eussent pû dans mon Art plus que moi,
Je craignis votre perte & j'en pâlis d'effroi ;
Tant qu'après s'être en vain efforcés de me nuire,
Je les vis tout à coup l'un l'autre se détruire,
Faire meurtre sur meurtre, & se perçant le flanc
Abreuver à longs flots la terre de leur sang.
Cependant le Dragon à bruyantes écailles,
Dont le combat succede à tant de funerailles,
Paroît, siffle, s'avance, & ses replis affreux,
S'il vient des Attaquans, fait tout craindre pour eux.
Alors enfermiez-vous dans votre ame intrepide
Ces desseins de grandeur qui vous rendent perfide ?
Et pour vos yeux remplis de l'horreur du trépas,
Le Trône de Corinthe avoit-il quelque appas ?
Je ne suis aujourd'hui qu'une Femme importune ;
Barbare, sans appui, sans secours, sans fortune,
Et par les attentats que pour vous j'ai commis,
Je me suis fait par tout de puissans Ennemis.

P iij

C'est moi pourtant, c'est moi, dont l'utile prudence
De l'horrible Dragon trompa la vigilance :
Votre audace étoit vaine, & le fameux Jason
N'eût jamais de Colchos enlevé la Toison.
Peu senſible à l'affront de ma gloire flétrie,
J'ai trahi pour vous seul mon Pere & ma Patrie ;
Et les maux de l'exil partagés avec vous,
M'ont toûjours tenu lieu des plaisirs les plus doux.
De cent Princes voisins qu'a pû sur moi la flamme ?
Les vœux d'un Etranger ont seuls touché mon ame ;
Et préferant à tout l'hommage de son cœur,
J'ai quitté pour le suivre & ma Mere & ma Sœur.
O malheureux Absyrte ! ô mon Sang ! ô mon Frere !
Que n'ai-je fui sans toi ! Ta mort ! . . . Il faut me taire ;
C'est à moi, qui voudrois me cacher ce forfait,
De laisser cet endroit de ma Lettre imparfait.
Puis-je m'en souvenir, sans que d'horreur j'expire ?
Ce que ma main a fait, ma main n'ose l'écrire.
Ah ! sans doute on devoit employer des Bourreaux,
Pour me faire avec toi déchirer par morceaux !
Comment osai-je alors. . . Mais après un tel crime,
Quelle crainte en mon ame eût été légitime ?
J'osai me confier aux flots, dont la fureur
De mon impieté pouvoit punir l'horreur :
Où donc étoit des Dieux la sageſſe profonde ?
Nous devions tous les deux être abîmés dans l'onde ;
Vous, pour l'injure faite à ma simplicité,
Et moi, pour avoir eu trop de credulité.

Ah ! que dans le Détroit des Roches Cyanées,
Ces Roches qu'on croyoit l'une à l'autre enchaînées ;
Nous voyant d'un seul coup par le trépas punis,
N'avons-nous dans les eaux laissé nos corps unis ?
Ou pourquoi, quand je fuis avec tant d'infamie,
Scylla, qui des Ingrats doit être l'ennemie,
A-t-elle négligé, pour assouvir ses Chiens,
De leur abandonner & vos jours & les miens ?
L'effrayante Carybde, aux Nochers si fatale,
Qui rejette autant d'eau qu'on voit qu'elle en avale,
En nous engloutissant devoit nous faire voir
Jusqu'où, contre le crime, elle étend son pouvoir !
Sans avoir rien souffert dans les Mers d'Italie,
Vous retournez vainqueur dans votre Thessalie ;
Où portant la Toison il vous est glorieux
De la pouvoir offrir en trophée à vos Dieux.
Je ne vous parle point de ces Filles crédules,
Dont un trop tendre amour vainquit tous les scrupules ;
Quand de leurs propres mains leur vieux Pere égorgé
Trompa leur esperance, & vous laissa vengé :
Si dans tout l'Univers ce crime détestable
Rend ma mémoire horrible & mon nom exécrable,
Vous m'en devez loüer, vous pour qui tant de fois
J'ai trahi la Nature & violé ses loix.
Cependant vous osez (quel reproche assez rude
Peut suffire à l'excès de votre ingratitude !
J'en garde avec douleur le cruel souvenir)
Pour prix de mon amour, vous osez me bannir

Avec mes deux Enfans : D'Adraste par la fuite
J'ai, sans en murmurer, évité la poursuite ;
Toûjours pleine pour vous de cette vive ardeur,
Que rien ne peut encore aftoiblir dans mon cœur.
L'exil est peu pour moi, telle est ma destinée :
Mais, hélas ! que devins-je à ces chants d'Hymenée ;
Qui me firent connoître en ce moment fatal
Qu'on allumoit pour vous le flambeau nuptial !
La Flûte dont le son vint fraper mon oreille
Me saisit tout à coup d'une horreur sans pareille ;
Et ce son fut cent fois plus terrible pour moi
Que tous ceux qui des cœurs sçurent causer l'effroi.
Il faut vous l'avoüer, j'eus de la peine à croire
Que la trahison fût & si lâche & si noire :
Je tremblai cependant, & tout mon sang glacé
Me fit sentir le mal qui m'étoit annoncé.
Tout le monde à la joye, en chantant s'abandonne,
De l'Hymen appellé le nom par tout resonne,
Le Peuple court en foule, & plus j'entens ses cris,
Plus un trouble secret agite mes esprits :
D'allegresse, à l'envi, les marques sont publiques,
Et la tristesse n'est que pour mes Domestiques.
A mes yeux avec soin ils cachoiènt leur douleur ;
Car, qui d'eux eût voulu m'apprendre mon malheur ?
Je l'ignorois encore ; & ce m'étoit-peut-être
Quelque chose d'heureux de ne le point connoître :
Mais je ne laissois pas dans cet obscur destin
De me sentir le cœur pénétré de chagrin ;

MEDE'E A JASON.

Quand mon plus jeune Fils, qui va voir sur la porte
Ce qui dans ce moment le Peuple ainsi transporte,
Sur tout ce qui se passe ayant jetté les yeux,
Ah! ma Mere, je crois qu'il faut quitter ces lieux
C'est contre vous, dit-il, que la pompe s'apreste;
L'Or y brille par tout, mon Pere est à la tête,
Et le Char qu'il conduit orné superbement,
Etalant son éclat marche triomphament.

 Jusqu'où n'allerent point les transports de ma rage!
Je me frapai le sein, je meurtris mon visage,
Déchirai mes habits, & les cheveux épars
Fis voir mon desespoir dans mes tristes regards.
Mon premier sentiment fut de fendre la presse,
De troubler par mes pleurs vos doux chants d'allegresse,
Et d'aller arracher, pour venger mon affront,
La couronne de fleurs qui vous ornoit le front.
L'éclat eût été grand, j'eus peine à m'en défendre,
J'eus peine par mes cris à ne pas faire entendre,
Lorsque si lâchement vous me manquiez de foi,
C'est mon Epoux, Jason ne peut être qu'à moi!
O mon Pere! ô mon Frere! ô ma chere Patrie!
Par mon amour aveugle indignement trahie!
Joüissez de ma peine, & voyez mes ennuis
Egaler les malheurs que ma fuite a produits.
J'ai quitté pour Jason l'espoir d'une Couronne,
Et ce perfide Epoux aujourd'hui m'abandonne;
Lui que de ses desseins j'ai fait venir à bout,
Et qui dans mon exil me tenoit lieu de tout.

Quoi sur d'affreux Taureaux, malgré toute leur rage,
J'ai pû selon mes vœux remporter l'avantage !
J'ai vaincu des Serpens, & j'ai le défespoir
Qu'un Ingrat me refiste & brave mon pouvoir !
Par mes enchantemens que rien ne peut détruire,
J'ai repouffé des feux exhalés pour vous nuire,
Et je manque de force à bannir de mon cœur
Ce qu'un Astre fatal y fit naître d'ardeur !
Les herbes ni les sucs n'ont plus rien qui me flate :
Dans mes charmes secrets j'ai beau nommer Hecate ;
Du séjour ténébreux les mysteres cachés
Pour étouffer ma flamme en vain sont recherchés !
Si le jour me déplait, si je suis, tant qu'il dure,
Exposée aux rigueurs du tourment que j'endure,
Sur moi, pour m'accabler, que ne font point les nuits
Dont la triste rigueur redouble mes ennuis !
Malgré son œil perçant & fait pour la lumiere,
Du vigilant Dragon j'ai fermé la paupiere,
Et le dur ascendant qui me force d'aimer
Fait qu'au sommeil mes yeux ne se peuvent fermer !
Pour suspendre l'horreur de ma noire tristesse
Je voudrois m'assoupir, & je veille sans cesse :
Je dompte la Nature, & sujette à sa loi,
Je puis tout pour tout autre, & ne puis rien pour moi !
Après tant de bienfaits, quelle atteinte fatale !
Quand j'ai sauvé vos jours, c'étoit pour ma Rivale !
Et du Ciel irrité la haine me réduit
A souffrir de mes soins qu'elle emporte le fruit !

MEDE'E A JASON.

Peut-être en lui vantant la valeur incroyable,
Qui vous fit à Colchos estimer indomptable,
Vous avez affecté de cacher que mon Art
A tous vos grands Exploits eut la meilleure part :
Peut-être que de moi, pour vous rendre agréable,
Vous avez fait exprès une image effroyable :
Eh! bien qu'elle triomphe, & que sur mes défauts,
Fiere de son mérite, elle insulte à mes maux :
Qu'elle brille en habits d'une richesse exquise
Au milieu d'une Cour à ses ordres soumise :
Le tems viendra, le tems où ses pleurs ne feront
Qu'accroitre les ardeurs qui la consumeront!

 Tant que pour repousser le mépris & l'outrage,
Et la flamme & le fer seront de quelque usage,
Qu'à mon Art le poison demeurera permis,
Medée impunément n'aura point d'ennemis !
Que si dans les transports qu'un fol amour vous cause
La priere sur vous peut encor quelque chose,
Ne me contraignez point à suivre aveuglément
Les funestes conseils de mon ressentiment.
Qu'en ses évenemens la Fortune est changeante !
Vous m'avez suppliée, & je suis suppliante !
Assurez mon repos, pour l'obtenir de vous,
Je ne rougirai point d'embrasser vos genoux :
Si le peu que je vaux est pour vous une peine,
Si vous n'avez pour moi que mépris & que haine,
Au moins sur nos Enfans daignez jetter les yeux :
Le joug d'une Marâtre est un joug odieux.

Pour eux, par votre himen combien de maux s'assemblent!
Pour les en affranchir songez qu'ils vous ressemblent,
C'est votre vive image, & lorsque je les voi
Mes larmes aussi-tôt s'échapent malgré moi.
Par les Dieux ! par celui qu'on voit sortir de l'Onde
Pour aller tous les jours illuminer le Monde,
Par mes Fils, ces deux Fils, qui vous doivent le jour,
Gages infortunés de mon sincere amour,
Ne m'ôtez point l'Epoux, pour qui mon cœur trop tendre
A quitté tous les biens où je pouvois prétendre !
Et si d'un juste espoir il s'est jamais flaté,
Rendez-moi le secours que je vous ai prêté.
Je ne l'implore point pour défendre une vie
D'un Monde d'ennemis à la fois poursuivie :
Je ne l'implore point contre un Serpent hydeux,
Qui m'oblige à tenter un combat hazardeux :
Ce que je veux de vous, c'est Jason, c'est vous-même,
Vous, que j'ai mérité par mon amour extrême,
Vous enfin, qui m'ayant engagé votre foi,
Quand j'ai le nom de Mere, êtes Pere par moi.
Si vous cherchez la Dot que je vous ai portée,
Avez-vous oublié que vous l'avez comptée
Dans ce Champ spacieux par mon Art préparé,
Et que jamais sans moi vous n'eussiez labouré :
Ma Dot est la Toison, dont la riche Conquête
D'un Laurier immortel couronna votre Tête,
La Toison, le seul but de vos fameux desseins,
Et qu'en vain je voudrois retirer de vos mains ;

MEDÉE A JASON.

Lorsqu'avec tant d'ardeur vous l'avez recherchée
Ma Dot, c'est votre vie aux périls arrachée,
Ce sont vos Grecs sauvés. Quel sort plus glorieux,
En renonçant à moi, peut éblouïr vos yeux ?
 Qu'à vos desirs Créüse assure une Couronne,
Vous ayant conservé, c'est moi qui vous la donne :
C'est moi, dont la pitié vous a mis en état
De trahir mes bienfaits, & d'oser être ingrat :
Si vous en abusez.... Mais est-il nécessaire
De dire à quel excès peut aller ma colere ?
Je la prévois terrible, & peut-être jamais
N'aura-t-elle enfanté tant d'horribles forfaits,
Je puis m'en repentir, je puis dans ma vengeance
Trouver de l'injustice, ou trop de violence;
Elle me fait trembler : Mais que peut mon courroux,
Que ne mérite pas un infidele Epoux ?
Le Dieu qui me défend de garder un cœur tendre
Aura soin du succès, quoique j'ose entreprendre,
Je cede à mes transports, & sens avec effroi
Que déja ma raison ne peut plus rien sur moi,

SUJET DE L'EPITRE
de Laodamie à Protesilas.

Protesilas, Fils d'Iphicle, se joignit aux autres Princes de la Grece avec quarante Vaisseaux pour aller au Siege de Troye. Il fut arrêté par la Tempête dans le Port de l'Aulide. Cette nouvelle fut portée à Laodamie son Epouse, fille d'Acaste : cette Princesse aimoit parfaitement son Epoux, & étoit souvent menacée par des songes, qu'il étoit en danger de perir dans ce Voyage. Elle lui écrivit cette Lettre pour tâcher de lui persuader de ne s'exposer pas dans le peril. Quoique ce Prince l'aimât le plus tendrement, elle ne put retenir l'impetuosité de son courage. Protesilas descendant le premier à terre, fut tué de la main d'Hector, & sembla remplir l'Oracle qui avoit prédit que le premier des Grecs qui toucheroit la terre dans le Païs des Troyens, y trouveroit la Mort. Laodamie fut si accablée d'affliction quand elle apprit cette funeste nouvelle, qu'elle ne put jamais prendre aucune consolation, & mourut de douleur de cette perte.

EPITRE
DE LAODAMIE
A PROTÉSILAS.

Traduite d'Ovide.

Recevez d'une tendre Epouse
Les souhaits qu'elle fait pour son fidele Epoux ;
Du bonheur de ma Lettre, envieuse & jalouse,
Que ne puis-je, au lieu d'elle, aller auprès de vous !

On dit que dans le Port d'Aulide,
Les Vents, par leur fureur, vous tiennent arrêté :
Où donc étoient ces Vents, quand d'un cœur intrépide,
Pour courir aux Combats vous avez tout quitté ?

Alors, par quelque affreux orage,
Il falloit que nos Mers vous remplissent d'effroi ?
Ce tems m'eût été doux, & craignant le naufrage,
Vous n'auriez pas voulu vous éloigner de moi.

Par plus de marques de tendresse,
Je vous aurois fait voir le trouble de mon cœur;
Et je vous aurois peint, à loisir, la tristesse,
Où, de votre départ, me plongeoit la rigueur.

Quels courts momens j'eus à le faire !
D'avec moi tout à coup on vous vint arracher,
Et le Vent souhaité, pour moi seule contraire,
M'ôta le seul plaisir qui pouvoit me toucher.

Ce Vent, aux Nochers favorable,
Ne pouvoit être propre à deux tendres Amans;
Son souffle paroissant devoir être durable,
On nous fit mettre fin à nos embrassemens.

Ce ne fut qu'à des mots sans suite,
Qu'en ce fatal instant ma douleur donna lieu;
L'embarquement pressoit, & je me vis réduite
A souffrir que mes pleurs vous servissent d'adieu.

L'impetueux & fier Borée
Vous eut en un moment éloigné de nos Bords;
Je vous tendois les bras interdite, éplorée,
Et mon cœur s'expliquoit par ces tristes dehors.

Je vous suivis des yeux sur l'Onde,
Tant que l'éloignement me permit de vous voir;
Et je me dérobois à ma douleur profonde,
Par la vaine douceur de vous appercevoir.

Lors-

LAODAMIE A PROTESILAS.

Lorsqu'enfin un trop long espace
En vous cachant à moi m'eut ôté ce plaisir,
Je vis votre Vaisseau, j'en observai la trace,
Et la joye, à le voir, sembla me resaisir.

Mais quand par tout jettant la vûë,
Je ne distinguai plus votre Vaisseau ni vous,
Et que la vaste Mer dans sa longue étenduë,
N'offrit à mes regards que les Flots en courroux ;

Les ténebres m'envelopperent ;
Je fis pour les bannir des efforts superflus :
Il fallut succomber, les forces me manquerent,
Et mes genoux tremblans ne me soûtinrent plus.

En vain, Iphicle mon Beau-pere,
Effrayé de me voir à peine respirer ;
En vain le vieux Acaste, en vain ma triste Mere,
De cette pâmoison voulurent me tirer :

Long-tems, par des soins inutiles,
Chacun d'eux se montra prompt à me secourir :
Que d'heures ! que de jours ! à passer difficiles,
Je me fusse épargné, si j'avois pû mourir !

Mes Esprits reviennent à peine,
Que de tous vos périls me faisant des malheurs ;
Par un excès d'amour, à moi-même inhumaine,
De nouveau je me livre à de vives douleurs.

Insensible à toute parure,
Des plus simples habits je me fais une loi ;
Et dans ce triste état, mes cheveux sans frisure,
Font voir que rien, sans vous, n'a de charmes pour moi.

Tel est l'ennui qui me tourmente,
Que sa force paroît dans mes affreux regards ;
Jour & nuit, sans repos, telle qu'une Bacchante,
Vous cherchant, vous nommant, je cours de toutes parts.

Contre des peines si cruelles,
Mes Femmes, à l'envi, me cherchent du secours :
Vos chagrins vont trop loin ; pourquoi, me disent-elles,
Dans cet accablement passer vos plus beaux jours ?

Reprenez la magnificence
Que doivent employer celles de votre rang :
Quand on est, comme vous, d'une haute naissance,
Il faut que tout réponde à la splendeur du Sang.

Moi ! que superbement vêtuë,
Dans l'Ecarlate & l'Or je trouve des appas,
Tandis que le désir de voir Troye abatuë,
Engage mon Epoux aux plus sanglans combats !

Mes cheveux, avec artifice,
D'un luxe effeminé suivront les molles loix,
Et lui, dans la chaleur du plus dur Exercice,
D'un Casque sur sa tête il soûtiendra le poids !

Non, non, autant qu'il m'est possible,
Je veux, par ma tristesse, entrer dans tous ses maux,
Et faire voir un cœur aux plaisirs insensible,
Pendant le triste cours de ses rudes travaux.

O Paris ! dont, à leur dommage,
Vos Troyens ont connu la fatale beauté,
Ayez dans les Combats aussi peu de courage,
Que vous eûtes de foi dans l'Hospitalité.

Ah ! pourquoi la fameuse Hélene
Parut-elle à vos yeux plus belle que le jour ?
Ou, pourquoi vous voyant, vous connoissant à peine,
Osa-t-elle pour vous aller jusqu'à l'Amour ?

Ménélas, qui pour l'Infidelle
Fit armer chez les Grecs les plus vaillans Soldats,
Ne peut venger l'affront qu'il a reçû par elle,
Sans qu'à bien des Epoux il cause le trépas.

Détournez du mien ce présage,
Dieux ! qui de notre Hymen avez serré les nœuds,
Et lui daignez un jour accorder l'avantage,
De vous offrir ici ses Armes & ses Vœux.

Par la peur je me sens confondre,
Et la Guerre attirant les plus cruels malheurs,
De même qu'au Soleil on voit la Neige fondre,
Dès le moindre Combat mes yeux fondent en pleurs.

Ida, le Simoïs, le Xaute,
Sont des noms dont le son est terrible pour moi;
Ainsi que Ténédos, Ilion m'épouvante,
Et je n'en entends point discourir sans effroi.

Ce n'a point été pour la rendre,
Que Paris a ravi Hélene à Ménélas;
Il sçavoit son pouvoir, & que pour le défendre,
Quand il voudroit armer, il trouveroit des bras.

On dit que lorsqu'il vint en Grece,
Dans son Habillement l'Or par tout éclatoit,
Et que des Phrygiens l'abondante richesse,
Brilloit pompeusement dans tout ce qui l'ornoit.

Fils heureux d'un illustre Pere,
Il trouvoit dans son Sang un ferme & sûr appui;
Et pour ceux de sa Race, un Trône hereditaire,
Jettoit un vif éclat qui retomboit sur lui.

De Priam les nombreuses forces,
Dans l'injuste dessein par l'Amour entrepris,
Furent contre les Grecs de flateuses amorces,
Pour obliger Hélene à ceder à Paris.

On parle d'un Hector terrible,
Dont je ne puis pour vous assez craindre le bras;
Paris a publié qu'il étoit invincible,
Et que la Mort par tout accompagnoit ses pas.

LAODAMIE A PROTESILAS.

Si mon amour fait votre gloire,
Quel que soit cet Hector qu'on se plait à vanter;
Mettez-vous fortement son nom dans la memoire;
Et quand il paroîtra, cherchez à l'éviter.

Ce n'est pas lui seul qu'il faut craindre,
La plûpart des Troyens portent de rudes coups;
Vous devez fuïr leurs Chefs, & pour vous y contraindre,
Les croire autant d'Hectors qui n'en veulent qu'à vous.

Si contre une Troupe ennemie,
La Gloire vous pressoit de venir au secours,
Dites : Je dois sur tout sauver Laodamie,
En épargnant mon sang, je conserve ses jours.

Que sous les Armes de la Grece,
Par l'ordre du Destin, Troye ait à succomber;
Elle peut recevoir, sans qu'aucun trait vous blesse,
Le redoutable coup qui la fera tomber.

Ménélas, que touche l'outrage,
Aux Combats, plus qu'un autre, a lieu de s'engager;
Que pour vaincre Paris il montre son courage,
Et que de son audace il cherche à se venger.

Combattant pour la bonne Cause,
Le Ciel qui l'appuira doit le rendre Vainqueur;
Pour reprendre une Epouse il n'est rien que l'on n'ose,
Quand l'Amour fait agir & le bras & le cœur.

Votre interêt n'eſt point le même :
Pourriez-vous oublier que vous êtes à moi ?
Vivez, & ſi je puis mériter que l'on m'aime,
Par votre prompt retour prouvez-moi votre foi.

Vous, Troyens ! ſoyez-moi propices,
Parmi tant d'Ennemis un ſeul homme n'eſt rien ;
Epargnez mon Epoux, il fait ſeul mes délices,
Vous répandrez mon ſang, ſi vous verſez le ſien.

Son air, ſa grace, ſon peu d'Âge,
Ne lui permettoient point de tenter les hazards ;
Il eſt trop foible encor, malgré tout ſon courage,
Pour pouvoir ſupporter les fatigues de Mars.

Ceux que l'Amour force à combattre,
A braver les périls ont de quoi s'animer :
Qu'arrivés devant Troye ils tâchent de l'abattre,
Proteſilas eſt fait ſeulement pour aimer.

J'eus deſſein, je vous en aſſûre,
D'empêcher un départ qui m'arrachoit le cœur ;
Mais mon amour trembla par un fatal augure,
Et j'en marquai ma crainte en montrant ma langueur.

Quand pour ce funeſte Voyage,
Où des raiſons d'honneur vous faiſoient conſentir,
De me vouloir quitter vous eûtes le courage,
Votre pied chancela ſur le point de ſortir.

J'en gémis, & dis en moi-même :
Puisse être ce présage un signe à mon amour,
Que mes pleurs cesseront & que celui que j'aime,
Joüira des honneurs d'un glorieux retour.

Voilà ce que j'ai dû vous dire
Pour moderer l'ardeur qui vous porte aux Combats ;
Dissipant mes frayeurs faites que je respire,
Et pour les dissiper ne vous exposez pas.

Même on veut que la Mort menace,
Par un Decret fatal, de priver de tous biens,
Celui qui fera voir une assez noble audace,
Pour toucher le premier la Terre des Troyens.

Malheureuse, hélas ! la premiere
A qui l'on apprendra la mort de son Epoux.
Fasse le juste Ciel que votre ardeur guerriere,
Ne vous entraîne pas aux plus dangereux coups !

Parmi les Vaisseaux de la Flote
Qui porte tant de Grecs trop avides de sang,
Je tiendrois à bonheur que votre lent Pilote,
Conduisît, malgré vous, le vôtre au dernier rang.

N'en sortez qu'après tous les autres,
C'est l'avis que l'Amour m'oblige à vous donner ;
La Terre où vous allez n'appartient point aux vôtres,
Heureux ! si vous pouvez bien-tôt l'abandonner.

LAODAMIE A PROTESILAS;

Quand vous serez près du Rivage,
Par la Voile & la Rame il y faut aborder;
Ayez pour la descente un facile passage,
C'est un soin important pour ne rien hasarder.

Soit que l'Astre du jour se leve,
Soit qu'il s'aille cacher dans l'abysme des eaux;
Avec mes déplaisirs je ne fais point de tréve,
Je souffre jour & nuit mille tourmens nouveaux.

Ma peine est pourtant plus cruelle
Dans l'horreur de la nuit que dans l'éclat du jour;
Avec plus de rigueur l'ombre me renouvelle
Les sujets de trembler que trouve mon amour.

Quelquefois d'agréables songes
Vous offrant à mes yeux, me font parler à vous;
Ma flamme en ces momens se repaît de mensonges;
Mais au défaut des vrais, les faux biens semblent doux.

Aussi, quelquefois il arrive
Que vous vous approchez pâle, défiguré;
Je vous trouve sans force, & votre voix plaintive,
De douleur, malgré moi, me tient le cœur serré.

Le sommeil aussi-tôt me quitte,
Et, pleine des objets que la nuit m'a fait voir,
Il n'est aucun Autel où l'effroi qui m'agite,
De quelque offrande aux Dieux ne me fasse un devoir.

LAODAMIE A PROTESILAS.

A l'encens que je leur presente
Les pleurs que je répans donnent de la clarté ;
Ainsi le Vin fait naître une flamme brillante
Lorsqu'il est sur le feu goute à goute jetté.

Après une si dure absence ;
Quand puis-je me flater de vous voir de retour ?
Quand viendrez-vous calmer la triste violence
Des chagrins dont l'excès accable mon amour ?

A quand cette heure fortunée !
Où ravi de pouvoir me tenir dans vos bras,
L'ame à ce doux plaisir sans crainte abandonnée,
Vous me raconterez vos glorieux Combats.

Quoiqu'à ce détail attentive,
Rien ne me soit alors plus doux que d'écouter,
Je ne demande point que ce recit vous prive
Des tendres amitiés qui pourroient vous flater.

Dans une occasion semblable
S'interrompre soi-même est un plaisir charmant ;
D'un discours vif & prompt la langue est plus capable,
Après qu'elle a souffert un doux retardement.

Mais hélas ! quand je songe à Troye,
Je rapelle aussi-tôt & la Mer & les Vents,
La frayeur me saisit, mon ame en est la proye ;
Et l'espoir n'a pour moi que des biens décevans.

Même je me fais une peine
De sçavoir vos Vaisseaux dans l'Aulide arrêtés,
La route est dangereuse & toûjours incertaine
A qui veut la tenir sur les flots irrités.

Personne dans un tems contraire
Vers son propre Païs ne voudroit naviger,
Et malgré la tempête & les Vents en colere
Vous voudriez atteindre un rivage Etranger !

Neptune vous ferme la voye
Pour arriver aux murs que lui-même a bâtis ;
Renoncez au dessein d'aller attaquer Troye,
Et revenez au lieu d'où vous êtes parti.

O Grecs ! quelle est votre imprudence ?
Ce n'est point le hazard qui souleve les flots ;
C'est le Ciel qui s'oppose à l'indigne vengeance,
Qui d'un Peuple innocent doit troubler le repos.

Quoi ! pour une Femme infidelle
Aux fureurs d'une guerre il faut vous exposer !
Ecoutez la raison, sa voix qui vous rappelle
A rentrer dans vos Ports devroit vous disposer.

Mais, pourquoi blâmer l'entreprise
Qui vous porte à punir le crime de Paris ?
Après ce long courroux, puisse la Mer remise
Seconder le dessein que Ménélas a pris.

LAODAMIE A PROTESILAS.

Que les Troyennes sont heureuses !
Leur destin, il est vrai, leur fait voir de bien près
Des Ennemis nombreux les Troupes dangereuses,
Et leurs plus chers Parens doivent sentir leurs traits.

Mais au moins une jeune Epouse,
Quoique d'un sort funeste elle craigne les coups,
Des soins les moins communs peut se montrer jalouse
En mettant de sa main le casque à son Epoux :

Elle lui donnera ses armes,
Et ce ne sera point sans l'avoir embrassé ;
Ce devoir pour tous deux doit être plein de charmes,
Et chacun l'un par l'autre en est récompensé.

Après que l'adieu le plus tendre
L'aura quelques momens auprès d'elle arrêté ;
Allez, lui dira-t-elle, & revenez m'apprendre
Quel sang votre sortie aux Grecs aura coûté.

Cet Epoux, qui voudra lui plaire
De cet ordre secret aura le cœur rempli,
Et n'ayant au Combat nulle ardeur téméraire,
Rendra par son retour son souhait accompli.

A ce retour, plein de joye,
De son casque d'abord l'ayant débarassé,
Elle croira devoir au Défenseur de Troye
Ce qu'un amour sincere a de plus empressé.

Nous, que l'inquiétude accable,
Sans cesse nous sentons les plus terribles coups;
Et tout ce que la Guerre a de plus redoutable,
La peur nous le fait croire arrivé contre nous.

Tandis qu'en un Climat barbare
Vous vous ferez un nom éclatant, glorieux;
J'aurai, pour moins souffrir du coup qui nous sépare,
Votre figure en cire exposée à mes yeux.

Déja je lui montre sans cesse
Tout ce qu'un pur amour me fait sentir pour vous;
Je la prens dans mes bras, je la serre, la presse,
Et regardant ses traits, j'y trouve mon Epoux.

Dans le transport qu'elle m'inspire,
Pour moi, plus qu'une image, elle a de vifs appas;
Si l'on pouvoit donner de la voix à la cire,
J'aurois auprès de moi le vrai Protesilas.

C'est peu que joüir de sa vûë,
Je me fais un plaisir souvent de lui parler,
Je lui peins la rigueur d'un départ qui me tuë,
Comme si sa réponse alloit m'en consoler.

Par le retour que je souhaite,
Par vous, mon espérance & ma divinité,
Par tant de forts sermens d'une amitié parfaite
Dont l'Hymen qui nous joint a fait la sûreté;

LAODAMIE A PROTESILAS.

Enfin par cette chere tête
Que le Ciel, si mes vœux ont l'art de le fléchir,
Quand la Grece de Troye aura fait la conquête,
Par la longueur des ans voudra laisser blanchir;

Je jure en Epouse fidelle
Que si vous échapez des périls que je crains,
Quelques lieux où jamais la gloire vous appelle,
Compagne de vos pas j'appuyrai vos desseins.

C'est à quoi l'Amour me convie.
Adieu: deux mots encor vont finir ce discours;
Si vous voulez avoir quelque soin de ma vie,
Songez, quoiqu'il arrive, à conserver vos jours.

SUJET DE L'EPITRE
d'Hypermnestre à Lyncée.

EGyptus fils de Belus, eut cinquante Fils de plusieurs Femmes. Il les voulut marier avec cinquante Filles de son Frere Danaüs, qui de son nom étoient nommées Danaïdes. Ce Prince ayant sçû par l'Oracle, qu'il devoit être tué par un de ses Neveux qui deviendroit son Gendre, s'enfuit d'Egypte où regnoit son Frere, & vint dans la Grece avec ses Filles. Les Peuples d'Argos le reçurent pour Roi en la place de Stenelus, qu'ils chasserent. Egyptus, pour se venger du mépris qu'il avoit fait de son Alliance, le fit assieger par ses Fils, qui l'obligerent à consentir aux Mariages qui lui avoient été proposés. Danaüs, forcé de recevoir la Loi du Vainqueur, se souvint toûjours de l'Oracle avec effroi, & fit faire serment à ses Filles de tuer leurs Epoux la premiere nuit de leurs noces. Elles lui obéïrent toutes, excepté la seule Hypermnestre, qui crut qu'elle étoit dispensée de garder son serment dans cette funeste occasion. Malgré les ordres qu'elle avoit reçus de son Pere, loin de porter un poignard dans le sein de Lyncée son Epoux, elle lui donna le moyen de s'échaper. Danaüs voulant exterminer toute la race d'*Egyptus*, entra dans la derniere fureur contre *Hypermnestre*, & la fit traîner cruellement en prison. C'est dans ce triste état, qu'*Ovide* lui fait écrire cette *Lettre*, pour peindre à *Lyncée* ce qu'elle souffre, & le pressant besoin qu'elle a de son secours.

La Fable raconte que les *Danaïdes*, pour punition de leur crime, furent condamnées dans les *Enfers* à jetter perpetuellement de l'eau dans un *Tonneau percé*, pour tâcher de l'emplir.

EPITRE
D'HYPERMNESTRE
A LYNCÉE.
Traduite d'Ovide.

C'est à vous, mon cher Lyncée, qu'Hypermnestre, prête à expirer, adresse le triste Tableau de ses miseres; à vous, qui restez seul de ce grand nombre de Freres, que le crime de mes barbares Sœurs a fait perir. Je suis dans les horreurs d'une étroite Prison, chargée de Fers; & je ne souffre tant de maux, que pour n'avoir pû consentir à me noircir de la plus lâche perfidie. J'aurois eu l'applaudissement d'un Pere trop cruel, si j'avois voulu tremper ma main dans votre sang : & ce n'est que pour le refus d'un crime, qu'on me punit si durement. Mon cœur a fremi d'un ordre inhumain : le Devoir & la Pitié m'ont parlé en faveur d'un Epoux. Si l'on est coupable en suivant ce qu'ils inspirent, je veux l'être,

& j'en fais gloire : Bien loin de me repentir de n'avoir pas eu la funeste obéïssance que mon Pére exigeoit de moi. Quand ce Pere, pour qui j'ai toûjours eu d'ailleurs un respect si soumis ; quand l'impitoyable Danaüs, dis-je, ordonneroit qu'on tournât contre mon visage, ces Flambeaux qu'on alluma pour vous perdre par un perfide Himenée ; quand ce même Poignard, dont ma main tremblante refusa contre vous le détestable emploi, seroit prêt à me percer le sein, on ne pourroit m'obliger à changer de langage en mourant. En conservant vos jours, j'ai suivi les loix de la Vertu ; & je croirois avoir répandu votre sang, si j'avois le moindre regret de n'être point criminelle. C'est à Danaüs, c'est à mes cruelles Sœurs à sentir des remords de leurs noires trahisons : c'est une peine duë aux Perfides, & dont ils ne peuvent sentir le poids avec trop de rigueur. Je sens encore le cœur me battre, & je frémis d'effroi au souvenir d'une nuit si funeste : ma main tremble, en voulant peindre le forfait dont on avoit osé me charger ; comment auroit-elle executé sur un Epoux, un coup si barbare ? Malgré toute l'horreur qu'elle sent, il faut qu'elle vous trace ce que les Siecles à venir auront peine à croire. Le Jour commençoit à disparoître, sans que la

Nuit eût encore entierement pris sa place; lorsque nous fûmes menées au Palais du fameux Pelasgus : là, Egyptus votre Pere, sans avoir le moindre soupçon de notre projet perfide, reçoit avec joye toutes les Epouses de ses Fils; les Lampes brilloient de tous côtés dans l'Or, & d'une main sacrilége, on offroit sur les Autels, l'Encens qui cachoit les attentats que la Nuit alloit produire. Le Peuple invoque l'Hymen, mais l'Hymen fûit loin de ces lieux funestes. On appelle Junon à cette cérémonie odieuse, mais Junon s'est bannie d'Argos, quoiqu'Argos soit sa Ville favorite : cependant les Princes vos Freres, flattés par l'amour des trompeuses esperances du Destin le plus charmant; comme vous, couronnés de fleurs, faisoient éclater leur joye sur leur front. Enfin, on conduit chacun d'eux au Lit nuptial, ou plûtôt dans le Lit funebre, où leurs yeux se devoient fermer pour l'éternelle Nuit. Par les vapeurs du Vin, dont ils avoient pris avec abondance, ils sont aussi-tôt ensevelis dans un profond sommeil, & le repos étoit universel dans Argos: seule je veillois dans une cruelle agitation : attentive, j'écoute, & tout d'un coup j'entens les cris douloureux des malheureux Epoux que mes barbares Sœurs assassinent. Le bruis des coups qu'elles portent dans le sein de ces infortunés, avec horreur, retentit jusqu'à moi. Aussi-tôt tout mon sang se glace dans mes veines, & les feüilles que le vent agite sont, dans leur agitation, plus tranquilles que je ne me sens. Cependant je vous vois auprès de moi, sans nul secours, assoupi par le Vin qu'on m'avoit fait vous verser sans cesse, & comme une victime, abandonné à ce qu'il me plaira resoudre sur vos jours. L'horreur de l'entreprise me fait fremir ; en vain je songe à l'ordre absolu que j'ai reçû d'un Pere ; je fais réflexion à l'extrême severité de son naturel, & vois que si je n'obéïs pas, j'en dois tout craindre : ainsi, je me leve, & prens d'une main tremblante ce Poignard par qui l'on m'ordonne de commettre un crime. J'en rougis, mais je ne veux vous rien déguiser : je pris par trois fois le Poignard funeste, & par trois fois, après l'avoir pris il me tomba de la main. Je faisois vainement des efforts pour être cruelle, la vertu & la pitié combattoient l'envie que j'avois de remplir l'ordre barbare de mon Pere, & quand je voulois vous immoler, mon bras ne trouvoit aucune force. Pendant les mouvemens affreux qui déchirent mon coeur, j'arrache mes cheveux & me frappe le sein, & de l'ordre qui veut votre mort, je me rappelle par ces mots, l'épouvantable rigueur. » Hypermnestre, ton Pere est bien » cruel, il faut cependant lui obéir: vouloir » dérober ton Epoux à sa fureur, c'est te li- » vrer à son implacable colere : si tu ne veux » périr, il faut joindre Lyncée à ses malheu- » reux Freres. Mais il est mon Epoux, ne » doit-il pas être en sûreté avec moi? Ah! » s'il faut verser son sang, ce n'est pas à moi » à le répandre, & mon Sexe n'est pas pro- » pre à ces coups inhumains. Ah! c'est trop » écouter une chancelante timidité : ose, » Hypermnestre, ose imiter tes Sœurs : prens » la dureté de leurs cœurs barbares, leur » forfait semble presser ton parricide. Mais » c'est en vain que je veux m'animer à ré- » pandre un sang que j'ai lieu de chérir ; si » ma main en peut verser, ce ne sera jamais » que le mien même. Non, ces Freres in- » fortunés n'ont point mérité la mort, pour » s'être flattés de regner un jour dans Argos » après mon Pere : ils étoient ses Neveux, » & se sont encore attachés à son Sang par » l'hymen de ses Filles : aime-t-on mieux » que le Sceptre passe à un Etranger, que » d'en avoir un jour leur main ornée ? Mais » quand il seroit vrai que la mort de ces » malheureux Princes pourroit être legitime, » est-ce à nous à executer un coup si funeste?

A LYNCÉE.

« Si mes Sœurs sont des inhumaines, je ne
» veux pas les imiter; les Personnes de mon
» Sexe ne sont point faites pour avoir la
» main armée d'un Poignard : il leur sied
» bien mieux, d'y porter la Laine ou la Soye
» pour les mettre en œuvre. » Tandis que
je formois ces plaintes, les larmes qui couloient de mes yeux, tomberent sur votre visage, & commencerent à vous éveiller. Encore à demi enveloppé dans le sommeil, vous étendîtes tendrement les bras vers moi, & pensâtes vous blesser au Fer que je tenois. Tremblant de la redoutable fureur de mon Pere, & voulant vous y dérober, je me hâte de vous éveiller entierement avant le retour du Soleil. Levez-vous promptement, mon cher Lyncée, vous dis-je à demi-bas, votre vie n'est pas en sûreté ; fuyez vîte, ou cette nuit sera suivie pour vous d'une nuit éternelle. Ces mots vous épouvanterent, & acheverent de chasser loin de vous la pesanteur du sommeil ; vous vîtes ma main armée d'un Poignard, vous en fûtes étonné, & vous vouliez me faire diverses questions, lorsque je vous interrompis avec empressement ; Fuyez, vous dis-je encore de nouveau, fuyez, pendant que vous le pouvez, la nuit est favorable aux vœux ardens que je fais ; servez-vous de ses ombres. Vous

partez, & je demeure seule, toute tremblante d'effroi & couverte de larmes. Enfin, le jour vient, & mon Pere, impatient de voir si nous avons executé les crimes qu'il nous a dictés, prend un soin exact de compter ses victimes. Vous seul manquez au nombre : son désespoir éclate avec des emportemens terribles ; la conservation de votre vie lui paroît le plus funeste malheur ; il s'en plaint avec des gémissemens affreux : vous respirez encore, c'est peu que tous les flots du sang qui vient d'être versé. Plein des transports les plus furieux, Danaüs vient me faire mille reproches menaçans. Je me jette à ses pieds, je lui moüille les mains de mes larmes, mais ce Pere inhumain m'entraîne par les cheveux dans une obscure prison ; & là, j'attens l'Arrêt de ma mort. L'impitoyable Junon est irritée contre notre Race ; Io fut autrefois l'objet de sa colere, elle la hait encore dans notre Sang : Pour assouvir sa haine, n'étoit-ce donc pas assez qu'une Nymphe si belle fût indignement changée en Vache ? & ce dur revers n'a-t-il pas vengé la Déesse, de ce que Jupiter brûla pour les attraits naissans de la Nymphe ? Je m'imagine voir cette Nymphe infortunée, appercevant son front dans les Eaux de son Pere, effrayée de ses cornes, &

se révolter contre l'épouvantable rigueur de sa destinée. Je me peins sa douleur & sa surprise, lorsque voulant se plaindre du Dieu qui l'aima, sa voix ne fit entendre qu'un long mugissement. Peu s'en faut, qu'attachée à une image si triste, je ne m'écrie : Hélas, infortunée Io ! que vous sert de compter les pieds que vient d'ajoûter aux vôtres, le changement honteux dont vous souffrez l'outrageant affront ? Après avoir porté la gloire de vos charmes jusqu'à vous faire craindre pour Rivale à la Reine des Dieux ; soumise au cruel Destin qui vous ravale, vous êtes réduite à ne vous nourrir que de l'herbe que vous paissez ; si vous venez par hazard au bord d'une Fontaine, vous fremissez de la figure que vous portez ; & pour comble de peine, lorsque vous vous panchez pour y boire, vous craignez que les cornes dont votre front est armé, ne vous blessent. Quel revers est égal au vôtre ! vous passez la nuit à l'air, & vous couchez sur la terre, vous à qui le Souverain des Dieux rendit les plus tendres hommages. Ce Maître du Tonnerre, qui vous juroit une ardeur si fidelle, vous laisse errer par les Montagnes, les Fleuves & les Mers ; vous ne trouvez de repos ni sur la Terre, ni sur l'Onde. Pourquoi, malheureuse Nymphe, tant de fatigues & tant de courſes? Dans ces vaſtes Mers que vous paſſez, vous ne pouvez éviter la douleur de voir la figure qui vous avilit: c'eſt en vain que vous eſperez vous dérober à cette diſgrace; en croyant vous füir, vous vous ſuivez, & vous vous ſervez de compagne & de guide à vous-même: enfin, après avoir ſouffert les plus cruels travaux, la triſte Io, couchée ſur les rives du Nil, reprit ſon premier Eſtre, & fut arrachée à ſon mauvais ſort. Mais que vainement ma douleur m'engage à vous faire ce récit! Pourquoi rappeller les malheurs des tems éloignés? Il n'en faut pas chercher hors de notre tems, pour avoir ſujet d'en gémir. Votre Pere & le mien ſe font une rude guerre; ils appuyent des factions oppoſées, & ſe haïſſent, quoique Freres. Votre Pere ſe rendit enfin Maître de l'Egypte, nous fûmes chaſſés de nos Palais & de nos Etats: nous ſuivons Danaüs, & nous arrivons dans Argos. Dès l'abord; le Peuple en ſoûmet l'Empire aux Loix de mon Pere. Egyptus attiré par l'eſpoir de ce nouveau Sceptre, arme, & vient encore troubler notre repos. Pour mettre ſes Fils en état de ſucceder à mon Pere, il nous les fait accepter pour Epoux, & tout ſemble ne plus reſpirer que l'Hymen & la Paix: & c'eſt de cette

cette Paix que naissent les maux qui nous accablent. Par la mort de ses Fils son esperance est trompée; & pour moi, affligée mortellement de vous en voir le seul reste, je plains autant, dans cette mort fatale, celles qui l'ont donnée, que ceux qui l'ont reçûë. Oüi, si vous pleurez vos Freres, je pleure mes Sœurs; ma pitié est égale pour elles & pour eux : Est-il hélas ! rien de plus terrible, que d'oser mériter les justes punitions des Dieux ? Si pour vous avoir genereusement sauvé le jour, je suis exposée à tant de tourmens & tant de périls, que ne doivent point attendre ces criminelles à qui une lâche crainte a fait si barbarement immoler leurs Epoux ? Puisque par un affreux attentat, vous êtes le seul de tant de Freres qui n'avez point souffert la mort, & qu'on veut que je sois la centiéme à servir de victime : mon cher Lyncée, s'il vous reste encore quelque tendre souvenir d'une Epouse qui n'a point craint de hasarder sa vie pour conserver la vôtre, daignez me rendre les sentimens que j'ai eus pour vous; songez à l'état déplorable où je suis, & venez par un prompt secours, finir mes tourmens, ou du moins, envoyez-moi de quoi me pouvoir donner la mort à mon choix. Faites plus, & lorsque je serai expirée, ayez soin de signaler votre amour ; rendez-moi les devoirs funèbres sans bruit & sans éclat, pour ne vous point exposer aux courroux de mon Pere ; &, après avoir enfermé mes cendres dans une Urne la plus simple, & les avoir arrosées de vos larmes, si vous le pouvez, sans péril, faites graver ces Vers sur mon tombeau.

Des Lieux de sa naissance, Hypermnestre bannie,
Eut encore dans Argos un plus rigoureux sort :
Sa pieté sauva son Epoux de la mort,
Et, d'un zele si beau, son Pere l'a punie.

Je voudrois bien vous écrire encore, mais ma main, qui tremble sous le poids de mes fers, est si lasse, qu'elle ne peut plus former que des caracteres imparfaits ; & l'effroi qui me livre à de mortelles allarmes, est si violent, que toutes les forces m'abandonnent.

SUJET DE L'EPITRE
de Paris à Helene.

LE Jugement de Paris, & les suites qu'il eut, sont des choses si connuës, qu'il seroit inutile d'en faire ici un long détail ; d'ailleurs, l'Epître même instruit assez du sort qu'avoit eu ce Prince jusqu'à son arrivée à Sparte. Il y fut reçû avec toutes sortes d'honneurs & de témoignages d'amitié. Quelque tems après, Ménélas Epoux d'Helene, fut obligé d'aller en Crete pour des affaires importantes, & chargea cette belle Reine d'avoir grand soin de son Hôte. Paris qui n'étoit venu en Lacedemone, que pour voir Helene, que Venus lui avoit promise, songea à profiter d'une occasion si favorable. Il poussa des soupirs, & sçut se conduire avec tant d'art, qu'il se mit fort bien auprès d'elle. Mais comme il ne la pouvoit entretenir qu'environnée de ses Femmes, devant qui il n'osoit faire paroître son amour, il lui écrivit cette Lettre, où il n'oublie rien de tout ce qui peut tenter l'esprit d'une Femme ambitieuse & portée à la Galanterie. Cette Epître est la plus longue de toutes les Epîtres d'Ovide. Quelques Traducteurs en Prose, &

entre autre, Monsieur de Lingendes, en ont
retranché un grand nombre de Vers, pour s'é-
pargner le travail. Mais il me paroît que c'est
une liberté qu'on ne doit point prendre. Il n'est
permis de retrancher que dans les endroits où la
Bien séance pourroit être blessée. Du reste, cette
Epître passe pour une des plus belles des Heroïdes.

EPISTRE
DE PARIS-
A HELENE.
Traduite d'Ovide.

Paris, Fils de Priam, trop charmante Princesse,
Vous souhaite un bonheur qui vous suive sans cesse;
Ne lui souhaitez rien : Maîtresse de son sort
Vous pouvez lui donner ou la vie, ou la mort.
Je ne chercherai point à vous faire connoître
Les tendres sentimens qu'en moi vous faites naître;
Sous quelque voile obscur qu'on le tint déguisé,
L'amour paroît toûjours aux yeux qui l'ont causé.
Sans doute il vaudroit mieux que l'ardeur qui m'enflame
Attendît à marquer les secrets de mon ame,
Qu'ils pussent éclater, sans que j'eusse pour vous
A craindre en vous aimant les fureurs d'un Jaloux :
Mais l'objet est trop beau pour me resoudre à feindre ;
Un véritable amour ne sçauroit se contraindre.
Eh ! qui pourroit tenir renfermé dans son cœur
Un feu qui se trahit par sa propre lueur.

Si mes regards pour vous sont demeurés frivoles,
Si vous leur souhaitez le secours des paroles,
Joüissez d'un aveu qui vous doit être doux,
Je vous aime, & jamais je n'aimerai que vous.
Je fais tout mon bonheur de celui de vous plaire,
Point d'autre bien.... Lisez le reste sans colere,
Et sans rien affoiblir de cet air gracieux,
Que met sur votre front la douceur de vos yeux.
Ma flamme en son espoir ne sera point déçûë,
Si ma Lettre de vous est sans peine reçûë ;
J'oserai me flater d'un pareil traitement :
Qui consent à l'amour doit estimer l'Amant.
Veüille le juste Ciel que rien ne soit contraire
A ce que m'a promis la Reine de Cythere,
Et que par ses conseils en ces lieux attiré,
J'y trouve en vous le bien que j'ai tant désiré.
Non, je ne vous veux point cacher ce qui m'amene,
Je viens chercher ici l'incomparable Helene ;
Et ce dessein si beau, si grand, si glorieux,
Est un dessein formé pour obéir aux Dieux.
Rien n'égale, il est vrai, le prix que je demande :
Mais quoiqu'à votre Hymen ma passion prétende,
Sur la foi de Venus qui veut me rendre heureux,
C'est à ce qui m'est dû que je porte mes vœux ;
A soûtenir ma flamme elle s'est engagée :
Par elle m'embarquant dans le Port de Sigée,
J'ai traversé les Mers, dont l'obstacle jaloux
Par leur vaste largeur me séparoit de vous :

PARIS A HELENE.

Par elle en ce trajet tout me fut agréable,
Les Vents n'avoient pour moi qu'un souffle favorable ;
Avois-je à m'étonner voyant ce doux repos
Que la Fille de l'Onde ordonnât sur les flots ?
Puisse-t-elle toûjours, quand tant d'amour m'enflame,
Donner comme à la Mer un plein calme à mon ame,
Et conduire si bien mes amoureux souhaits,
Que de mon cœur charmé rien ne trouble la paix.
Ce n'est point à vous voir qu'a pris ici naissance
Cet amour, dont je sens la douce violence,
Par le feu de vos yeux s'il s'est entretenu,
Je l'avois dans le sein, lorsque j'y suis venu.
Je ne le cache point, le hazard, ni l'orage
Ne m'ont sans le sçavoir poussé vers le rivage ;
C'est exprès, que pressant ma course sur les eaux,
J'ai fait dans votre Grece aborder mes Vaisseaux.
On ne me verra point de richesses avide
Emporter vos tresors sur l'Element humide,
Les Dieux m'en ont donné, dont la possession
Peut suffire, sans peine, à mon ambition.
Vos Villes, je le sçai, méritent d'être vûës ;
Mais de quelque beauté qu'on les trouve pourvûës,
Pourrois-je être attiré par ces foibles appas,
Quand la Phrygie en a qui ne leur cedent pas.
C'est vous seule que cherche ici ma foi jalouse,
Vous qu'à Paris Venus destinoit pour Epouse,
Et dont j'ai sur mon cœur éprouvé le pouvoir,
Avant que d'avoir eu le plaisir de vous voir.

Sur le bruit éclatant qu'en fait la Renommée,
De vos divins appas j'avois l'ame charmée,
Sans que mes yeux encore eussent pû m'assûrer
De ce qu'en vous chacun est contraint d'admirer ;
Mais il est étonnant dans cet amas de charmes
Qui donne à tous les cœurs de si justes alarmes,
Que quand de m'en sauver j'aurois pris quelque soin,
Le trait que je ressens m'eût frappé de si loin.
L'invincible penchant qui rend ma flamme extrême
Vient d'un decret du Sort, qui veut que je vous aime,
Et vous en connoîtrez l'irrévocable loi,
Quand vous aurez appris ce qu'il a fait pour moi.
 Hecube, dont le Trône est si plein de puissance,
N'attendoit que le tems de me donner naissance,
Quand la nuit en dormant elle eut un songe affreux,
Et crut avoir produit un flambeau plein de feux.
S'éveillant en sursaut, de frayeur l'ame atteinte,
Elle conte à Priam le sujet de sa crainte,
Et Priam menacé de troubles intestins,
Sur cette vision consulte les Devins.
L'un d'eux ose assûrer que la superbe Troye
De la flamme, par moi, doit être un jour la proye;
Il s'y connoissoit mal ; ce flambeau redouté
Est le feu qu'en mon cœur nourrit votre beauté.
On m'éleve en secret : mais quoique sans connoître
L'avantage du Sang dont le Ciel m'a fait naître,
On voit briller en moi je ne sçai quoi de grand,
Qui dément un Berger, & dont l'éclat surprend.

Entre

PARIS A HELENE.

Entre divers Côteaux qu'a formé la Nature,
Le Mont Ida renferme une Vallée obscure,
Où les Pins abondans & les Chênes touffus,
Ne laissent qu'avec peine entrer un jour confus.
Là, Chévres, ni Brebis jamais n'allerent paître :
Je m'y tenois un jour appuyé contre un Hêtre,
Et promenant mes yeux, regardois, tour à tour,
Les larges murs de Troye & les Bois d'alentour ;
Tandis qu'à ces objets j'attache ainsi ma vûë,
Sous les pas de quelqu'un la terre se remuë,
J'entens marcher vers moi. Qui peut ne pas douter
Des grandes véritez que je vais vous conter ?
A mes yeux tout à coup Mercure se présente :
C'étoit pour un Mortel une gloire éclatante :
Puisque je l'ai reçûë, il doit m'être permis
De vous peindre l'éclat où ce Dieu s'étoit mis.
Se soûtenant en l'air sur de legeres aîles
Il sembloit le remplir de lumieres nouvelles,
Et ses divines mains portoient un Sceptre d'or.
Ce spectacle étoit grand : mais je vis plus encor.
Junon avec Pallas & la Reine des Graces,
Sur l'herbe, de leurs pieds laissoient briller les traces,
Et s'avançant toûjours, à mes regards troublés
Offrirent de beauté cent tresors assemblés.
Interdit, par respect, pour ne leur pas déplaire,
Je voulois m'éloigner de ce lieu solitaire ;
Quand le Dieu, pénétrant mon secret embarras :
Demeure, me dit-il, & ne t'étonne pas.

T.

La Beauté, tu le sçais, a d'aimables richesses;
C'est à toi d'en juger entre ces trois Déesses:
Du célébre combat qu'elles ont entrepris,
Regarde à qui tu crois que doit être le prix.
A cet emploi trop rude en vain je me refuse,
Le nom de Jupiter ne souffre point d'excuse.
Après l'ordre expliqué de ce Maître des Dieux,
Mercure m'abandonne & vole vers les Cieux.
Je reprens mes esprits, & plein de hardiesse
Parcourant plusieurs fois des yeux chaque Déesse,
J'examine à loisir les célestes attraits,
Qu'il m'est alors permis de regarder de près.
Toutes me paroissoient dignes de la victoire,
Et devant, comme Juge, ordonner de leur gloire,
Je trouvois tour à tour, que chacune des trois
Etoit à préferer, & méritoit ma voix.
L'une d'elle pourtant, pour gagner mon suffrage,
Eut d'abord, je l'avoüe, un secret avantage;
Comme si, lui voyant tout ce qui peut charmer,
J'eusse sçu que c'étoit celle qui fait aimer.
Toutes trois, dans l'ardeur d'avoir la préference,
Au service attendu joignent la récompense,
Et par des dons offerts tâchent de m'engager
A bien user pour moi du pouvoir de juger.
Junon, si je la nomme, a des Couronnes prêtes;
Pallas me doit aider à faire des conquêtes,
Et c'est à moi de voir quel charme est le plus grand
Que d'être Roi sans peine, ou d'être Conquerant.

PARIS A HELENE.

Venus qui me sourit : Moque-toi, me dit-elle,
De ce que te promet l'une & l'autre Immortelle ;
Les offres qu'elles font ne montrent-elles pas
Qu'elles n'esperent rien de leurs foibles appas :
Je te donnerai plus que la grandeur suprême,
Te donnant un objet qui merite qu'on l'aime :
La Fille de Leda, dont chacun est épris,
De tes feux par mes soins sera le digne prix.
Pour toucher mes desirs l'ambition est forte,
La Valeur peut beaucoup : mais la Beauté l'emporte,
Et Venus aussi-tôt va montrer dans les Cieux,
Comme étant la plus belle, un front victorieux.
Aprés ce grand succès je changeai de fortune,
J'avois toûjours paru d'une race commune,
Et des signes certains qui s'expliquoient pour moi
Firent dans un Berger trouver le Fils d'un Roi.
Toute la Cour m'en montre une entiere allégresse,
D'Hecube & de Priam j'éprouve la tendresse,
Et ce jour est compté parmi les jours heureux,
Où les Troyens font voir la pompe de leurs jeux.
C'est là que j'attirai les regards des plus Belles,
Ce que je sens pour vous, je le fis naître en elles ;
Et vous pouvez vous seule, en recevant ma foi,
Obtenir ce qu'en vain mille veulent de moi.
Ce n'est point seulement, s'il faut ne vous rien taire,
A des Filles de Rois que Paris a sçû plaire ;
Des Nymphes, que leur rang me faisoit respecter,
D'un espoir assez doux ont daigné me flater :

T ij

Mais quoique leur Hymen dût me combler de gloire,
J'ai crû cette conquête une indigne victoire,
Depuis qu'on m'a permis le noble sentiment,
Qui me fait aspirer au nom de votre Amant.
Ravi de vos beautés, le cœur plein de tendresse,
Par les yeux de l'esprit je vous voyois sans cesse;
Et jamais le sommeil ne pouvoit m'arracher
L'image d'un objet si propre à me toucher.
Si même sans vous voir je vous trouvois charmante,
Que me paroissez-vous quand vous êtes présente!
Je brûlois, & le feu déja trop allumé,
Malgré l'éloignement me tenoit consumé.
Enfin l'espoir flateur de vous avoir pour femme,
Joignant l'impatience aux transports de ma flamme,
Avec tant de pouvoir me sçut assujettir,
Que sans plus differer je resous de partir.
Les ordres sont donnés, déja tout se prépare,
On dépoüille aussi-tôt les sommets de Gargare,
Et sur le Mont Ida, pour courir sur les eaux,
On abat ce qui doit me fournir des Vaisseaux.
Déja le long des Mats les Voiles qui s'étendent
S'offrent à recevoir les Vents qu'elles attendent;
Et nos Dieux, qu'au plus haut de la Poupe on a peints,
Semblent être appellés pour hâter mes desseins.
Sur celle du Vaisseau, que l'ardeur qui me presse,
M'a fait d'abord choisir pour me porter en Grece,
Venus representée auprès du Dieu des cœurs,
Me confirme le don de vos charmes vainqueurs.

PARIS A HELENE.

Tout est prêt, & déja le jour commence à luire,
Où le Dieu qui vers vous s'empresse à me conduire,
Veut pour executer ce dessein glorieux,
Que je commence enfin à faire mes adieux.
Priam, qui craint pour moi les périls où m'engage
Le desir trop ardent de faire ce voyage,
Quoiqu'Hecube en pleurant n'ait pû rien obtenir,
Me combat après elle, & veut me retenir.
Que ne fit point ma Sœur, la fameuse Cassandre,
Qu'au fond de l'avenir le Ciel laisse descendre ?
Les yeux tout égarés, & les cheveux épars,
Me lançant tout à coup les plus affreux regards :
« Où vas-tu ! malheureux ! s'écria-t-elle, arrête :
« Pour brûler ton Païs, la flamme est toute prête ;
« Sur les eaux il n'est rien qui t'en puisse empêcher,
« Tu ne vois pas quels feux ton amour va chercher.
Cassandre m'a dit vrai, j'en fais l'experience.
Des feux qu'elle a prédit je sens la violence ;
Et mon cœur tout brûlé depuis que je vous voi,
A fait voir que l'Oracle étoit digne de foi.
Quelques cris ménaçans que sa bouche déploye,
Sans en craindre l'effet je m'éloigne de Troye ;
Et le Vent secondant mes amoureux transports,
J'acheve enfin ma route, & j'entre dans vos Ports.
De Peuple pour me voir toute la rive est pleine,
Ménélas, votre Epoux, dans son Palais me mene,
Et l'accüeil qu'il me fait quand j'arrive en ces lieux,
M'est un gage certain de la faveur des Dieux.

T iij

Afin que le séjour m’en soit plus agréable,
Sparte n’a rien de grand, point d’endroit remarquable,
Que ce Prince attentif à me bien recevoir,
Ne fasse orner exprès pour me le faire voir :
Mais ne cherchant que vous, en tous lieux si vantée,
C’est à ce seul objet que j’ai l’ame arrêtée ;
Et tout ce que je voi de beau, de curieux,
Quand j’aspire à vous voir ne touche point mes yeux.
Quelle fut ma surprise à cette aimable vûë !
Elle eut pour me troubler une force imprévûë :
J’avois pensé beaucoup, & trouvant encor plus,
Je fis pour resister des efforts superflus.
Telle, autant que je puis en garder la mémoire,
Se présenta Venus en ce jour plein de gloire,
Où dans tout son éclat m’ayant sollicité,
Elle emporta par moi le prix de la beauté.
Dans ce fameux combat, si vous fussiez entrée,
Au point que de vos yeux j’ai l’ame pénétrée,
La Palme se devant aux charmes les plus doux,
Elle eût été douteuse entre Venus & vous.
La Renommée a peint avec grand avantage
Les charmes dont le Ciel a fait votre partage,
Et dans toute la Terre il n’est point de Climats,
Où n’ait été le bruit de vos brillans appas.
Tout ce que la Phrygie & l’Orient ensemble,
Vantent de plus parfait, n’a rien qui vous ressemble ;
Et les plus beaux objets, les plus vifs agrémens,
A vous les comparer cessent d’être charmans :

Mais loin de vous flater, & vous m'en devez croire,
Jamais elle ne va jusqu'où va votre gloire;
La loüange est trop foible, & sur votre beauté
Son rapport semble avoir de la malignité.
Soit pour s'instruire mal, soit qu'exprès elle oublie,
Ce que je vois de plus que ce qu'elle publie;
Elle n'égale point la grandeur de l'objet,
Et l'éloge est toûjours au dessous du sujet.
Thesée en jugea bien, lui dont l'expérience
Justifioit en tout la haute connoissance,
Quand frappé tout à coup de l'éclat de vos yeux,
Il crut qu'il n'étoit rien de si beau sous les Cieux :
Jeune, pleine d'adresse & courant dans la lice,
Vous disputiez le prix dans un noble Exercice :
A-t-on dû s'étonner, si prompt à vous ravir,
Ayant en main la force, il s'en osa servir ?
Dans ce hardi projet tout ce qui peut surprendre,
C'est qu'il ait jamais pû consentir à vous rendre :
Jusqu'au dernier soûpir, ayant sçu l'enlever,
Une si riche proye étoit à conserver.
Pour moi, je l'avoüerai, si le Ciel favorable
Eût daigné m'enrichir par un tresor semblable,
On m'auroit vû tout perdre & renoncer au jour,
Avant que l'on vous eût ôtée à mon amour.
Moi, tant que du Soleil j'aurai vû la lumiere,
Livrant à vos appas mon ame toute entiere,
Dussent mille Ennemis contre moi s'élever,
Du plaisir de vous voir j'aurois pû me priver ?

T iiij

Du moins, si l'on m'eût fait assez de violence
Pour me laisser contre eux sans appui, sans défense,
J'eusse tiré de vous un gage précieux,
Qui m'eût orné le front d'un Myrthe glorieux.
Pour n'abandonner pas tout le fruit de ma flamme,
Je vous aurois forcée à devenir ma Femme,
Et contraint de vous perdre, il m'auroit été doux
De pouvoir retenir le nom de votre Epoux.
Si l'Amour eut jamais sur vous quelque puissance,
De l'amoureux Paris éprouvez la constance.
Des flammes du bacher la dévorante ardeur
Pourra seule étouffer les flammes de mon cœur.
Ce que j'ai fait pour vous répond de leur durée,
Aux plus puissans Etats je vous ai préferée,
Junon me les donnoit, si pour les posseder,
Mon suffrage eût contraint Venus à lui ceder.
Qu'obtient de moi Pallas, qui dans toute la Terre
M'offrit un nom fameux par mille exploits de Guerre,
Lorsqu'à mon Jugement ces trois Divinités,
Pour remporter le prix soûmirent leurs beautés.
Je ne me répens point du choix qu'on m'a vû faire,
Le suprême bonheur est celui de vous plaire ;
Je n'en connois point d'autre, & jusques au trépas
Je ferai vanité d'adorer vos appas.
Souffrez donc à mes feux la flateuse espérance,
Qui m'eu fait soûtenir toute la violence :
On souffre à tant aimer : mais pour vous acquerir,
Quelles peines peut-on refuser de souffrir ?

PARIS A HELENE.

Quelque soit le haut rang où le Ciel vous ait mise,
Si dans mes vœux ardens le Ciel me favorise,
Vous pourrez sans rougir, me prenant pour Epoux,
Avoüer les beaux nœuds qui m'uniront à vous.
Outre qu'on peut compter Jupiter dans ma race,
Une Fille d'Atlas y tient aussi sa place.
Je ne vous parle point de mes autres Ayeux
Sortis, ainsi que moi, d'un Sang si glorieux.
Priam, ce puissant Roi, qui m'a donné la vie,
Fait respecter ses Loix presque en toute l'Asie.
Pour trouver quelque borne à ses vastes Estats,
Jusqu'où ne faut-il point que l'on porte ses pas ?
Que vous dirai-je ici des Campagnes fertiles
Qu'on découvre en sortant de ses superbes Villes ?
Des somptueux Palais, & des augustes Lieux,
Où l'Encens à la main on revere les Dieux :
Vous verrez Illion, dont les Tours sans pareilles
Des plus sçavantes mains surprenantes merveilles,
Tiennent des environs les Champs assujettis
A ces Murs qu'autrefois Apollon a bâtis.
Je ne vous parle point de la foule incroyable
D'un Peuple que par tout on peut dire innombrable :
A voir tant d'Habitans, on s'étonne comment
La Terre peut fournir leur entier aliment.
Tout vous sera soûmis, & les Dames de Troye,
Allant vous recevoir, vous marqueront leur joye :
Pour vous faire la Cour les plus rares Beautés
Dans vos vastes Palais viendront de tous côtés :

Voyant de nos Cités l'abondante richesse,
Que de biens! direz-vous, & qu'est-ce que la Grece!
Il n'est point de Maison dans ce puissant Etat,
Qui ne semble une Ville, & qui n'en ait l'éclat.
Ne croyez pourtant pas qu'à parler de la sorte
Pour abaisser la Grece aucun mépris me porte.
Une Terre où les Dieux vous ont fait voir le jour,
Sera pour moi sans cesse un aimable séjour :
Mais comme en aucun bien votre Sparte n'abonde,
Et qu'on admire en vous tous les Tresors du monde,
Dira-t-on que ce Lieu peut avoir mérité
L'hônneur de posseder une telle Beauté ?
C'est à vous, qui montrez sur votre beau visage
Des plus vives couleurs le brillant assemblage,
D'employer tour à tour les plus beaux ornemens
Qui puissent convenir à des dons si charmans.
Voyez dans nos Troyens quelle riche parure
Soûtient l'air noble & grand qu'ils ont de la Nature :
Si leur ajustement leur coûte tant de soins,
Les Dames de Phrygie en prennent-elles moins ?
Pour paroître à nos yeux dans un éclat semblable,
Daignez à mes desirs vous rendre favorable :
Un Amant Phrygien qui vous offre ses vœux,
Peut-il pour une Greque avoir rien de honteux ?
Celui que Jupiter fait joüir de la gloire,
Quand il traite les Dieux, de leur verser à boire,
Sorti d'un Sang illustre, & Fils d'un puissant Roi,
Etoit, vous le sçavez, Phrygien comme moi.

PARIS A HELENE.

De ce même Païs Tithon étoit encore,
Le fortuné Tithon, qui sçut charmer l'Aurore,
Et qui ravi par elle eut un destin si doux,
Qu'il obtint aussi-tôt le nom de son Epoux ;
Anchise, qui brûla d'une flamme divine,
Si vous l'examinez, a la même origine ;
Et cependant Venus avec tous ses appas
Dans ses tendres amours ne le dédaigna pas.
Ménélas est un Prince estimé dans la Grece :
Mais si la bonne mine & l'aimable jeunesse
Dans le choix d'un Epoux sont à considerer,
Vous pourrez vous resoudre à me le préferer.
Du moins en m'épousant vous aurez un Beaupere,
Qu'on n'accusera point d'avoir haï son Frere,
Jusqu'à commettre un crime à nul autre pareil,
Et dont l'horreur fit fuir les Chevaux du Soleil.
Priam, connu par tout, n'a point l'odieux blâme
D'avoir versé le sang du Pere de sa Femme,
Et nulle Mer enfin ne lui pourra jamais
Reprocher par son nom de si honteux forfaits.
D'aucun de ses Ayeux on n'a sujet de croire
Qu'il soit plongé dans l'eau, sans qu'il en puisse boire,
Par une faim pressante aucun d'eux n'est réduit
A vouloir dévorer une Pomme qui fuit.
Mais que me sert d'avoir un nom exempt de tache,
Si l'Hymen au moins digne aujourd'hui vous attache,
Et vous donne à celui qu'un sang trop odieux
Peut priver de l'honneur d'être allié des Dieux ?

Hélas ! par le pouvoir qu'il a pris sur votre ame
Il peut à tous momens vous parler de sa flamme,
Satisfaire ses yeux, vous regarder, & moi
Dans le tems du repas à peine je vous voi.
Combien, dans ce tems même où j'ai cet avantage,
De cruels sentimens de dépit & de rage !
Quel affreux desespoir ! quand vous osez tous deux
Vous donner devant moi des marques de vos feux.
En de pareils festins, par la même avanture,
Puissent mes ennemis souffrir ce que j'endure ;
Et voir que, sans rien craindre, un Rival à leurs yeux
Ait droit de caresser ce qu'ils aiment le mieux !
Pour n'être point témoin des mutuelles flammes,
Dont les charmes trop forts unissent vos deux ames ;
J'ai souhaité cent fois n'avoir point accepté
L'honneur que je reçois par l'hospitalité.
Il faut vous dire tout : De quelle jalousie
Mon ame quelquefois n'est-elle pas saisie !
Lorsque d'un air grossier dans ses indignes bras,
Je voi que votre Epoux profane vos appas.
Tous vos baisers pour moi sont un supplice extrême ;
Si vous en recevez, vous en donnez de même,
Et pour me les cacher, je ne puis faire mieux,
Que de lever un Vase & m'en couvrir les yeux.
Chagrin, desesperé, quelquefois je les baisse,
Quand trop étroitement dans ses bras il vous presse,
Je déteste la table, & vous pouvez juger,
Si je me trouve alors en état de manger :

PARIS A HELENE.

Jaloux de son bonheur, j'en gémis, j'en soupire :
Quand vous le remarquez, vous n'en faites que rire.
Cruelle! se peut-il que mes tristes soûpirs
Vous donnent de la joye, & fassent vos plaisirs?
J'ai crû plus d'une fois, sentant brûler mon ame,
Que la force du Vin amortiroit ma flamme :
Mais quand l'amour est vif, ce remede sert peu,
Le feu ne peut jamais s'éteindre par le feu.
Si voulant m'épargner un ennui qui me tuë,
De ce qui me déplaît je détourne la vûë,
A l'instant, par un charme aussi puissant que doux,
Vous forcez mes regards à retourner à vous.
Autant que je le puis je me fais violence,
J'impose à mon amour un rigoureux silence,
Je cherche à le cacher, & ses feux trop ardens,
Font paroître au dehors les peines du dedans.
Je ne me trompe point, vous sçavez ma blessure,
Vous concevez l'excés des tourmens que j'endure ;
Ils vous sont trop connus, & plût au Ciel ! hélas !
Que d'autres comme vous ne les connussent pas !
Combien de fois, trop plein, trop touché de vos charmes,
Me suis-je détourné pour essuyer mes larmes !
De peur que votre Epoux, en les voyant couler,
N'entreprît, malgré moi, de me faire parler.
Combien de fois, le Vin m'ayant échauffé l'ame,
Sous des noms empruntés vous ai-je peins ma flamme?
Et me suis-je servi, pour tromper cet Epoux,
De signes qui marquoient que je parlois de vous?

Si vous en avez mal compris le stratagême,
S'il vous est échapé, regardez-vous vous-même;
Vous trouverez en vous cet objet plein d'appas,
Que je jurois alors d'aimer jusqu'au trépas.
J'ai même quelquefois eu recours à la ruse,
J'ai feint d'avoir trop bû, pour trouver une excuse;
Si par hazard l'Amour, sur moi trop absolu,
Me faisoit dire plus que je n'aurois voulu.
Dans un de nos repas votre Robe entr'ouverte,
Vous fit voir un moment la gorge découverte;
Je m'en souviens toûjours, sa blancheur eût défait
La plus pure blancheur de la neige & du lait.
Ebloüi des beautés qui frapperent ma vûë,
J'en sentis dans mon cœur une atteinte imprévûë:
Plein d'un trouble subit, que je cachois en vain,
Le vase où je bûvois m'échapa de la main.
La petite Hermione, attachée à vous plaire,
Reçoit assez souvent des baisers de sa Mere,
Sur sa bouche aussi-tôt avec combien d'ardeur
Vais-je de ces baisers recüeillir la douceur!
Des anciens Amans, dont on connoît l'Histoire,
J'ai chanté quelquefois les amours & la gloire,
Et des signes secrets vous ont fait remarquer
Ce que plus clairement je n'osois expliquer.
J'ai crû qu'en m'en plaignant dans l'excès de ma peine,
Je gagnerois Æthra, je toucherois Climene;
Vous aimez l'une & l'autre, & leur attachement
Devroit les enhardir à parler librement :

PARIS A HELENE.

Mais, en vous apprenant ce que je n'ai pû taire,
Æthra comme Climene a craint de vous déplaire;
Et pour les engager à servir mes amours,
Envain j'ai de leurs soins imploré le secours.
Que si je vous trouvois une conquête aisée,
Si pour prix d'un combat vous étiez proposée,
Et qu'il fût au Vainqueur permis de se flater,
Que la Palme à la main on pût vous mériter!
Telle fut autrefois l'Avanture éclatante,
Qui fit craindre Hyppomene à la belle Atalante,
Lorsque dans un combat, pour sa main entrepris,
A la Course Venus lui fit gagner le prix.
Dans un pareil combat, charmé d'Hyppodamie,
Pelops, qui la vainquit, vit sa gloire affermie,
Et contre Acheloüs Hercule avec ardeur
Disputa Déjanire & demeura vainqueur.
Ah! Que n'ai-je à combattre avec même espérance,
J'aurois dans la carriere une ferme assûrance,
Et pour vous acquerir les périls les plus grands
A mes boüillans desirs seroient indifférens :
Mais puisque pour fléchir vôtre ame dure & fiere
Il ne me reste plus que la seule priere,
Permettez qu'à vos pieds je tâche d'obtenir
Quelque pitié d'un mal que vous pouvez finir.
O Divine Beauté! Digne Sœur des deux Freres,
Dont l'aspect sur les flots calme les vents contraires,
Et qui meriteriez Jupiter pour Epoux,
Si l'éclat de son Sang ne brilloit pas en vous;

Pour empêcher ma mort vous n'avez qu'une voye,
Il faut que comme Epoux vous me suiviez à Troye,
Ou que plein d'amertume & languissant toûjours,
Je termine en ces lieux mes déplorables jours.
Vos beaux yeux ne font point de blessure legere,
Et quand j'ai souhaité de vous voir, de vous plaire,
A tout ce que je sens je m'étois attendu,
Jusqu'au fond de mon cœur le trait est descendu :
Je vous le dis encore, un esprit prophétique
Fait qu'avec vérité ma Sœur toûjours s'explique,
Et c'est par cet esprit qu'elle avoit annoncé
Que d'un céleste dard j'aurois le cœur percé.
Gardez de mépriser un amour dont la flamme
Par l'ordre des Destins est entrée en mon ame :
C'est en y répondant qu'il vous sera permis,
D'esperer dans vos vœux d'avoir les Dieux amis.
J'ai, sur ce que pour vous leur volonté m'inspire,
En vous ouvrant mon cœur, cent choses à vous dire ;
Mais je dois éviter de paroître indiscret ;
Il me faut avec vous un entretien secret.
Je ne présume point que la charmante Helene,
A me voir en secret puisse avoir quelque peine,
Et craindre injustement qu'un pareil rendez-vous
Ne soit contre la foi promise à son Epoux.
Quelle simplicité ! (car mon respect extrême
Epargne un mot plus dur au rare objet que j'aime)
Vous tiendroit asservie à des scrupules vains,
Si votre Hymen frivole arrestoit mes desseins.

Parce

PARIS A HELENE.

Parce qu'on charme tout, doit-on être inflexible?
Ou devenez moins belle, ou rendez-vous sensible.
Oüi le trop de hauteur, ou de séverité,
Fut toûjours un défaut dans la grande beauté.
Voulez-vous que toûjours la fierté vous maîtrise?
Il est de doux panchans que le cœur autorise,
Et c'est par ces panchans couronnés en amour,
Que le Maître des Dieux vous a donné le jour.
Si d'une tendre ardeur la séduisante amorce
Dans le sang dont on sort peut garder quelque force,
Leda, que Jupiter pour lui sçut enflammer,
Aura-t-elle une Fille incapable d'aimer?
J'y consens, n'aimez point : Quand vous serez à Troye
Que contre vos Amans un air fier se déploye :
Et quoique je vous porte à fausser votre foi,
Y manquant aujourd'hui, ni manquez que pour moi.
Suivons de doux transports, s'ils passent pour des crimes,
Notre Hymen qui suivra les rendra légitimes.
Venus, dont la promesse a sçu me prévenir,
Par les plus tendres nœuds aspire à nous unir;
Et votre Epoux lui-même, encor que sans le dire,
Vous permet d'adoucir mon amoureux martyre.
Si vous y prenez garde, il ne s'est absenté,
Que pour nous en laisser l'entiere liberté.
Il a sçu s'éloigner. Ah! qu'il est raisonnable!
Pouvoit-il prendre un tems qui fût plus favorable?
Pour vous abandonner à l'ardeur de mes feux,
Un voyage entrepris est un pretexte heureux.

V.

Avez-vous oublié qu'en partant pour la Crete,
Bien loin de s'opposer à ce que je souhaite,
Par sa priere expresse il vous fit une loi,
Tant qu'il seroit absent de prendre soin de moi?
Je me plains justement, trop fiere! trop cruelle!
Aux ordres d'un Epoux vous êtes infidele,
Et cet Hôte à vos soins si bien recommandé,
A ses vœux jusqu'ici ne voit rien d'accordé.
Parlons sans déguiser. Cet Epoux qui doit croire
Votre possession le comble de sa gloire,
Pouvez-vous présumer qu'il ait d'assez bons yeux,
Pour voir tout ce que vaut un bien si précieux?
Il l'ignore sans doute, & s'il pouvoit connoître
De quel rare tresor le Ciel l'a rendu maître,
Il n'est besoin pressant, qui le pût engager,
A le laisser en proye aux vœux d'un Etranger.
Quand le plus tendre amour dont un cœur soit capable
Ne vous porteroit pas à m'être favorable,
Songez qu'il nous a fait un doux engagement
De profiter ici de son éloignement :
Nous aurions moins que lui de raison, de sagesse,
Si dans l'âge qui veut qu'on cede à la tendresse,
Nous ne profitions pas d'un tems où les amours
Veulent par leurs doux feux nous donner de beaux jours.
L'hommage d'un Amant ne peut faire de peine,
Il vous en choisit un, lui-même vous l'ameine ;
Pourriez-vous d'un Mari, si bon, si complaisant,
Lorsqu'il me donne à vous refuser le present ?

PARIS A HELENE.

Combien d'ennuyeux jours, malgré votre Hymenée,
Vous laisse-t-il passer en femme infortunée ?
Combien j'en passe aussi, dont la dure longueur
Par des veilles sans fin augmente ma langueur !
C'est trop souffrir, c'est trop nous gêner l'un & l'autre,
De grace finissons mon tourment & le vôtre ;
Et qu'un heureux instant, plein de tendres plaisirs,
Unissent pour jamais nos cœurs & nos desirs.
Comblé de vos faveurs, que mon amour préfere
A tout ce qu'a d'appas la Reine de Cithére,
Puissent les Dieux vengeurs s'armer pour me punir,
Si l'on m'en voit jamais perdre le souvenir !
Je le jure par eux, & vous pouvez m'en croire,
Je soûtiendrai par tout l'éclat de votre gloire,
Et suis sûr que Priam ne refusera pas,
De vous faire avec lui regner dans ses Estats.
Si toûjours dans l'estime accoûtumée à vivre,
Vous trouvez quelque honte au dessein de me suivre,
Par un enlevement je vous donne ma foi,
Que j'en rejetterai tout le crime sur moi.
La violence est juste où l'amour est extrême,
Et des exemples pris dans votre maison même,
Sans compter que Thesée osa vous enlever,
Font qu'en un fait pareil vous devez m'approuver.
Que ne peut la Beauté ! Vos deux Freres ravirent
Les Filles de Leucippe aussi-tôt qu'ils les virent :
Vous avez dans mon cœur allumé mille feux,
Pourra-t-on me blâmer quand je ferai comme eux ?

V ij

Quoique je puisse oser, n'en prenez point d'alarmes ;
Tous mes vaisseaux sont prêts, munis d'hommes & d'armes
Le Vent en mer m'appelle, & par un souffle heureux
Semble favoriser mes desseins amoureux.
Comme une grande Reine en nos Villes reçuë,
Vous verrez près de vous la foule répanduë,
Et le Peuple adorant votre rare beauté,
Y voudra reconnoître une Divinité.
Par tout où vous serez, les Autels, les victimes,
Lui paroîtront pour vous des honneurs legitimes,
Et des parfums brûlés la plus exquise odeur,
D'un zele tout soûmis vous marquera l'ardeur.
Pour vous mieux recevoir, nos Princes, nos Princesses,
Mêleront à l'envi les presens aux caresses,
Et par de riches dons chacun de toutes parts
S'efforcera sur soi d'attirer vos regards.
Mais je m'attache en vain à vous peindre la joye
Que de votre arrivée aura l'heureuse Troye :
Voyant à haute voix vos charmes applaudis,
Vous verrez encor plus cent fois que je ne dis.
Ne craignez point de voir, si vous êtes ravie,
Des fureurs d'un Jaloux cette offense suivie,
Ni que les Grecs armés dans leur juste courroux,
Pour s'en faire raison viennent fondre sur nous.
Voyez ce que l'Amour a fait en d'autres Terres,
Combien d'enlevemens n'ont point causé de guerres :
Quoiqu'ose Ménélas, quoiqu'il veüille tenter,
Croyez-moi là-dessus, rien n'est à redouter.

PARIS A HELENE.

Les Thraces pour Borée enlevant Orithie,
Rendirent à ses feux son ame assujettie :
On n'a pourtant point vû que par ces Ravisseurs
La Thrace de la paix ait perdu les douceurs.
Quand avec la Toison à sa valeur cedée,
Jason en Thessalie eut emmené Medée,
Vit-on sous quelques Chefs les Troupes de Colchos
Pour venir l'attaquer se mettre sur les flots ?
Comme vous, Ariane à l'injuste Thesée
Fut par l'enlevement une conquête aisée,
Sans que le fier Minos dans son ressentiment
Ait armé ses Sujets pour punir cet Amant.
La terreur, que d'abord l'esprit porte à l'extrême,
Est plus grande souvent que n'est le péril même,
Et dans ces grands projets, si l'on s'en trouve atteint,
L'entreprise achevée, on rougit d'avoir craint.
Mais, je veux qu'une guerre & cruelle & sanglante
Suive ce que pour vous l'amour veut que je tente,
Je suis assez puissant pour me pouvoir flater,
Qu'à tous mes ennemis je pourrai resister.
Que chacun d'eux employe & la force & l'adresse,
L'Asie a peu sujet d'apprehender la Grece.
Pour soûtenir long-tems les plus rudes travaux
De même qu'en Guerriers elle abonde en Chevaux ;
Ménélas qui me cede en grandeur de courage,
Des armes plus que moi ne peut avoir l'usage,
Et si nos actions étoient à comparer,
Il n'est Juge qui pût ne me pas preferer.

J'étois jeune & sortois à peine de l'enfance,
Quand d'un Troupeau saisi j'entrepris la défense ;
J'arrêtai les Brigands, & leur sang répandu
Fit rendre à nos Bergers ce qu'ils avoient perdu.
Tant de vigueur surprit dans un âge si tendre,
Aussi j'en méritai le beau nom d'Alexandre.
Et dans ce même tems en combien de combats
Attaquant les plus forts ne les vainquis-je pas ?
Deiphobe, lui-même, ainsi qu'Ilionée,
De ceux que je soûmis suivit la destinée.
Et ne présumez pas, si je sçus les dompter,
Que de près seulement je sois à redouter ;
Mes coups portés de loin ont la même justesse,
Et quand je lance un dard c'est avec tant d'adresse,
Que toûjours par mon bras heureusement poussé,
Dans l'endroit où je vise il demeure enfoncé.
J'en ai mille témoins, & si l'on considere
Ce que jusques ici Ménélas a sçû faire,
Pour acquerir un nom glorieux, éclatant,
On ne trouvera point qu'il en ait fait autant.
Mais des Grecs sur la force eût-il tous les suffrages,
Quand vous lui donneriez ces mêmes avantages,
Qu'il les eût remportés, & mille autres encor,
Lui pourriez-vous donner un Frere comme Hector ?
Hector chez nos Troyens vaut une Armée entiere ;
Et quand pour vous fléchir je viens à la priere,
Rien ne vous sçauroit faire assez bien concevoir
Tout ce que peut l'Epoux que vous devez avoir.

PARIS A HELENE.

Ainsi jamais les Grecs, quoique leur fasse entendre,
Ce Rival qui voudra me forcer à vous rendre,
N'oseront de la guerre essuyer les rigueurs,
Où les Troyens des Grecs demeureront vainqueurs.
Cependant aux dépens d'une guerre cruelle,
Je veux bien acheter une Epouse si belle;
Pour un prix si brillant, les plus cruels combats
Si je puis l'acquerir ne m'épouvantent pas.
Que l'Univers entier prenne pour vous les armes,
Pourra-t-on mieux prouver le pouvoir de vos charmes?
Et ne sera-ce pas en éclat de beauté
Transmettre votre nom à la posterité?
Laissez faire l'amour, venez en assûrance,
Et sortant de vos Ports, pleine de confiance,
Croyez qu'en m'épousant vous obtiendreez de moi
Tout ce que peut promettre une sincere foi.

SUJET DE L'EPITRE
d'Helene à Paris.

LA Lettre précedente, & l'envie qu'avoit Helene de se rendre aux vœux de Paris, sont le veritable sujet de cette réponse, où cette Reine développe des rafinemens en galanterie, plus qu'elle n'avoit dessein d'en laisser voir. Dans le commencement elle se plaint de l'indiscretion de cet Amant, dont elle feint d'être fort offensée, mais peu de momens après, elle l'excuse, pourvû que son amour soit veritable; & ne se faisant point de scrupule de lui répondre fort au long, tantôt elle lui ouvre le chemin pour parvenir à son dessein, tantôt elle lui en ôte toute esperance, & fait ses efforts pour le tenir toûjours en suspens, mais cependant il est facile de voir qu'elle ne se défend que bien foiblement.

EPISTRE
D'HELENE
A PARIS.

Traduite d'Ovide.

Ayant lû votre Lettre, où l'ardeur de me plaire
De cent termes flateurs vous fait semer l'appas,
Ce me seroit sans doute une gloire legere
De vouloir me contraindre à n'y répondre pas.

De quel front, si cherchant à faire une conquête,
Vous croyez voir en moi quelque éclat de beauté;
Osez-vous me montrer une ame toute prête
A violer les droits de l'hospitalité?

Quand venu dans ces lieux, sans craindre les orages,
Vous nous avez donné le plaisir de vous voir,
On vous a fait joüir de tous les avantages
Qu'un Prince tel que vous y pouvoit recevoir.

Ni le nom d'Etranger, ni les mœurs différentes
N'ont pû faire oublier le Sang dont vous sortez ;
Nos caresses pour vous ne sont point apparentes,
Et tout ce qu'on vous dit ce sont des veritez.

D'un procedé si noble, indigne récompense !
Dans un projet honteux je vous trouve affermi ;
De vous, de votre cœur que faut-il que je pense ?
Nous cherchez vous comme hôte, ou bien comme ennemi ?

Quoique l'on n'eût jamais de plus juste matiere
De former une plainte, & de la mettre au jour,
Vous m'appellerez simple, & peut-être grossiere,
De m'être figuré du crime en votre amour.

Nommez foiblesse, erreur, l'idée ou je m'attache,
Blâmez mon ignorance, ou ma simplicité,
Pourvû que ma pudeur ne souffre point de tache
D'un semblable défaut je ferai vanité.

Si l'on ne me voit point cet air sombre & severe,
Qui condamne & bannit les plaisirs sans raison,
Si les jeux & les ris sont ce qui peut me plaire,
Je suis jeune, & pour moi la joye est de saison,

Mais les jeux & les ris n'ôtent rien à ma gloire,
Et comme sous ses loix j'ai sçu toûjours agir,
Aucun Amant sur moi n'a gagné de victoire,
Dont le bruit m'embarasse & m'oblige à rougir.

HELENE A PARIS.

L'espoir qui vous soûtient redouble ma surprise,
Et je ne sçai par où vous vous êtes flaté
Dans votre téméraire & peu sage entreprise
Qu'en me parlant d'amour vous seriez écouté.

Sur quoi de m'acquerir avoir formé l'envie?
Reglez-vous vos desseins sur un audacieux?
Et parce que Thesée autrefois m'a ravie,
Faut-il que je me laisse enlever de ces lieux?

Contre mon Ravisseur je fis voir mon courage,
Mon orgüeil eût souffert qu'il eût pû m'adoucir,
De ses tendres transports je rejettai l'hommage,
Et prieres ni vœux ne purent réüssir.

Aussi fut-il enfin obligé de me rendre
Après cent vains efforts pour vaincre ma fierté,
De la haine, il est vrai, je ne pus me défendre,
C'est le fruit qu'il tira de sa témérité.

Si par quelques baisers pris avec violence
D'abord à ses desirs il crut m'assujettir,
Mes cris, que seconda ma fiere résistance,
Bientôt à m'épargner le firent consentir.

Supposons même sort, mettez-vous en sa place,
Vous n'auriez respecté ni mes cris ni mes pleurs,
Et poussant de vos feux la criminelle audace,
Votre amour m'auroit mise au comble des malheurs.

Xij

Theseé en me rendant mérita mon estime,
Son cœur avec pitié m'entendit soupirer,
Et par son repentir diminuant son crime,
S'il me fit une injure, il sçut la réparer.

※

Ne s'est-il repenti de m'avoir outragée ;
Que pour voir succeder votre attentat au sien ?
Et faut-il que du bruit de vos crimes chargée,
Toûjours à l'Univers je serve d'entretien ?

※

Cependant, contre vous je n'ai point de colere,
Eh ! peut-on se fâcher des plaintes d'un Amant ?
Si pourtant cet amour que vous dites sincere
D'un cœur dissimulé n'est point le sentiment.

※

C'est-là ce que je crains, non que ma confiance
Ne trouve en vos sermens assez de sureté ;
De ce qui brille en moi j'ai quelque connoissance,
Et je ne dirai point que je sois sans beauté.

※

Mais trop de pente à croire est le défaut des femmes ;
Votre hommage souvent n'est qu'un appas trompeur ;
Vous avez beau parler de langueurs & de flammes,
Tout est dans votre bouche, & rien dans votre cœur.

※

Des autres, dites-vous, l'ame est tendre & sensible,
Aux charmes de l'amour peu sçavent resister :
Si le nombre en est rare, il n'est pas impossible
Qu'un triomphe pareil ait de quoi me flater.

※

HELENE A PARIS.

L'exemple de Leda, dont je tiens la naissance,
Entretient votre flamme, & nourrit vos desirs,
Et sur ce qu'elle a fait vous fondez l'espérance
Que je me laisserai toucher par vos soûpirs.

Mais ! pouvoit-elle voir sous une fausse image
L'adresse d'un Amant à lui plaire attaché :
Un Cigne paroissoit, & son charmant plumage
Démentoit Jupiter & le tenoit caché.

Pour me justifier je n'ai rien de semblable,
L'ignorance ne peut autoriser mes feux ;
En m'oubliant pour vous, par où suis-je excusable ?
Je manque seulement parce que je le veux.

Ma Mere, en s'égarant, fit une faute heureuse,
Celui qui la causa racheta sa pudeur :
Mais par quel Jupiter ma flamme ambitieuse
Fera-t-elle approuver sa criminelle ardeur ?

Que sert de m'étaler votre haute naissance ?
Votre Sang, je l'avoüe, est un Sang glorieux :
Mais le mien n'a pas moins d'éclat & de puissance,
Et je suis comme vous de la race des Dieux.

Laissons, si vous voulez, & Pelops & Tantale
Que parmi ses Ayeux Ménélas peut compter :
Oublions que d'ailleurs par une gloire égale
Tyndare sort d'un Sang que l'on doit respecter.

X iij

A ne voir que Leda, quel brillant avantage
N'est-ce pas que d'avoir par elle vû le jour ?
Du Souverain des Dieux elle reçut l'hommage,
Et vous voyez en moi le fruit de leur amour.

Vantez presentement le haut rang que vous donne
L'honneur d'être sorti d'un grand nombre de Rois ;
Après Laomedon, dites que sa Couronne
Fait reverer Priam & redouter ses Loix.

J'estime ces grands noms, leur gloire doit vous plaire ;
Mais sur vous & sur moi si vous jettez les yeux,
Le pourrez-vous nier ? Jupiter est mon Pere,
Quand il est seulement l'Ayeul de vos Ayeux.

Je connois tout ce qu'est l'Empire de l'Asie :
Mais malgré les tresors qu'il vous fait posseder,
Il suffit, pour n'en prendre aucune jalousie,
Que le nôtre n'ait rien qui lui doive ceder.

Vos moissons, j'y consens, passent tout en richesses,
S'il est vrai que par là vous l'emportiez sur nous,
Au moins vous n'avez pas l'exacte politesse,
Qui rend tout l'Univers de la Grece jaloux.

Par tout ce qui pourroit éblouïr les plus sages
Votre Lettre me tend un dangereux appas,
Et je dois avec vous avoir des avantages
Que des Divinités ne mépriseroient pas.

Croyez-moi, si les loix que mon devoir m'impose
Ne peuvent m'empêcher de violer ma foi,
De mon égarement vous serez seul la cause,
Et tout autre interêt ne pourra rien sur moi.

Oüi, toûjours sans amour continuant à vivre,
J'en sçaurai surmonter les charmes les plus doux ;
Ou si je puis enfin me resoudre à vous suivre,
Dans ce hardi projet je ne verrai que vous.

Non que pour les presens que vous me voulez faire
La fierté de mon rang me donne du mépris,
Ce qui vient d'une main qui nous doit être chere,
Fût-ce un fort petit don est toûjours d'un grand prix.

Mais j'estime bien plus ce panchant invincible
Qu'obstacle, ni travaux n'ont pû vous arracher,
Et qui sur l'espoir seul de me trouver sensible,
Vous a par tant de mers contraint de me chercher.

Je ne le cele point ; quand nous sommes à table
J'entens ce que vos feux cherchent à m'expliquer;
Et malgré tous les soins dont ma gloire est capable,
Je vois ce que je feins de ne pas remarquer.

Tantôt vous me jettez des regards tout de flamme
Que mes yeux quelquefois ont peine à soûtenir :
Ils sont si pleins d'amour, que pénétrant mon ame,
Ils y gravent des traits que je ne puis bannir.

Tantôt par un soûpir qu'un sanglot entrecoupe,
Vous marquez les ennuis qui vous l'ont arraché :
Tantôt, dès que j'ai bû vous saisissez la coupe,
Et bûvez par l'endroit que ma bouche a touché.

Combien de fois vos doigts, par un muet langage,
M'ont-ils parlé du feu qui brûle votre cœur ?
Combien de vos sourcils dressés au même usage
Les divers mouvemens m'en ont-ils peint l'ardeur !

Ces signes quelquefois m'ont renduë inquiéte,
J'ai craint que mon Epoux ne les pût découvrir,
Et qu'il ne s'apperçût de l'audace indiscrete
Où l'excès de l'amour vous a fait recourir.

Votre flamme toûjours à s'expliquer trop prompte
M'a cent fois obligée à soûpirer tout bas :
Il risque tout, disois-je, & rien ne lui fait honte ;
Quand je parlois ainsi je ne me trompois pas.

Des lettres sur la table avec du vin tracées,
M'ont fait voir quelquefois mon nom écrit par vous ;
Si ce nom un moment occupoit mes pensées
Je voyois aussi-tôt, *j'aime*, écrit au dessous.

Mes regards vous disoient que bien loin d'en rien croire
Je tenois cet aveu trompeur, injurieux :
Hélas ! c'est donc ainsi que je songe à ma gloire !
D'où puis-je avoir appris qu'on peut parler des yeux ?

HELENE A PARIS.

Tous vos soins empressés si j'avois à me rendre
A ses severes loix me pourroient arracher,
Et malgré ma fierté qui cherche à me défendre,
C'est par là que mon cœur se laisseroit toucher.

J'avoüerai même encor que tout vous favorise,
Le port, la taille, un air majestueux & doux :
Avec ces qualités je serois peu surprise
Qu'on fist tout son bonheur d'un Amant tel que vous.

Mais, qu'une autre plûtôt soit heureuse sans crime;
Que je m'oublie assez pour oser violer
Les droits, les sacrés droits d'un amour légitime
Qu'à ma flamme insensée il faudroit immoler.

Resistons l'un & l'autre au penchant qui nous flate,
Rendons par nos combats ses efforts superflus;
Non, jamais la vertu plus noblement n'éclate
Qu'en renonçant aux biens qui nous touchent le plus.

Combien d'autres que vous, surpris des mêmes flames,
Les pourroient estimer, s'en tiendroient glorieux !
Pour voir ce vif éclat qui sçait prendre les ames,
Vous imaginez-vous avoir seul de bons yeux ?

Vous ne vous piquez pas d'avoir plus de lumiere :
Mais vous écoutez plus un amour étourdi ;
Votre cœur pour brûler n'a pas plus de matiere ;
Mais votre emportement vous rend bien plus hardi,

Rempli du même espoir, de la même tendresse,
Que n'avez-vous formé des souhaits si charmans,
Quand de mes vœux encore & de ma foi maîtresse,
Je voyois à mes pieds une foule d'Amans ?

Paris n'auroit pas fait un voyage inutile,
Et le voyant alors brûler d'un si beau feu,
Il eût été pour moi le premier d'entre mille :
Mon Epoux me doit bien pardonner cet aveu.

Mais quel secours donner dans un mal sans remede ?
Vous m'assûrez en vain des feux les plus constans,
Le tresor qui vous charme, un autre le possede,
Et vous le demandez quand il n'en est plus tems.

Pour aller prendre ailleurs le nom de votre Femme
De trop puissans liens m'attachent en ces lieux,
Je dois être fidele à ma premiere flamme,
Et Ménélas jamais ne peut m'être odieux.

Cessez donc d'attaquer une ame foible & tendre,
Que la gloire interesse à remplir son devoir,
Et me voyant portée à vouloir me défendre,
N'usez pas contre moi de tout votre pouvoir.

Songez que dans l'état où le destin m'a mise
Je puis vivre contente & borner mes souhaits :
Par vos discours flateurs, quelle injuste entreprise
De vouloir de mon cœur troubler l'heureuse paix !

HELENE A PARIS.

Votre amour de Venus m'oppose les promesses,
Et sur le Mont Ida, comme vous le contez,
Par un choix glorieux trois charmantes Déesses
A votre Jugement soûmirent leurs beautés.

Malgré ce qu'ont d'éclat la suprême puissance,
Et la haute valeur qui charme les Héros,
Helene, dites-vous, fit pencher la balance,
Et c'est pour l'acquerir que vous fendez les flots.

Il n'est point d'aventure à la vôtre semblable :
Si ces Divinités ensemble ont disputé,
Dans ce grand differend il est presque incroyable
Qu'ayant besoin d'un Juge un Mortel l'ait été.

Je veux bien cependant me forcer à le croire :
Mais comment ? si par vous Venus eût entrepris
Sur Junon & Pallas d'obtenir la victoire,
De votre Jugement eussai-je été le prix ?

En vain par cet appas vous voulez me surprendre :
Quelque brillant éclat qu'on trouve en ma beauté,
Quel seroit mon orgueil, si je pouvois prétendre,
Qu'elle frappât les yeux d'une Divinité ?

Que par tout les Mortels disent que je suis belle,
J'aime qu'un peu d'encens soit joint à leur respect :
Mais quand vous me loüez au nom d'une Immortelle,
Un éloge si fort me doit être suspect.

HELENE A PARIS.

Ne l'affoiblissons point, la loüange a des charmes
Dont on a toûjours peine à rejetter l'appas ;
Pourquoi contre moi-même osant chercher des armes,
Me donner des défauts qu'on ne me donne pas ?

Ne vous offensez point si d'abord le scrupule,
Quand je voulois vous croire a paru m'arrêter ;
Sur ce qui flate trop on peut être incrédule,
Du moins quelques momens il sied bien d'en douter.

Si l'on peut ajoûter quelque chose à la gloire
De sçavoir que Venus éleve ma beauté,
C'est de vous voir sur vous remporter la victoire ;
Un triomphe si noble enfle ma vanité.

Les honneurs méprisés de deux grandes Déesses,
Pour vous faire un plaisir de soûpirer pour moi,
Me parlent plus pour vous que toutes les promesses
Qui pourroient de toute autre accompagner la foi.

Quoi ! je vous tiendrois lieu du plus puissant Empire !
Je serois plus pour vous que l'Univers conquis !
Mon cœur, que votre amour à posseder aspire
Est plus dur qu'un rocher s'il ne vous est acquis ?

Il n'est point dur sans doute, & si j'osois m'en croire,
Je ferois mon bonheur de vivre toute à vous :
Mais, puis-je m'attacher à celui que ma gloire
Me défend aujourd'hui de prendre pour Epoux ?

HELENE A PARIS.

Si quelqu'un de la mer labouroit le rivage,
De lui, de son dessein que pourroit-on juger ?
De votre Hymen pour moi quelque fût l'avantage,
En l'état où je suis il n'y faut point songer.

En matiere d'amour je suis fort ignorante,
Et loin d'user d'adresse à tromper mon Epoux,
Les Dieux me sont témoins que d'une ardeur constante
J'ai fait de le chérir mon plaisir le plus doux.

Même dans ce moment que je crois d'une Lettre
Pouvoir pour vous répondre emprunter le secours,
Pour la premiere fois j'ose me le permettre,
Tant je connois peu l'art des secrettes amours.

Heureuses mille fois ! celles qu'un long usage
Enhardit, en aimant, à suivre leurs desirs ;
Pour moi qui n'en ai fait aucun apprentissage,
J'ai peine dans le crime à trouver des plaisirs.

La peur d'un bruit honteux, souvent inévitable,
Est un mal dont je sens la cruelle rigueur,
Il me semble déja que je parois coupable,
Et qu'on lit dans mes yeux le foible de mon cœur.

Ne blâmez pas ma crainte, elle n'est pas sans cause ;
Le vulgaire s'échape, il ose murmurer,
Ethra, qui va par tout, m'en a dit quelque chose,
Il connoit votre amour, je ne puis l'ignorer.

Dissimulez pourtant les contes qu'il sçait faire ;
Ou cessant de m'aimer arrêtez-en le cours :
Mais pourquoi renoncer à ce qui peut vous plaire ,
Ne vaudroit-il pas mieux dissimuler toûjours ?

Aimez , mais en secret. Quoique par son absence
Ménélas vous en laisse assez de liberté ;
Il faut de ce qui blesse éviter l'apparence ,
C'est l'unique moyen d'aimer en sûreté.

Une affaire importante , & qu'il n'a pû remettre,
Quand j'y pensois le mois l'a forcé de partir ;
Sa gloire le vouloit, & j'ai dû le permettre,
Sans doute j'eusse eu tort de n'y pas consentir.

Il balança pourtant, & voyant quelle peine
L'ennui de me quitter faisoit à son amour :
Partez, & que le Ciel, lui dis-je, vous ramene,
Je ferai mille vœux pour votre prompt retour.

L'assurance lui plut, j'en remarquai sa joye,
Et m'ayant embrassée après des mots si doux :
Ayez soin, me dit-il, que le Prince de Troye
Ait toûjours tout sujet de se loüer de vous.

J'eus peine à m'empêcher à ces mots de sourire ;
J'admirai là-dessus son trop de bonne foi,
Et forcée à parler, tout ce que je pus dire,
Ce fut qu'il n'auroit pas à se plaindre de moi.

HELENE A PARIS.

A s'éloigner de nous le Vent le favorise,
Son absence peut faire écouter vos soûpirs ;
Mais je ne pense pas qu'elle vous autorise
A suivre aveuglément vos injustes desirs.

Mon Epoux est absent ; mais c'est de telle sorte,
Qu'éloigné de sa Femme il en prend toûjours soin ;
Et ne sçavez-vous pas qu'en ce qui leur importe,
Les Rois ont la main longue, & qu'ils frapent de loin ?

J'ai sujet de haïr mon trop de renommée :
Plus vous vous attachez à vanter mes appas,
Plus mon Epoux a lieu d'avoir l'ame alarmée ;
L'Amour & la Beauté ne se séparent pas.

Ma gloire qu'à sauver ma vanité s'attache,
Par son trop grand éclat m'incommode & me nuit ;
Peut-être il vaudroit mieux qu'elle eût eu quelque tache,
Et que par ma fierté j'eusse fait quelque bruit.

Ne vous étonnez pas si pendant son absence
Ménélas me veut bien laisser seule avec vous ;
Mon exacte vertu le met en assûrance,
Et ne lui permet pas de devenir jaloux.

S'il craint à voir l'éclat dont brille mon visage,
Ma conduite & mes mœurs rassûrent son esprit ;
Et lorsque ma beauté lui donne quelque ombrage,
Pour guérir ses soupçons ma sagesse suffit.

Ce seroit, dites-vous, une folie extrême
De ne pas profiter de son éloignement ;
Et nous trouvant dans l'âge, où tout veut que l'on aime,
Nous devons prendre un tems à nos vœux si charmant.

Je ne le puis nier, l'occasion est belle :
Mais tout ce que je veux, aussi-tôt je le crains ;
Entre l'honneur & vous ma volonté chancelle,
Et toûjours mes desirs demeurent incertains.

Mon Epoux m'a quitté, aucun nœud ne vous lie,
Vous plaisez à mes yeux autant que je vous plais :
Il est bien difficile, hélas ! qu'on ne s'oublie,
Quand deux cœurs en secret font les mêmes souhaits.

Dans le même Palais nous habitons ensemble,
En de longs entretiens nous passons tout le jour ;
Les vôtres sont flateurs, je suis tendre, il me semble
Que c'est là le chemin qui conduit à l'amour.

Tout conspire pour vous : mais le soin de ma gloire
Contre ce qui me plaît m'anime & me soûtient ;
Et prête à vous ceder une injuste victoire,
Un pouvoir inconnu m'effraye & me retient.

Persuadez-moi bien qu'il faut que je vous aime,
Ou plûtôt forcez-moi d'appaiser vos soûpirs ;
Je voudrois qu'on me pût ôter, malgré moi-même,
Ce scrupule muet qui combat vos desirs.

HELENE A PARIS.

Aux plus fieres souvent un peu de violence,
Arrache avec plaisir ce qu'on n'ose donner :
Que ne puis-je souffrir une pareille offense,
Que l'amour qui la cause oblige à pardonner ?

Mais plûtôt, lorsqu'il est foible encor dans mon ame ,
Essayons de le vaincre & de le desarmer :
Il ne faut qu'un peu d'eau pour éteindre une flamme,
Qui n'a pas eu le tems de se bien allumer.

D'un Prince vagabon, quelle constance attendre ?
Sa flamme est incertaine, errante comme lui :
Vous aurez crû former l'union la plus tendre,
Il s'éloigne, & fuyant vous accable d'ennui.

Le malheur d'Hipsipyle, & celui d'Ariane
Fait voir quelle est la foi des Amans Etrangers :
A d'éternels chagrins le Destin les condamne
Pour avoir écouté des soûpirs passagers.

Vous même, en me jurant une flamme éternelle,
Avez-vous oublié vos premieres amours ?
Enone vous charma, vous la trouvâtes belle,
Vous croyiez, en l'aimant, devoir l'aimer toûjours.

Pour elle, cependant, vous l'avoüez vous-même,
Malgré tous vos sermens, votre cœur a changé ;
Car, si vous l'ignorez, j'ai pris un soin extrême
De sçavoir si l'Amour vous tenoit engagé.

Y

Mais quand vous m'aimeriez jusqu'à l'idolatrie,
Incapable à jamais de vous en repentir,
Vos Troyens empressés de revoir leur Patrie,
Vous mettront, malgré vous, en état de partir.

Tandis que de nos cœurs un échange agréable
Semblera nous devoir unir jusqu'au trépas,
Le tems de s'embarquer deviendra favorable,
Et l'on vous forcera de ne le perdre pas.

Ainsi ces feux nouveaux, pour moi si pleins de charmes,
Commençant à brûler, tout à coup s'éteindront;
Et mon amour suivi de soûpirs & de larmes,
Périra par les Vents qui vous emporteront.

Pourrois-je aller à Troye, où vous osez me dire
Qu'on viendra rendre en foule hommage à ma beauté,
Et que de votre sang la grandeur doit suffire,
Pour mettre en vous ma gloire & ma félicité.

Je ne méprise point assez la Renommée,
Qui par tout fait sur moi tenir les yeux ouverts,
Pour vouloir que ma honte, en mille lieux semée,
Du bruit de mes erreurs remplisse l'Univers.

Si je me pardonnois cette foiblesse extrême,
Quels sentimens la Grece auroit-elle de moi?
Que ne publieroit pas votre Troye elle-même,
Voyant qu'à Ménélas j'aurois manqué de foi?

HELENE A PARIS.

Envain, Priam, Hécube affectant de la joye,
Par d'obligeans dehors paroîtroient m'applaudir :
Ils penseroient de moi ce qu'il faut que j'en croye,
Si l'Amour à vous suivre ose enfin m'enhardir.

Vous-même, qui cherchez à me rendre infidelle,
Sur quoi vous assûrer de ma fidelité ?
Quelle estime auriez-vous d'une foi qui chancelle,
Si-tôt qu'un jeune Amant attaque sa fierté ?

De soucis inquiets vous auriez l'ame atteinte :
Quand un Prince Etranger viendroit dans votre Cour,
Votre exemple aussi-tôt vous mettroit dans la crainte,
Qu'il ne pût par ses soins me donner de l'amour.

Peut-être oseriez-vous me traiter de perfide
Sur le moindre soupçon qui vous pourroit venir,
Quoiqu'à la trahison vous me serviez de guide
Vous en auriez alors perdu le souvenir.

Un crime, dont vous-même auriez été la cause,
Par vous dans vos chagrins me seroit reproché :
Ah ! plûtôt que l'amour à ce desir m'expose,
Que le jour à mes yeux soit à jamais caché !

Cessez de m'étaler les immenses richesses,
Dont vous vous préparez à me faire joüir ;
Elles iroient encor plus loin que vos promesses
Que leur frivole éclat ne pourroit m'ébloüir.

J'aurai tout sans reserve, Etoffes précieuses
Pourpre, ornemens pompeux, magnifiques Palais,
Et l'Or dont chacun suit les amorces flateuses,
Si j'en veux amasser comblera mes souhaits.

Pardonnez à l'aveu qu'il faut que je vous fasse,
Tant de biens sont charmans, ils devroient me tenter :
Mais pour tous vos tresors je sens mon cœur de glace,
Sparte m'est encor plus, j'ai peine à la quitter.

Si vous suivant dans Troye on m'y fait quelque offense,
Pour repousser l'outrage où sera mon recours ?
Dans le pressant besoin d'une prompte vengeance,
Pourrai-je là d'un Pere implorer le secours ?

Le parjure Jason promit tout à Medée :
Chez les Thessaliens elle devoir regner :
La foi qu'il lui donna lui fut-elle gardée ?
Et ne la vit-on pas contrainte à s'éloigner ?

Quel desespoir alors d'avoir trahi son Pere,
D'avoir voulu quitter & sa Mere & sa Sœur !
Acaste la poursuit, tout lui devient contraire,
Voilà ce que nous vaut l'amour d'un Ravisseur.

Je veux bien n'en pas craindre une si triste issuë :
Mais Medée avoit lieu de ne la craindre pas ;
Une heureuse esperance est aisément déçûë,
Et l'amour trop crédule a bien fait des Ingrats.

Tous les Vaisseaux qu'en Mer agite la tempête
Avoient trouvé les eaux tranquilles dans le Port:
Tout est calme pour moi lorsqu'à fuir je m'apprête;
Je puis après ma fuite avoir un autre sort.

J'ai l'esprit effrayé de ce flambeau terrible
Qu'Hecube dans ses flancs s'imagina porter,
Lorsque rêvant la nuit, une flamme visible
Prête à tout mettre en feu, la sçut épouvanter.

Je tremble de ce songe où l'on m'a fait entendre
Que les Dieux ont de Troye asservi les Destins :
Elle peut par les Grecs être reduite en cendre,
C'est ce qu'en l'expliquant ont prédit les Devins.

Venus vous soûtiendra; j'ai sujet de le croire :
Elle a pour la beauté, par votre seule voix,
Sur deux Divinités remporté la victoire;
En triompher ainsi, c'est triompher deux fois.

Mais Junon & Pallas me tiennent inquiéte ;
Leur envieux dépit est à craindre pour vous :
Vous avez élevé Venus par leur défaite,
Jusqu'où, pour s'en venger, n'ira point leur courroux ?

Non, je n'en puis douter, une sanglante guerre
Vous causera par moi le malheur le plus noir;
Et le fer & le feu desoleront la terre,
Où votre aveugle amour m'aura fait recevoir.

Quoi ! les Thessaliens trouvent de l'infamie
A ne pas tout permettre à leur ressentiment,
Lorsqu'ayant enlevé la jeune Hyppodamie
Les Centaures ont crû le faire impunément.

Et si de Ménélas je trompe la tendresse,
Si j'ose le quitter pour m'attacher à vous,
Cherchant à m'en punir, vous croyez que la Grece
Ne prendra point de part à son juste courroux ?

De ce que votre bras fera pour ma défense,
Vous avez beau m'offrir vos Exploits pour garants ;
Si l'on peut des Héros juger par l'apparence,
Je trouve entr'eux & vous des airs bien differens.

Je vous vois du repos respirer les délices :
La conquête des cœurs peut seule vous charmer,
Du Dieu Mars aux Guerriers laissez les exercices,
Et tout fait pour l'amour, contentez-vous d'aimer.

Quand vous loüez Hector, vous lui rendez justice ;
C'est un Frere, il vous aime, & combattra pour vous ;
Reservez votre cœur pour une autre milice,
L'Amour vous fournira des triomphes plus doux.

Oüi, sans mon trop d'orgueil, j'en serois la matiere ;
Mais ma raison m'engage à n'en avoir pas moins ;
Contre ce qui ternit je suis timide & fiere,
Une autre osera plus, & recevra vos soins.

HELENE A PARYS.

Mais pourquoi contre vous répondre de moi-même ?
Peut-être je perdrai la sévere hauteur
Qui me fait resister à cet amour extrême,
Dont vos empressemens peignent si bien l'ardeur.

Ne me demandez point, pour en parler ensemble,
L'innocente douceur d'un entretien secret :
Ces sortes d'entretiens sont plus qu'il ne vous semble,
Et l'Amant le plus sage y devient indiscret.

Vous allez un peu vite, & trop d'impatience
Abandonne votre ame à ses brûlans desirs :
Peut-être que le tems comblant votre espérance,
Me fera consentir à payer vos soûpirs.

Après un tel aveu, je n'ai plus rien à dire :
Il vous fait trop entrer dans le fond de mon cœur ;
Je finis, aussi-bien je suis lasse d'écrire,
Et dans ma main enfin je sens de la langueur.

Entretenez Ethra, sçachez ce que Climene
Vous pourra de ma part permettre d'esperer :
S'il faut plaindre vos maux, soulager votre peine,
Je prendrai leur avis pour en déliberer.

SUJET DE L'EPITRE
de Léandre à Hero.

ABydos & Sestos sont deux Villes situées sur les bords de l'Hellespont, qui est une Mer qui sépare l'Europe de l'Asie, & fut nommée ainsi de la chûte d'Hellé. Cette jeune Princesse passant cette Mer derriere son Frere Phryxus, sur un Belier dont la Toison étoit d'or, tomba dans les flots de frayeur, & fut cause que de son nom on appelle depuis cette Mer l'Hellespont. Léandre de la Ville d'Abydos du côté de l'Asie, ayant vû Hero à Sestos, qui est la Ville opposée dans la partie de l'Europe, en devint passionnement amoureux. Comme de pressantes raisons l'obligeoient à souhaiter que son amour demeurât inconnu à ses Parens, il n'avoit point d'autres moyens d'aller voir sa Maîtresse à Sestos qu'en se hazardant la nuit de traverser l'Hellespont à la nage. Le trajet n'en étoit pas long, & Hero prenoit soin de tenir toutes les nuits un flambeau allumé pour lui servir de guide dans sa route. Aprés diverses entrevües la Mer devint si orageuse que sept jours s'écoulerent sans qu'il la pût passer comme il avoit accoûtumé. Voulant tirer sa Maîtresse d'inquiétude, il lui écrivit

écrivit cette Lettre par un Pilote, qui ayant des affaires qu'il ne pouvoit differer, malgré la tempête, fit ce trajet dans un Esquif où Leandre n'osa se mettre, crainte d'être apperçû de ceux à qui il avoit interêt de cacher sa passion.

EPISTRE
DE LÉANDRE
A HERO.
Traduite d'Ovide.

RE ç e v e z, charmante Hero, du plus passionné des Amans, le tendre salut qu'il vous envoye. Il iroit vous le porter lui-même, si la Mer en courroux ne s'opposoit point avec fureur à l'empressement qu'il a de partir pour Sestos. Si les Dieux daignoient être favorables aux vœux que je forme, vous partageriez mes pressans ennuis, & vous regreteriez d'être bornée à lire ce qu'il vous eût été plus doux de pouvoir entendre, & que j'aurois eu tant de plaisir à vous dire. Mais, à quoi est-ce que je pense? Ces Dieux que j'implore ne se montrent-ils pas ennemis de ma flamme? puisqu'en troublant la mer, ils ne veulent pas permettre que je mette en œuvre l'adresse de mes bras, qui m'ont tant de fois si bien servi. Vous voyez de tous côtés le Ciel obscurci par des nuages épais, qui semblent annoncer les plus violens orages, & la Mer agitée par les Vents, ne laisse esperer aucune sûreté pour les Vaisseaux. Un seul Pilote s'est trouvé assez d'audace pour oser en courir le danger; & c'est à son heureuse témérité, que je devrai la douceur de vous expliquer mes sentimens dans une Lettre. Quelle joye j'aurois senti d'aller vous les apprendre moi-même! Mais dès qu'on a vû que ce Vaisseau se préparoit à se mettre en Mer, tout le Peuple est venu en foule pour voir executer une resolution si extraordinaire; & si j'eusse osé en croire la vive ardeur qui me portoit à m'embarquer, j'aurois trahi ma flamme; mes Parens, malgré moi, auroient lû dans mon cœur, & auroient pénétré un secret qu'il nous est si important de cacher. Ainsi, cedant avec des soûpirs à la dure necessité de rester ici, je viens vous écrire en hâte, & j'envie mille fois le sort que va bientôt avoir ma Lettre. Votre belle main la touchera, & peut-être même qu'elle approchera de votre bouche admirable, puisqu'il peut arriver que dans l'impatience de vos vœux, vous employerez le secours de vos dents pour rompre la soye qui sert à fermer le sceau; mais j'aspire en vain à des biens si doux ! Il faut suivre les loix de ma destinée, & me borner à faire parler ma main au défaut de ma voix. Ah ! qu'au lieu de tracer ces caracteres, que je moüille de mes larmes, n'est-elle employée en nageant à m'ouvrir une route vers ce séjour heureux, où l'amour m'a fait déja voler tant de fois ! Quoiqu'en vous promettant l'ardeur la plus fidelle, elle soit une sûre interprête de mon cœur, elle sçait encore mieux m'aider à fendre les eaux, & m'approcher de la Beauté que j'adore. Hélas ! depuis sept nuits, qui toutes m'ont paru des années, la Mer agitée par les Vents en fureur, fait sans cesse mugir les flots. Si pendant tout ce tems mon amour, aussi agité que la Mer, a permis un seul moment à mes yeux d'être fermés par le sommeil, puisse cette tempête, qui m'a tant fait gémir, durer encore un long espace ! Pendant le jour, assis sur un rocher, en soûpirant, je porte les yeux vers Sestos, & regardant un lieu si plein de charmes pour moi, je fais aller mon cœur où mon corps ne peut se transporter. Les nuits, attentif au flambeau qui brille du haut de la tour où vous daignez m'attendre, j'en apperçois la clarté ; ou du moins, séduit par l'ardeur de mes desirs, je crois l'appercevoir. Trois fois, la violence de mes desirs

LEANDRE A HERO.

m'a fait laisser mes habits sur le sable : trois fois, je me suis livré à la merci des flots pour gagner votre rivage : Mais la Mer en courroux a paru prête à m'abîmer, &, malgré moi, m'a toûjours rejetté vers le bord. O toi, Borée ! le plus impitoyable des Vents, que t'ai-je fait pour m'accabler de tant de rigueur ? Ton souffle impétueux, qui fait tant de ravage sur les flots, trouble pourtant bien moins la Mer, qu'il ne trouble ma félicité ! Que ferois-tu contre moi de plus terrible, si tu n'avois jamais senti l'amour ? Oüi, quoique tu portes le froid en tous lieux, souviens-toi, que tu n'as pas toûjours été de glace. Les charmes d'Orithie remplirent ton cœur de mille feux : Toute ta raison leur céda. Quel eût été ton desespoir, si l'on t'eût fermé les passages de l'air, lorsque tu fis dessein d'enlever cette jeune Beauté ? Prens pitié d'un Amant qui t'implore : Daigne, en sa faveur, y souffler avec moins de furie, & qu'ainsi jamais Eole, abusant du pouvoir qu'il a sur toi, ne te fasse sentir des loix tyranniques. Mais je te supplie en vain : Il semble que mes prieres augmentent ton murmure, & les flots irrités font toûjours retentir un sislement qui remplit d'horreur. Ah ! plût aux Dieux, que pour soulager des maux si cruels, Dedale voulût me prêter ses aîles !

Cette Mer, qui porte le nom de son fils Icare, auroit beau avertir ma raison de la chûte de ce fils infortuné, rien ne mettroit obstacle à mon entreprise : si mon corps, malgré son poids, se pouvoit élever dans l'air, je braverois le destin le plus menaçant, pour aller goûter la douceur de voir ce que j'adore. Puisque l'obstination de la tempête me ravit si long-tems cette touchante joye, pour calmer les noirs chagrins dont mon cœur est agité, je rêve à tout ce qui sçut m'enchanter la premiere fois que j'allai vous rendre mes hommages à Sestos. Que ce souvenir m'est doux ! La nuit ne faisoit que commencer à étendre ses voiles, lorsqu'animé par l'amour ; je m'échapai d'Abydos, & vins en hâte sur le Port. Là, sans qu'aucun péril me pût effrayer, je me mis en état de passer les flots à la nage : Je m'élançai dans la mer, & mes bras étendus restèrent, tour à tour, suspendus sur les ondes. Dans cette route mobile & dangereuse, la Lune me prêtoit sa lumiere tremblante, comme si elle eût eu un dessein formé de me favoriser. Levant les yeux vers elle, flaté de cette idée, je lui dis : O Déesse charmante ! accorde ton secours au plus tendre & au plus empressé des Amans : Souviens-toi, qu'avec une inquiétude semblable, tu cherchois autrefois les solitaires rochers de Latmos. L'amour qu'Endimion sçut t'inspirer, t'engage à être favorable à mes feux : tandis qu'ils m'exposent à des périls qui me sont chers, daignes tourner tes regards sur moi pour me servir de guide. Quand tu descendois du Ciel, en cedant à un amour si tendre, tu ne cherchois qu'un Mortel ; & dans l'aimable objet qui me captive, je cherche une Divinité comme toi : Tu voudras bien, Déesse, permettre cet éloge à ma sincerité. Je ne parlerai point de tous ses sentimens si nobles, si élevés, qui sont si dignes d'une ame divine. L'éclatante beauté dont elle est ornée, ne peut faire briller tant de charmes que sur le visage des Déesses. Excepté-toi seule & Venus, il n'est point d'Immortelle qu'elle n'efface. Si tu ne veux pas en croire le rapport d'un Amant, daigne jetter les yeux sur elle, & en juger. Autant que ta clarté, quand elle n'est point troublée par des nuages, surpasse la lumiere de tous les Astres de la nuit, autant la Beauté que j'adore l'emporte par ses charmes sur toutes les autres Beautés. Si tu n'es pas convaincuë, Déesse, de cette verité, le rapport de tes yeux a sçû te tromper ; ou bien, craignant qu'on n'osât l'égaler à toi-même, tu veux dissimuler ce que tu vois. C'est ainsi qu'en flottant sur les eaux je soulageois les fatigues du corps par les douces rêveries de l'esprit, & m'avançois toûjours vers ces bords si desirés de mon cœur. L'image de la Lune, qui réflechissoit sur l'eau, sembloit reproduire cet Astre, qui rayonnoit avec tant d'éclat, qu'il rappelloit la clareté du jour. Tout étoit calme ; je n'entendois aucun bruit, excepté celui de l'eau que j'écartois en nageant, & seulement encore quelques tendres plaintes des Alcions, que le souvenir de la mort de Ceyx portoit à ce gemissement. Enfin quelques charmes qu'eût pour moi ce trajet, sentant que je manquois de forces pour l'achever, je tâchai, en me tenant élevé sur les flots, de rester quelques momens tranquille pour me reposer : mais lorsqu'ayant vû de loin briller votre flambeau : Ah ! m'écriai-je, c'est dans cette Tour chérie que m'attend la Beauté vers qui mon amour me guide. Aussi-tôt, enchanté d'un soin si tendre, je sentis une nouvelle vigueur dans mes bras fatigués ; & l'eau, qu'ils ne pouvoient repousser qu'avec peine, me parut cent fois plus douce à traverser. Son extrême froideur auroit pû être fatale à d'autres qu'à moi : mais le feu que l'Amour avoit allumé pour vous dans mon cœur, sçavoit bien me garantir de la fraîcheur importune, dont sçavoit triompher ma flamme: Ainsi, plus j'approchois du rivage fortuné où j'allois vous offrir l'hommage de cette flamme si pure, plus l'impatience de mes desirs m'inspiroit de vigueur: Mais, qu'elle s'accrut! lorsque je m'imaginai que vous me pouviez appercevoir. L'envie de montrer mon adresse à vos yeux augmentoit mon courage & la force de mes bras; je m'élançois vers le rivage, & j'étois prêt à le toucher, lorsque je vis votre Nourrice qui s'efforçoit de vous empêcher d'avancer dans la mer pour me recevoir. En dépit de ses efforts vous voulûtes en croire des empressemens qui m'enchantoient, & vous approchant trop près du bord, vous vous mouillâtes le pied pour me tendre plus promptement la main. Ensuite par des embrassemens redoublés, accompagnés des plus charmantes expressions, vous daignâtes me donner des témoignages si tendres de l'interêt que vous preniez à mon sort, que pour goûter ce que ces flateuses douceurs avoient d'appas pour moi, il n'est point de Dieux dans le Ciel qui ne se trouvassent trop heureux de traverser la Mer: Vous détachâtes un grand voile qui étoit pardessus vos vêtemens, pour m'en faire un secours contre le froid, & dans vos belles mains, que je baisai plus d'une fois, vous preſſâtes mes cheveux mouillés en vous efforçant de les ſécher. Nous entrâmes dans la Tour, & livrant nos cœurs aux tranſports, que nous cauſoit la joye de nous voir, nous nous jurâmes cent fois une conſtance éternelle. On compteroit plûtôt les ſables de la Mer, que toutes les douceurs qui ſçûrent nous enchanter. Moins nous avions de tems à nous voir, à nous dire ce que l'amour s'étoit acquis d'empire ſur nous, plus nous avions de ſoin que ces momens précieux ſatisfiſſent l'ardeur que nous avions de nous perſuader de la vivacité de nos ſentimens. Enfin, voyant approcher le jour, nos tendreſſes & notre joye firent place aux regrets : Nous nous plaignions du peu de durée des nuits, & je m'arrêtois toûjours par de nouveaux adieux, quand votre Nourrice vint m'avertir qu'il falloit abſolument nous ſéparer. Nous cedâmes à ſes avis en gémiſſant : Nos pleurs donnerent des marques de notre douleur amere. Je quittai enfin la Tour & me replongeai dans les flots : tant qu'il me fut poſſible j'eus les yeux tournés ſur elle, m'éloignant avec lenteur d'un ſéjour ſi aimable. Ciel ! que je me trouvai different de moi-même ! Lorſque j'avois nagé vers vous j'étois plein d'une joye & d'une adreſſe extrêmes : au retour, accablé de chagrin, il me sembloit que j'étois prêt à périr, & je ne voyois que mon naufrage. Oüi, divine Hero, lorsque j'entreprens d'atteindre votre rivage, tout me paroît facile : la mer semble s'ouvrir d'elle-même pour me donner un passage favorable : mais quand il faut vous quitter, je ne trouve que de rudes obstacles, & je ne vois que des montagnes d'eau à surmonter. Quelque doux empire que la Patrie ait sur nous, j'y retourne toûjours avec peine : Et plût aux Dieux que dans ces tristes momens où je vous écris, les Vents irrités ne m'y retinssent pas encore malgré moi! Hélas! pourquoi faut-il, qu'ayant l'un pour l'autre une inclination si vive & si parfaite, nous soïons si long-tems séparés l'un de l'autre par la furie de l'onde? Par quelle fatalité barbare deux cœurs si bien unis sont-ils forcés d'être la victime de leurs soûpirs dans des lieux si differens! Ciel! fais que Sestos me retienne à jamais dans ses murs! ou permets qu'Abydos possede pour toûjours dans son enceinte la charmante Beauté que j'adore! Oüi, divine Hero, je me flate que mon séjour vous plairoit autant que le vôtre m'enchante. Que je suis à plaindre! le moindre orage me fait frémir: Dès que les flots sont émus, mon cœur l'est encore davantage. Le Vent me remplit d'effroi, quand je vois son souffle contraire à mes vœux, faire un obstacle au desir pressant que j'ai de vous aller rendre mes tendres hommages. Les Dauphins, dont le plaisir est de se promener souvent sur les ondes, sont instruits qu'on ne me les voit traverser que par un interêt d'amour ; & ils m'ont observé tant de nuits dans ce trajet, que ceux de cette mer me connoissoient tous. Non, je crois que jamais aucune Mer ne fut si souvent traversée. Aussi je m'imagine que bientôt ma route y restera marquée, de même qu'on voit imprimé sur la terre l'enfoncement que les roües des chariots ont formé. Quels que fussent les transports de ma joye, en traversant la Mer, j'ai murmuré cent fois de n'avoir, pour me rendre auprès de vos beaux yeux, que cette seule voye, & c'est pour mon cœur le comble du desespoir, de voir qu'elle manque aujourd'hui à mes desirs. Tout l'Hellespont blanchit par les vagues qui bondissent en fureur: leurs sislemens retentissent dans l'air, & l'on voit s'entr'ouvrir tant de gouffres d'eaux affreux, qu'à peine les Vaisseaux peuvent demeurer en sûreté dans le Port. Sans doute les Vents en fureur souffloient sur cette Mer, de même qu'ils font aujourd'hui, lorsque la malheureuse Hellé, en y faisant son naufrage lui donna son nom : L'Hellespont est assez remarquable par le triste sort de cette infortunée Fille d'Athamas, sans que ma mort lui donne encore une funeste célébrité.

Ah ! j'ai sujet de porter envie au destin de Phryxus ! En vain son injuste Belle-mere en vouloit à ses jours ; le Belier qui le porta sur sa Toison d'Or, lui fit heureusement traverser ces mêmes flots où sa Sœur périt. Cependant, pour me rendre au séjour où mon cœur aspire avec tant d'ardeur, je n'aurois besoin ni de Belier ni de Navire, si la Mer s'adoucissoit. Je ne demande au Ciel qu'un tems favorable : s'il daignoit me l'accorder, mon adresse seroit tout mon secours : mes bras, par l'art qu'ils ont de bien nager, seroient mon Vaisseau & mon Pilote. Je n'attacherai point mes regards sur les Etoiles de l'une & de l'autre Ourse : Mon amour ne veut point avoir recours à des Astres si communs. Que toute autre Mortel qui voyage sur la Mer, observe à son gré la Couronne d'Ariane * ; qu'il s'empresse à chercher Andromede, & à suivre Calisto vers le Pôle glacé, Calisto, Andromede, Ariane n'ont

* Ariane abandonnée par Thesée, fut aimée ensuite par Bacchus ; il l'épousa, & lui donna une Couronne d'Or, qui fut mise depuis au rang des Astres.

aucun éclat qui ne cede au vôtre ; & leur brillant ne me servira point de guide dans une route périlleuse. Il est pour moi d'autres lumieres plus vives & plus sûres, & qui même dans l'obscurité de la nuit éclairant mon amour, ne l'exposent point à s'égarer dans les ténebres, ni à suivre les lueurs d'un faux jour : Par leur secours j'entreprendrois un plus long voyage que celui de Colchos, & passerois sans peine sur les bords glacés de la Mer Scytique, où Jason, accompagné de tant de Héros, alla conquerir la fameuse Toison. Quelle que soit l'adresse de Palemon * à nager, j'en serois le vainqueur; ainsi que de celui ** qu'une herbe misterieuse mit autrefois tout à coup au nombre des Dieux.

Souvent, quoique les flots paroissent obéir à mes bras, par l'effort d'un travail si rude & si continuel, je les sens qui languissent, & ils semblent refuser à l'ardeur de ma foi, la vigueur qu'il me faut pour atteindre jusqu'à votre rivage : mais mon cœur les

* *Palemon*, Petit-Fils de Cadmus, qui devint Dieu Marin.

** *Glaucus*, Pescheur, ayant mis un jour certaine herbe dans sa bouche, fut transporté d'une fureur qui l'obligea à se jetter dans la Mer, où il fut changé en Dieu Marin.

LEANDRE A HERO. 279

ranime. Ce cœur me donne l'espérance flateuse que je lirai bientôt dans vôs beaux yeux votre parfaite tendresse pour moi : Que j'entendrai votre bouche adorable m'en donner de nouvelles assûrances, & qu'enfin rien n'égalera les charmes de nos entretiens. Des espérances si douces rapellent toute la vigueur de ces bras qui sembloient lassés, & dans l'instant ils s'élancent avec plus d'ardeur, qu'on n'en voit au Vainqueur dans les jeux de Course.

Je n'observe donc point d'autre lumieres pour me conduire dans ma route, que celles du flambeau de l'Amour; & vous seule me servez de guide, charmante Beauté, qui dès ici bas, êtes digne de mille Autels. Le Ciel, qui vous combla de tous ses dons, est un séjour, que sans doute, le sort vous destine : mais ne vous hâtez point d'y aller briller, ou apprenez-moi par quel chemin je pourrois vous y suivre. Les Dieux veulent bien encore vous laisser sur la terre pour le plaisir des yeux : Mais, hélas ! ce n'est que rarement pour celui des miens ; une fatale destinée, qui me tirannise, me permet à peine de vous voir quelques momens. Que me sert-il que la Mer, qui fait mon desespoir, ne nous sépare point par un long espace, puisque dans ce trajet, tout court qu'il est, je trouve un égal obstacle à mon amour? Quelquefois, lorsque j'entens gronder les Vents avec fureur, je voudrois que nous fussions chacun aux deux extrémités de la terre; cet obstacle invincible pour l'ardeur que j'ai de vous voir, ne m'en laisseroit pas si vivement l'espérance : Plus je suis près de vous, plus mon ame sent croître le beau feu dont l'amour la consume; & ne pouvant aller où tendent tous mes desirs, je gémis de ne point voir l'objet que j'adore : mais j'en conserve sans cesse l'espérance. Il est vrai aussi que nous sommes nés dans des Païs si voisins, que de nos bords je vois vos rivages; il sembleroit qu'une pareille vûë devroit flater mes maux : mais, hélas! au contraire, souvent cet aspect redouble mes soûpirs. Etre si proche des lieux que vous habitez, & languir ainsi sans voir vos charmes, est un tourment semblable à tout ce qu'on nous peint du supplice de Tantale: la soif le presse, l'onde le fuit, & lorsqu'il croit tenir les beaux fruits qui font ses souhaits, ils s'échapent de ses mains, sans qu'il lui soit possible de les atteindre. C'est là l'image de mon sort.

Quoi! je ne vous verrai que quand les flots seront tranquilles! & tant que la tempête durera, je vivrai le plus malheureux des

des hommes! Et quoiqu'il n'y ait rien au monde de moins sûr que l'onde & le vent, je serai sans cesse réduit à mettre mon espoir dans le vent & l'onde! Je les entens encore tous deux gronder de la plus horrible maniere. A quoi me resoudre? dans ces tems affreux, où les Astres qui excitent la pluye & les orages semblent tous conjurés pour renverser mes tendres projets: mais c'est en vain; ou je connois mal jusqu'où peut aller l'audace d'un beau feu, ou j'ai sujet de croire que malgré la fureur de la mer, j'oserai tout pour aller voir l'objet que j'adore. Ne croyez pas, je vous supplie, que je remette l'execution de ce dessein à un tems fort éloigné; si la tempête ne cesse bientôt, les Vents en furie & les flots mugissans feront d'impuissans efforts pour m'arrêter. Si ma témérité est suivie d'un heureux succès, quelle joie! puisque je ne vis que pour vous: Et si je péris, la Parque en m'ôtant le jour, finira les cruels ennuis de mon amour infortuné. Si j'éprouve ce destin, tout ce que je demande aux Dieux, est que la Mer me jette sur votre rivage, & que là, vous daigniez embrasser mon corps privé de la lumiere: car alors vous ne serez plus un secret des beaux feux qui unissoient nos ames, & sans vous contraindre, vous direz en plaignant

A a

mon triste sort : » Hélas ! je puis bien lui
» donner des larmes ; c'est moi qui suis cau-
» se de sa mort.

Sans doute, belle Héro, vous pâlissez ;
& cet endroit de ma Lettre vous déplaît par
le funeste présage de ma mort : Vous ne pouvez souffrir qu'un pressentiment frivole vous
fasse envisager la perte d'un Amant le plus
tendre qui fût jamais. Hé bien, éloignons
des idées si tristes, & tâchez par mille & mille
vœux, à vous faire accorder des Dieux, ce
que jusqu'ici je leur ai demandé en vain. Si
j'aspire avec tant d'ardeur à voir cesser l'orage, ce n'est que pour autant de tems qu'il
m'en est nécessaire pour gagner Sestos :
Quand j'aurai passé sur ses bords heureux, il
m'importera peu que les Vents furieux re-
commencent à troubler l'onde : Je serai
dans un lieu d'assûrance ; & quand j'aurois
à choisir dans toutes les mers, je ne pourrois
trouver pour mon amour un port plus favorable. Que l'impétueux Borée fasse à son
gré la guerre aux flots, je ne me plaindrai
point de sa violence ; & dans un séjour où
je verrai vos charmes, j'aurois plûtôt de la
joye qu'il mît obstacle à mon retour : mais
c'est peu que l'obstacle du Vent furieux ; un
pouvoir plus fort sçaura mieux me retenir ;
j'en ai éprouvé les effets : vos discours en-

chanteurs, & les tendresses que vous daignez m'y prodiguér, auroient toûjours plus de puissance qu'il n'en faudroit pour m'arrêter éternellement.

Jugez donc avec quelle impatience je vois le long retardement de ces momens si cher à mon cœur. Dès l'instant que le moindre calme succedera à l'orage, je hazarderai tout pour passer à ces bords si desirés, & je me flate que vous daignerez toûjours avoir soin d'allumer le flambeau qui guide mon amour sur l'onde : Cependant pour calmer en quelque sorte les ennuis de votre ame, ma Lettre ira vous entretenir de mes feux, & fasse le Ciel que j'aye le bonheur de la suivre de près !

SUJET DE L'EPITRE
de Héro à Léandre.

HERO voyant que la Tempête ne diminuoit point, & désesperant de voir si-tôt son Amant, lui fit réponse par le même Pilote qui lui avoit apporté sa Lettre. Cette réponse est pleine des divers mouvemens que l'Amour peut faire naître dans un cœur délicat qui sçait veritablement aimer. Tantôt elle accuse Léandre de paresse & de peu d'empressement de la voir ; tantôt elle le soupçonne d'avoir un peu d'affoiblissement dans son amour, comme si l'orage n'étoit point assez violent pour l'empêcher de nager, s'il avoit pour elle la même passion qu'il lui a tant de fois jurée. Enfin, vaincuë par l'extrême tendresse qu'elle a pour lui, elle finit en le conjurant de ne se point hasarder tant que la Tempête durera. Elle avoit raison de craindre que Léandre ne pérît dans ce Trajet, puisqu'ayant voulu passer dans un tems où la Mer étoit fort agitée, il manqua de forces, & fut malheureusement noyé. Les vagues pousserent son corps sur le Rivage de Sestos, où il fut reconnu. Hero, outrée de désespoir, alla se précipiter dans la Mer, & choisit le même genre de mort qui la privoit de ce qu'elle avoit jamais le plus aimé.

EPISTRE
DE HÉRO
A LÉANDRE.
Traduite d'Ovide.

LE salut que vous m'envoyez, mon cher Léandre, me donne beaucoup de joye; mais, pour la rendre parfaite, il faudroit que vous-même vinssiez me l'apporter; tous les retardemens qui m'éloignent du bonheur de vôtre présence, me sont insupportables. Je vous aime, & je vous en fais sincerement l'aveu: l'Amour est impatient, & cette impatience cause de cruelles peines. Je veux croire, pour mon repos, que nous brûlons d'un feu égal; mais dans votre Sexe on a l'ame plus forte que dans le mien: la délicatesse du corps semble passer dans l'esprit & dans le cœur; & si vous differez encore un peu de tems à me voir, je sens qu'il faudra que j'expire.

La force d'esprit, dont on est partagé

dans votre sexe, fait que vous n'êtes pas exposé à de pareils maux : votre fermeté sçait vous armer contre les chagrins de l'absence, & puis encore mille amusemens qui sçavent vous plaire, vous en font aisément oublier les peines. La chasse, la promenade, une partie de plaisir à la campagne ; le soin de remporter les prix dans les jeux de Lute, tout cela vous donne d'agréables momens. Tantôt par des filets vous faites une innocente guerre aux Oiseaux ; tantôt cachant sous l'eau des hameçons subtils, vous en offrez l'amorce aux Poissons : quelquefois exerçant la vîtesse d'un Cheval, vous montrez votre adresse à le faire tourner, & à le pousser vivement dans une carriere. Le soir vous couronnez les plaisirs de la journée par ceux de la table. Mon sexe ne me permettant pas la douceur de tous ces divers amusemens, j'aime, & ne vois pour moi rien de mieux à faire. Oüi, quand je serois moins charmée de tout ce qui me plaît en vous, je serois bornée au seul emploi d'aimer. Que je m'en acquitte bien ! Vous seul faites les délices de mon ame, & je ne puis vous exprimer tout ce que votre absence me fait souffrir. Dans ce déplorable état, je m'entretiens sans cesse de vous avec ma Nourrice, & fais avec des soûpirs, mille raisonnemens sur le triste sujet qui vous retarde. Quelquefois regardant la Mer agitée, je me plains comme vous de son courroux inexorable, & reproche à ses flots le trouble qui me tourmente. Dans ce moment, si la tempête cesse un peu, j'accuse votre seule indolence de mes ennuis, & je m'écrie : Ah ! s'il veut traverser l'onde, il le peut ; mais je crains qu'il ne le veüille pas! Dans cette défiance funeste, mes larmes marquent la violence de mon amour : Ma Nourrice en soupire, & cherche à me consoler par les plus douces espérances.

Souvent, pendant que le jour dure, je regarde si vos pas ne sont point marqués sur le rivage, comme si le sable conservoit les traces après un si long-tems. Occupée de ma passion & du desir d'avoir de vos nouvelles, je m'informe toûjours si quelqu'un n'est point venu d'Abydos ; ou dans l'envie de vous écrire, j'observe avec soin si quelqu'un n'y va point. Hélas ! pourrois-je vous exprimer avec quel épanchement je jette de tendres regards sur les habits que vous laissez ici quand vous repassez l'Hellespont ? C'est ainsi que le jour se passe ; & lorsque la nuit plus favorable à nos vœux a pris sa place, je cours en hâte allumer le flambeau, qui du haut de la Tour vous doit guider sur les ondes. Là, par quelque travail, je cherche à tromper l'ennui d'une si longue attente, & l'aiguille à la main, je m'applique aux emplois que mon sexe est reduit à se choisir. Ne me demandez point quel est mon entretien pendant tous ces momens. Léandre est le maître de mon cœur, je ne respire que pour lui seul, & comme il fait ma joye & mon bonheur, je parle d'un Amant si cher, ou je ne parle de rien. Dis, Nourrice, que faut-il que j'espere ? Penses-tu qu'il soit sorti du logis de son Pere ? ou que dans sa famille on veille aujourd'hui si tard, qu'il ne puisse surmonter les obstacles qui l'empêchent de partir? Voici l'heure, où s'il trouve quelque favorable instant, il ira promptement laisser ses habits sur le sable : Dans la vive ardeur qui l'anime, il fait en hâte les apprêts de son départ. Nourrice, ne le crois-tu pas?

C'est ainsi que ma tendre inquiétude s'explique avec elle ; & il me semble qu'elle me fait signe de la tête que cela peut être de cette maniere. Ce n'est pas cependant qu'elle ait entendu mon discours : mais le sommeil, déja victorieux de ses sens, lui fait baisser la tête en lui fermant la paupiere. A quelque tems de là elle se réveille, & je lui dis, sans doute il est à present dans l'eau, il com-

HERO A LEANDRE.

commence à nâger, & de ses bras la vive agilité, en écartant l'onde, travaille à mon bonheur. A peine mon aiguille a-t-elle encore fait quelques tours, qu'empressée en Amante qui bannit la raison, j'ajoûte : Si un ardent amour & l'occupe & le guide, ne crois-tu pas qu'il soit à present au milieu des flots?

Je quitte mon ouvrage, & du haut de la Tour je regarde la Mer en fureur : là, je conjure les Dieux qu'ils adoucissent les Vents, & qu'ils vous amenent heureusement à notre rivage. L'amour qui m'agite me fait prêter l'oreille avec attention, pour entendre si vous nâgez ; & dès le moindre bruit, je m'imagine que c'est Léandre, qu'un sort favorable fait enfin arriver à nos bords.

Après avoir passé la plus grande partie de la nuit dans ces inquietes agitations, vers le tems où le retour de l'Aurore s'approche, mes yeux fatigués succombent au sommeil. Dès qu'il a fermé mes paupieres, d'heureux songes vous amenent vers moi ; je ne crois pas que ce soit en dépit de vous, que leurs douces erreurs viennent me flatter. Quelquefois je crois vous voir tout proche du rivage, étaler à mes yeux votre étonnante adresse à nâger ; d'autrefois, sortir des flots las, accablé, & oublier toute votre fatigue,

B b

en courant m'embrasser. A mon tour je m'empresse pour tout ce qui vous regarde ; par la rigueur du froid votre santé est hasardée, & j'ai eu soin de vous apporter de quoi vous en garantir.

Je ne vous dirai point avec quelle vivacité je vous explique l'ardeur du beau feu qui m'anime ; vous l'avez fçû, quand la Mer vous a permis de venir ici. Les expressions de ma tendresse vous charmoient trop pour ne vous en pas souvenir : mais hélas ! que ces flateuses douceurs durent peu ! elles enchantent en vain mon ame ; le sommeil qui les forme n'est qu'une frivole illusion ; il m'offre votre image, & la fait disparoître avec lui. Ah ! ne souffrons pas que ma joye dépende du fragile caprice d'un songe : Montrez-vous à mes yeux en effet : cherchons un bonheur solide, & ne permettons pas que nos sens séduits prennent pour des biens réels les phantômes de l'imagination.

Par quelle fatale & rigoureuse destinée faut-il, que depuis tant de tems je sois seule, & toute livrée à mes ennuis ! Quel indolent oubli de votre foi vous accoûtume au chagrin de ne me point voir, puisque vous avez une si heureuse adresse à nager ? Il est vrai qu'aujourd'hui la Mer trop en courroux s'opposeroit à votre dessein ; mais hier le Vent étoit assez peu fort, pour ne vous pas donner tant d'allarmes, & pour ne le craindre en aucune maniere ; il ne falloit qu'aimer. Pourquoi, tandis qu'el'onde étoit assez tranquille, ne s'être pas servi de momens si favorables? N'aviez-vous pas sujet de craindre que, n'étant pas de même le lendemain, l'orage en augmentant trahiroit nos vœux? Peut-être vous êtes-vous flaté de retrouver bientôt une pareille occasion : mais l'autre étoit la premiere ; & pour un Amant bien touché, la perte d'un moment est toûjours beaucoup. Mais ce beau tems, me direz-vous, dura fort peu, & après un court espace, les Vents reprirent leur fureur. Hélas ! quand vous étiez bien empressé à venir en ces lieux, il ne vous en falloit pas tant pour faire le trajet.

Ah! quand la tempête vous surprendroit ici, je crois que vous n'auriez pas sujet de vous en plaindre. Vous trouveriez contre sa fureur un asyle assez doux auprès de moi : je ne m'en plaindrois point aussi : j'entendrois avec joye les souffles bruyans des Aquilons ; & si j'avois à former des vœux, ce ne seroit pas pour voir les flots se calmer. Non, je ne puis pas comprendre pourquoi vous craignez tant aujourd'hui la Mer, dont votre amour a cent fois bravé

Bb ij

le péril ; vous vous faisiez une gloire de votre audace, & je vous ai vû me venir chercher, que les flots étoient bien plus dangereux qu'ils ne sont. Dans ces momens, vous appercevant de loin, je m'écriois : Dieux ! quelle est sa temerité ? Est-ce ainsi que Léandre menage mes allarmes, & ne sçait-il pas que hasarder ses jours, c'est me mettre au désespoir ? Qu'est devenuë aujourd'hui cette témerité outrée, & quel prompt changement fait trembler cet intrepide Nageur, qui méprisoit les flots irrités ? Mais, Ciel ! à quoi est-ce que je pense, de chercher à exciter votre audace ? Je dois plûtôt songer à la retenir, ma vie est attachée à la vôtre. Ah ! n'allez pas l'exposer, cette vie qui m'est si précieuse : au nom de notre amour, ne venez point que la Mer ne soit calme. J'aurai encore assez sujet d'être contente de ma destinée, si vôtre flamme demeure toûjours constante & fidelle, & si ce pur amour qui unit nos cœurs, ne reste jamais enseveli sous la cendre.

Quel que soit l'obstacle que les Vents apportent au tendre desir que j'ai de vous voir, ce n'est pas encore ce qui fait ma plus grande peine : je souffre bien plus par la crainte que j'ai que votre cœur prompt à changer, de même que ces Vents, ne soit inconstant & leger. A tous momens j'appréhende que vous ne pensiez que le don de mon ame ne vaut pas les perils où vous vous exposez, & que quelques attraits qui vous ont éblouï, ne sont pas un assez digne prix pour tant d'empressemens & de travaux. Vous le dirai-je encore : Sestos, où j'ai reçû le jour, semble m'ôter l'esperance de votre hymen ; on y vit dans l'obscurité, & je crains quelquefois qu'on ne trouve que les Filles de cette Ville obscure ne doivent point prétendre à former des nœuds avec un Epoux né dans Abydos, où l'on vit avec tant d'éclat.

Cependant, je vous l'avoûrai sincerement, il n'est point de malheur si terrible, ni d'évenement si funeste, que je ne souffrisse sans murmure, plûtôt que la cruelle avanture de sçavoir qu'un changement indigne arrêtât aux pieds d'une Rivale, un Amant que j'ai rendu le Maître de mon cœur avec une si forte tendresse. Quoi ! je le verrois lâchement trahir sa foi, & faire une autre l'objet de ses vœux ! Ah ! que la plus cruelle mort vienne me saisir, avant qu'un outrage si affreux pour moi, me livre au désespoir dont il vient m'offrir l'image. Oüi, Léandre, le plus horrible trépas me paroîtroit doux au prix de votre infidelité. Quand je peins ces étranges agitations, ce n'est point par quelques sujets que vous m'ayez donné de soupçonner que vous pourriez me causer un jour une affliction si amere; & quoiqu'on m'ait dit de vous, je n'ai rien appris qui ne marquât votre indifférence pour tout autre objet; mais je tâche en vain à me rassûrer : quand on aime beaucoup, on craint sans cesse; & votre absence seule est capable de me donner tous les jours de ces vives allarmes.

Heureuse, & mille fois heureuse l'Amante, qui par la présence de ce qu'elle aime, s'instruit de son véritable sort : sa pénétration la fait lire dans les yeux de l'objet aimé, s'il est innocent, ou coupable, & lui fait éviter les craintes que peuvent donner les faux recits. Pour moi, livrée à tous momens aux chagrins de l'absence, rien ne peut calmer mes inquiétudes; & selon que mes erreurs m'agitent, je crains d'être la victime de ma défiance, ou de ma crédulité. Venez donc bientôt m'affranchir de ces troubles violens; ou, s'il faut que vous restiez encore dans Abydos, que les ordres d'un Pere, ou la fureur des Vents soient l'unique sujet qui vous y arrête. Ah! si c'étoit une autre Maîtresse qui causât votre retardement, dès que j'en apprendrois la fatale nouvelle, j'en mourrois de douleur! Mais lorsque l'amour vous rend arbitre de ma destinée, seriez-vous assez cruel pour vouloir ma mort? Non, vous ne la voulez point; & mon ame, quoiqu'accablée de tristesse, est en vain combattuë par ces soupçons jaloux: j'en sçai triompher: je suis sûre qu'aucune Beauté ne vous empêche de venir; vous êtes retenu par l'orage seul.

Dieux! qu'il est terrible! de quels flots violens nos rivages sont battus! Le Ciel se couvre d'un nuage obscur, & le jour qui suit, semble abandonner la terre à l'horreur des tenebres. N'est-ce point Nephelé*, cette Mere affligée, qui vient pleurer dans ces flots la perte de sa Fille qui y périt, & qui répand le noir chagrin qui l'environne dans ces lieux qu'elle hait: ou bien, n'est-ce point Ino, qui changée en Déesse des Eaux, trouble aujourd'hui la Mer qui conserve le nom d'Hellé sa Belle-fille, affectant toûjours la haine d'une Marâtre pour cette infortunée Sœur de Phryxus. Je vois que

* Hellé & Phryxus, enfans d'Athamas & de Nephelé, voulant se dérober aux persécutions d'Ino leur Marâtre, traverserent la Mer sur un Belier, qui porta Phryxus dans la Colchide; mais Hellé s'étant laissé tomber de frayeur, fut noyée dans ce trajet, qui de cette funeste avanture, fut nommé l'Hellespont.

ce passage est fatal aux personnes de mon sexe ; la malheureuse Hellé y périt autrefois, & je crains bien que toutes mes espérances n'y fassent naufrage.

O Neptune, qui fait aujourd'hui souffler les Vents d'une maniere si redoutable, tu devois être plus porté à me favoriser, & te souvenir que l'amour t'a autrefois asservi sous ses loix par plus d'une Beauté. Si l'on nous dit vrai, l'aimable Amymore, la belle Tyro, la brillante Alcyone t'obligerent à leur rendre des soins, & tant d'autres dont les noms ont passé jusqu'à nous, nous ont appris que ton cœur n'étoit pas insensible à la douceur d'aimer. Comment donc est-il possible qu'ayant éprouvé tant de fois le pouvoir & les charmes de l'amour, tu puisses avoir la rigueur de traverser si cruellement les feux de deux tendres Amans ? Dieu de l'Onde ! si tu te plais à voir combattre les Vents, donne-leur un champ de bataille, plus vaste que ce détroit resserré ; & toi-même, si tu veux faire éclater ton pouvoir, c'est aux grands Vaisseaux que tu dois te rendre redoutable ; c'est à ces nombreuses flotes qui viennent te défier jusques dans le sein de ton Empire : fais par leurs débris éclater ta gloire. Mais que le grand Neptune cherche à étonner le courage d'un jeune Amant qui

HERO A LÉANDRE.

s'expose à la nâge sur les flots, c'est un triomphe indigne du puissant Dieu de la Mer, & qui même seroit refusé par le Dieu du moindre Etang.

Le fidele Amant pour qui ma tendresse te fait tant de vœux, sort d'un Sang des plus illustres : mais il ne tire point son origine de cet Ulysse que tu hais. Daignes te laisser fléchir, & conserves deux Amans, en sauvant l'objet de mon amour. Léandre est un autre moi-même, & tant que sur les flots sa vie est en péril, hélas ! mes jours sont en danger.

Cependant, mon cher Léandre, le flambeau qui me sert à vous écrire, semble me donner un heureux présage : sa méche, en brûlant, a fait un petit bruit : Si j'en crois ma Nourrice, on ne peut pas souhaiter un augure plus flateur : pour l'affermir, elle verse un peu de vin sur une lumiere si favorable, boit ensuite, & puis s'écrie avec un épanchement plein de joye, *j'en suis sûre, nous serons trois demain.* Faites qu'elle dise vrai, vous, la charmante cause du beau feu qui occupe tout mon cœur, & en surmontant les Vents & l'orage, tâchez à remplir l'espoir que ce cœur s'est permis : C'est souffrir trop long-tems votre absence : c'est trop long-tems abandonner l'aimable Milice de l'Amour. Revenez, cher Deserteur, sous les étendarts de ce Dieu: Osez, & n'apprehendez rien du succès. Venus en prendra soin, & comme elle est Fille de l'Onde, pour votre bonheur & pour sa gloire, elle vous applanira les flots.

Quelque dangereux que soit ce trajet, j'aurois déja plus d'une fois essayé de le franchir, si je n'avois pas craint de blesser la bienséance de mon sexe; & si je ne connoissois pas que le vôtre y court moins de péril que le mien. Quand Phryxus & sa Sœur se virent reduits à le traverser sur un Belier, pour fuïr une cruelle persécution, Hellé y périt, Phryxus se sauva. Peut-être craignez-vous qu'en cedant à l'amour qui vous attire, la fatigue que vous aurez eu pour arriver, ne vous fasse manquer de forces pour le retour, & que vos bras lassés ne succombent à ce double travail; hé bien, pour vous épargner un péril qui me fait trembler, il faut que je fasse la moitié du trajet: nous nous rencontrerons au milieu; & là, dans la douceur de nous dire mille fois, je vous aime, nous oublirons les tourmens d'une importune absence. Ainsi chacun de nous, enchanté d'une si douce entrevûë, en remportera chez soi le charmant souvenir pour fruit de ses peines. A la vérité nous en pour-

HERO A LEANDRE.

ions attendre un plus grand bien: c'est une triste chose d'être obligé de se séparer si vite: mais enfin à deux Amans bien touchés, se voir & s'entendre un seul moment, tient toûjours lieu d'une douce faveur du sort.

Ah! que le tirannique honneur, dont je suis scrupuleusement les loix, ne peut-il ceder à ma flamme? ou que les durs combats qu'il me livre ne l'ont-ils déja fait triompher de tout mon cœur? Pour quel parti mon ame doit-elle se montrer prévenuë? Hélas! que la violente passion est gênée par les severes loix de la bienséance! Toutes deux m'attaquent & me déchirent tour à tour; l'une, pour mon devoir; l'autre, pour ma tendresse.

Que Jason fut heureux dans l'ardeur dont il s'enflamma pour la Princesse de Colchos! Il emmena aussi-tôt cette Princesse. Le beau Prince Troyen, qui avoit été Berger sur le Mont Ida, ne vint qu'une seule fois à Sparte charmé d'Helene: il lui parle de ses feux, elle y répond, & bientôt après, cet Amant s'en retourne avec sa conquête. Vous seul me rendez sans fruit des visites pleines de perils; chaque fois que vous venez, chaque fois vous êtes obligé de me quitter; & quand tout le monde craint le danger pour les Vaisseaux, quand on les retient dans le Port, souvent vous vous faites un plaisir de nâger! Mais quoique l'amour ait déja pû vous accoûtumer à dédaigner l'orage dans ce trajet dangereux, reglez si bien, je vous prie, l'ardeur qui vous porte à hasarder vos jours, qu'en méprisant les flots, vous ne laissiez pas de les craindre. Malgré tout l'art qu'on employe à bâtir des Vaisseaux, c'est avec peine qu'ils s'empêchent de périr, quand les Vents soufflent avec la fureur qu'ils ont dans ces momens. Pouvez-vous vous flater que vous aurez plus de force avec vos bras, qu'une Galere n'en auroit avec toutes ses rames? Ce dessein de nâger qu'on vous voit prendre, sans y être contraint, n'est pris des Matelots qu'avec crainte : ils ne le suivent qu'en tremblant, pour se sauver de quelque péril, lorsque leur Vaisseau s'entr'ouvre par l'effort de la tempête.

Ciel! fut-il jamais une peine semblable à la mienne? Moi-même je m'oppose à ce que je vous conseille; & quand je veux vous voir ceder à mes avis, je sens bien que je tremble de vous persuader. Oüi, je serai ravie que mes prieres n'ayent pas autant de pouvoir que mes souhaits, pourvû qu'un heureux sort vous amene auprès de moi, & que vos bras, après avoir vaincu l'obstacle des flots, trouvent quelque repos auprès de

HERO A LEANDRE.

la tendre Hero. Cependant, chaque fois que je jette mes regards sur la Mer agitée, je me trouve saisie d'une secrette horreur, qui confond ma raison, & accable mon cœur. Je ne suis pas moins effrayée de l'image qu'un songe a presenté à mon esprit la nuit derniere : le sacrifice que j'ai offert, pour en détourner le fatal présage, n'a pû calmer l'effroi qu'il m'a donné pour vous.

Le flambeau que j'allume dans la Tour n'avoit plus qu'une lumiere foible & mourante, & l'Aurore avoit déja ramené l'heure où les songes ont accoûtumé d'être les plus certains, lorsque mes doigts trop lassés du travail qui m'avoit occupée, m'obligerent à le finir ; je m'approchai d'un lit, & m'y laissai tomber autant par ennui, que par fatigue ; je sentis avec joye que je succombois au sommeil ; j'esperai qu'il suspenderoit mes allarmes ; mais à peine en eus-je goûté les premieres douceurs, qu'exposée en dormant à de nouveaux troubles, je crus voir un Dauphin qui nâgeoit sur les Eaux agitées par les Vents ; il montra par mille bonds une adresse admirable : mais après que la vague en fureur l'eut jetté rudement contre la côte sablonneuse, il reste sans aucun mouvement, & parut hors de l'eau, sans donner le moindre signe de vie.

Ce songe me fait trembler, il épouvante ma tendresse : craignez-en ainsi que moi le présage infortuné, & quelqu'empressé que soit votre amour, attendez le retour d'un heureux calme. Si le soin de vos jours ne vous peut retenir, souvenez-vous que votre vie est le soûtien de la mienne, & qu'après les sacrés sermens d'une foi inviolable, il ne vous est plus permis de disposer de vous.

Esperons cependant ; il semble que le calme se prépare sur les eaux ; les flots paroissent déja plus tranquilles, & bientôt, selon toutes les apparences, vous pourrez partir en sûreté. En attendant que les Vents le veüillent permettre, que toutes les sinceres marques de ma tendresse, dont cette Lettre est remplie, vous aident à charmer l'ennui de ce rigoureux retardement, dont la nécessaire longueur me donne une peine si cruelle.

SUJET DE L'EPITRE
d'Aconce à Cydippe.

ACOnce naquit dans l'Isle de Cée, une des Cyclades de la Mer Egée. Dans un voyage qu'il fit en Delos pour se trouver à la ceremonie des Fêtes de Diane, qui se celebroit par les Filles de la Grece, il vit Cydippe. C'étoit une jeune personne d'une parfaite beauté; il en devint passionnément amoureux; & formant le projet d'en faire son épouse, il s'informa de son sort avec soin, & apprit qu'elle étoit d'une maison riche & illustre, que son Pere s'étoit engagé à la marier à un Citoyen de son Isle, qui avoit de pareils avantages. Aconce affligé de ces nouvelles, forma le dessein de vaincre les obstacles qui s'opposoient au bonheur de ses feux; il imagina un stratagême qu'il crut permis à son amour, & pourroit suppléer à la naissance & aux biens par lesquels son Rival l'emportoit sur lui; il chercha à profiter de l'opinion où l'on étoit, que les sermens qui se faisoient dans le Temple de Diane étoient inviolables, ainsi sur une Pomme qui étoit d'Or, à ce qu'on dit, il écrivit ces Vers

Avec un cœur qui n'a rien de profane,
Je jure dans ton Temple, immortelle Diane,
   Qu'Aconce sera mon Epoux :
Si je romps mon ferment, fais-moi sentir tes coups.

Enfuite Aconce laissa tomber cette Pomme dans le Temple aux pieds de Cydippe. Sa Nourrice qui étoit auprès d'elle, releva ce beau fruit de terre avec empressement, & le lui presenta. Cydippe y lut les paroles fatales qui sembloient la lier par un serment à cherir Aconce : elle rougit, & fut effrayée en elle-même, mais faisant reflexion que ce serment étoit surpris, elle se calma. Peu de tems après son Pere parla de remplir le projet qu'il avoit formé de son mariage avec un autre ; dès qu'on fit les apprêts de ces Nôces, la future Epouse fut attaquée d'une maladie terrible & inconnuë, qui se redoubloit à chaque fois qu'on parloit de la marier ; ce qui fut cause qu'Aconce se servant d'une telle occasion, lui écrivit cette Lettre, où il tâche de lui persuader que Diane irritée lui a envoyé cette maladie, pour la punir de manquer à la promesse qu'elle avoit faite à son amour en présence de cette Déesse.

EPISTRE D'ACONCE A CYDIPPE,

Traduite d'Ovide.

NE craignez point, Cydippe, en lisant cette Lettre,
De faire à mon amour quelque nouveau serment;
C'est assez qu'une fois vous m'aiez sçû promettre
Ce qui fait le bonheur d'un véritable Amant.

Lisez donc, & pour prix de cette complaisance,
Puisse enfin la langueur, dont l'excès vous abat,
Cesser d'entretenir la maligne influence;
Qui changeant votre teint, en affoiblit l'éclat.

Je ressens de vos maux une douleur extrême,
Ils ont porté sur moi les plus terribles coups;
Et l'amour m'empêchant de vivre pour moi-même,
Si-tôt que vous souffrez, je souffre plus que vous.

Mais, quoi ! vous rougissez ; car je me persuade,
Si sur ce qu'il me dit je puis croire mon cœur,
Qu'une Lettre de moi, malgré votre air malade,
Sur votre beau visage a mis quelque rougeur.

Vous rougîtes de même au Temple de Diane ;
Cependant mes desirs n'ont rien de criminel ;
A payer mon amour la gloire vous condamne ;
Il ne tiendra qu'à vous de le rendre éternel.

Il doit vous souvenir de la douce promesse,
De ces mots qu'une Pomme alla vous presenter,
Quand ma main à vos pieds, par une heureuse adresse,
Pour vous la faire lire eut osé la jetter.

Ces mots me déclaroient que par votre hymenée,
Vous vouliez voir mon sort à votre sort s'unir :
Mais la foi qui par vous me fut alors donnée,
Put s'échaper bientôt de votre souvenir.

C'est ce que je craignis, quand par un mal terrible,
Je vis sur vous Diane exercer son courroux,
Et vouloir vous punir de n'être point sensible
A ce qui la devoit bien moins toucher pour vous.

La même crainte encor m'agite & me tourmente,
Et je sens d'autant plus la fatale rigueur,
Que pour vous chaque jour ma passion augmente,
Et d'une ardeur plus vive embrase tout mon cœur.

L'amour que j'ai pour vous fut grand dès sa naissance,
Mais quoique violent dans ses commencements,
Combien s'est-il accru par la douce espérance
Dont vous avez flaté mes tendres sentimens ?

A ses plus doux transports si j'ai livré mon ame,
Je le dirai toûjours, vous me l'avez permis ;
D'un trop crédule espoir n'accusez point mon ame,
Diane attestera ce qui me fut permis.

La Déesse entendit prononcer les paroles,
Qui doivent m'assûrer le don de votre foi,
Et ne pouvant souffrir qu'elles fussent frivoles,
Elle baissa la tête, & s'expliqua pour moi.

Dites, si vous voulez, que je vous ai surprise,
Que j'osai sur la fraude établir mon projet ;
Pourvû que vous disiez que dans cette entreprise
Je n'eus, en vous trompant, que l'amour pour objet.

Qu'ai-je cherché par là ? que de vous voir contrainte
A souffrir que l'Hymen nous serrât de ses nœuds :
Ce que vous regardez comme un sujet de plainte,
Vous doit rendre sensible à l'ardeur de mes feux.

L'artifice jamais ne fut un avantage,
Qui dans aucun dessein m'ait paru glorieux ;
Votre seule beauté m'en fit chercher l'usage,
Quand l'Amour m'eut soûmis au pouvoir de vos yeux.

C ij

Par des mots solemnels, si pourtant on peut dire
Que je me suis servi de fraude contre vous,
Il vous a fait jurer que mon tendre martyre
Seroit recompensé du nom de votre Epoux.

Pour vous lier à moi par une étroite chaîne,
C'est lui seul, c'est l'Amour qui me les a dictés ;
Je possede par lui la science certaine
Du pouvoir qu'a l'Hymen d'unir les volontés.

Loin de me repentir de l'heureux stratagême,
Qui m'ouvrit une voye à toucher votre cœur ;
Si cependant vouloir obtenir ce qu'on aime
Mérite qu'un Amant soit appellé trompeur ;

Je fais suivre une Lettre & tendre & suppliante ;
Pour vous faire agréer l'hommage de mes vœux ;
Blâmerez-vous encor cette ruse innocente,
Qui tend à vous forcer à répondre à mes feux ?

Si pour vous trop aimer je vous fais une offense,
Je fais vœu de vouloir vous off...er toûjours ;
Et pour vous conquerir, mettez-vous en défense,
Des plus hardis moyens je prendrai le secours.

D'autres, pour posseder l'objet de leur tendresse,
Jusqu'à l'enlevement ont poussé leurs projets,
Et quelques mots écrits avec un peu d'adresse,
Pour m'imputer un crime en seront les sujets.

ACONCE A CYDIPPE.

Veüille le Ciel! qui sçait combien ma flamme est pure,
Vous attacher à moi par tant & tant de nœuds,
Que sans vous attirer la honte d'un parjure
Vous ne puissiez jamais recevoir d'autres vœux.

Je n'ai mis jusqu'ici qu'une fraude en usage,
A cent autres encor je prétens recourir,
Et j'entreprendrai tout pour avoir l'avantage
De vaincre vos froideurs & de vous acquerir.

Quoiqu'il soit incertain si je pourrai vous plaire,
Je sçai mille moyens d'engager votre foi :
C'est des Dieux que dépend le succès que j'espere,
Cependant je suis sûr que vous serez à moi.

Des piéges que l'Amour m'autorise à vous tendre,
Vous tomberez dans l'un, si l'autre est évité.
Le nombre en est plus grand qu'on ne peut s'y attendre,
Et l'adresse aux Amans a toûjours profité.

Qu'aucune occasion à mes rusés offerte,
Ne me donne le bien qui fait tous mes souhaits,
J'irai pour l'acquerir jusqu'à la force ouverte,
Et cent combats donnés en seront les effets.

Je ne suis point de ceux, dont la délicatesse
Condamne de Paris l'audacieux projet,
Et blâme les Amans, qui pleins de hardiesse
Ont voulu tout risquer pour un aimable objet.

Pour moi !… mais je me tais. Dût une mort certaine
Suivre les vains defirs de me voir votre Epoux,
Je la crains beaucoup moins que l'effroyable peine
D'être reduit à vivre, & de vivre sans vous.

Si de moindres appas avoient touché mon ame,
Dans mes prétentions je serois plus soûmis :
Mais enfin vous donnez de l'audace à ma flamme,
Et me faites vouloir plus qu'il ne m'est permis.

De ma témérité vos beautés sont la cause ;
je n'ai pû resister au pouvoir de vos yeux ;
Des Astres auprès d'eux l'éclat est peu de chose ;
Et je les reconnois pour mes Rois & mes Dieux.

A voir d'un pied leger & d'une grace extrême
Combien quand vous marchez, vous avez l'air charmant,
Je doute avec raison que Thetis elle-même,
Quoique par là vantée, ait le même agrément.

Ce col, dont la blancheur l'emporte sur l'yvoire,
Ces cheveux blonds, ces bras, tout enchante mon cœur ;
Qui pourra n'être pas envieux de ma gloire,
Si de tant de tresors je deviens possesseur ?

Je ne puis éviter ce port noble & modeste,
Ce visage si doux où brillent tant d'appas ;
Ce teint vif, délicat, je ne dis rien du reste ;
Tout ce qu'on voit répond de ce qu'on ne voit pas.

ACONCE A CYDIPPE.

De ces charmes divers mon ame possedée,
J'ai suivi le sentier où la ruse m'a mis ;
Votre seule conquête a rempli mon idée,
Et pour me l'assûrer tout m'a paru permis.

Ce qu'a fait mon amour n'a rien que je déguise,
J'ai voulu me voir sûr d'obtenir votre foi
Et consens à m'entendre accuser de surprise,
Pourvû que vous disiez que vous êtes à moi.

Qu'on m'estime trompeur, j'en souffrirai le blâme;
Le crime étoit trop beau pour me faire pâlir :
Si j'ai commis un crime en faveur de ma flamme,
Pourquoi m'ôter le fruit que j'en dois recüeillir ?

Du tendre Telamon le panchant trop facile
Aux beautés d'Hesione assujettit son cœur,
Briseïs dans les fers fut le charme d'Achille,
Et l'on força chacune à suivre son Vainqueur.

Blâmez ma passion, plaignez-vous de mes ruses,
Abandonnez votre ame au plus juste courroux ;
Vous trouverez pour moi d'assez dignes excuses
Dans l'ardeur d'acquerir le nom de votre Epoux.

Oüi, si vous accordez à mon amour sincere
Un tems libre, où mes vœux puissent vous appaiser,
Par mes tendres soûpirs j'éteindrai la colére
Que mes vœux trop hardis auront pû vous causer.

Embrassant vos genoux, je mêlerai mes larmes
Aux sermens redoublés de vous aimer toûjours;
Les pleurs contre un cœur dur sont de puissantes armes;
Et pour vous attendrir, ce sera mon recours.

Soûmis, tendant les mains, j'irai tel qu'un Esclave,
Qui cherche de son Maitre à fléchir la rigueur;
Vous jurer qu'il n'est point de maux que je ne brave,
Pour trouver les moyens de toucher votre cœur.

Vous ignorez sur moi votre entiere puissance,
Montrez de cet empire un esprit plus jaloux:
On a pour me juger besoin de ma présence,
Ordonnez, faites-moi paroitre dévant vous.

Si le ressentiment vous conseille l'outrage,
Employez contre moi la force de vos bras;
Avec vos doigts par tout marquez-moi le visage;
Arrachez, déchirez, & ne m'épargnez pas.

Vous n'entendrez de moi ni plainte, ni murmure;
Mais gardez d'oublier en me traitant ainsi,
Que sur vos belles mains la moindre meurtrissure
Me jetteroit pour vous dans un nouveau souci.

Constante à me punir, ne cherchez point de chaînes
Qui puissent m'empêcher de m'éloigner de vous;
Pour me resoudre à fuïr, quelles que soient mes peines,
L'Amour a des liens qui me semblent trop doux.

Aprés

ACONCE A CYDIPPE.

Après divers essais, lorsque votre vengeance
Se sera satisfaite à force de tourmens,
Peut-être direz-vous : qu'il a de patience !
Il passe en fermeté les plus fermes Amans !

Vous pourrez ajoûter, si ma constance extrême
Prouve assez de mon cœur l'inviolable foi :
» Qui sçait si bien aimer, mérite que je l'aime,
» J'y consens : qu'il me serve, il vivra tout à moi.

Quel malheur est le mien ! sans me voir, sans m'entendre,
On me trouve coupable, & je suis condamné ;
Ma cause est infaillible à la pouvoir défendre,
Et l'absence à l'erreur me laisse abandonné !

Ecrivant ce Billet, que vous traitez de crime,
J'ai suivi seulement les ordres de l'Amour :
Votre plainte, il est vrai, peut-être légitime ;
Mais c'est contre moi seul qu'on doit la mettre au jour.

Par où pourroit avoir mérité la Déesse,
Qu'ayant juré pour elle, on lui manquât de foi ?
Songez-y, vous devez tenir une promesse,
Où vous sçavez qu'elle a même interêt que moi.

Comme elle étoit présente, il est aisé de croire
Qu'elle vous vit rougir de ces mots prononcés,
Qui depuis un moment gravés en sa mémoire,
Quoiqu'on fasse, jamais n'en seront effacés.

Puisse ce que je crains être d'un vain présage !
Mais elle a quelquefois un violent courroux ;
Et sa Divinité, lorsqu'on lui fait outrage,
Sur l'Auteur du forfait porte de rudes coups.

Témoin le Sanglier, dont la sanglante hure,
Pour la belle Atalante ayant servi de prix,
Fut cause qu'une Mere étouffant la nature,
Par un tison fatal se vengea de son Fils.

Voyez contre Acteon quelle fureur l'anime,
Son malheureux destin devroit vous émouvoir ;
Dévoré par ses Chiens il expia le crime
D'avoir vû des beautés qu'il ne devoit pas voir.

Niobe qu'en rocher transforme sa colere,
Est encor un exemple à vous faire trembler :
Si, comme elle, aujourd'hui vous osez lui déplaire ;
Votre sort en rigueur pourra lui ressembler.

Hélas ! belle Cydippe, oserai-je vous dire
Ce que la vérité m'empêche de celer ?
Peut-être direz-vous, dans l'amour qui m'inspire,
Que mon seul interêt m'oblige de parler.

Je parlerai, n'importe, il ne faut point vous taire,
Que si lorsqu'on vous porte à prendre un autre Epoux
Vous souffrez quelque mal, il vient de la colere
De la Divinité qui se venge de vous.

ACONCE A CYDIPPE.

Diane favorise une ardeur tendre & pure.
Faites-vous quelques pas vers l'infidelité,
Vous voyez qu'elle est prompte à punir le parjure,
Et n'ayant plus de foi, vous manquez de santé.

Ainsi, toutes les fois qu'à quelque perfidie
Votre haine pour moi vous laisse consentir,
Par une insupportable & longue maladie,
Elle vous donne lieu de vous en repentir.

N'attirez point sur vous ces traits, que sa vengeance
Employe à punir ceux qui l'osent irriter;
Elle veut bien encor faire agir sa clémence,
Ces momens sont heureux, tâchez d'en profiter.

Faites qu'en arrêtant la fiévre impitoyable
Qui marque sa colere, & menace vos jours,
Elle rappelle en vous ce brillant admirable,
Qui nous fait voir le trône où regnent les amours.

Méritez qu'elle rende à votre beau visage
Ces attraits merveilleux qui m'ont fait votre Amant,
Ce teint où la pudeur avec tant d'avantage,
Mêle aux lys qu'on y voit un rouge si charmant.

Puissent les durs Mortels, dont la haine s'oppose
Au bonheur qui m'attend, si je vis sous vos loix,
Eprouver à leur tour les ennuis que me cause
La funeste langueur qui vous met aux abois!

Je souffre également du mal qui vous accable,
Et d'un projet d'Hymen, lorsqu'on en fait pour vous ;
Entre ces deux tourmens, je serois incapable,
S'il me falloit choisir, de trouver le plus doux.

Je me fais quelquefois un reproche sensible
De vous mettre en état de pousser des soupirs ;
Je hais mon artifice, & s'il m'étoit possible,
Je vous laisserois libre à suivre vos desirs.

Quand un mal dangereux punit votre parjure,
Cent fois au lieu de vous je voudrois le souffrir ;
Et plûtôt que de voir, pour venger mon injure,
Vos jours rendus douteux, je souhaite mourir.

Cependant, pour sçavoir tout ce qui vous arrive,
Vingt fois vers votre porte on me voit chaque jour ;
J'y passe, j'y repasse ; & d'une ame craintive
J'observe ce qu'on dit dans les lieux d'alentour.

Si quelqu'un de vos gens sort pour quelque ordre en Ville,
Auffi-tôt je m'avance, & marchant sur ses pas :
Cydippe cette nuit a-t-elle été tranquille ?
Lui dis-je, & le sommeil ne lui revient-il pas ?

Que je suis malheureux, de ne pouvoir moi-même
Par divers Elixirs chercher à vous guérir !
Sans cesse auprès de vous j'aurois un soin extrême
D'adoucir votre mal, & de vous secourir.

ACONCE A CYDIPPE.

Plus malheureux encor d'avoir eu la foiblesse
De chercher à vous plaire en m'éloignant de vous !
Ce Rival, qu'à vous voir on voit bien qu'il s'empresse,
Peut-être est destiné pour être votre Epoux.

Je tremble que vos mains par les siennes pressées
N'augmentent le plaisir dont joüissent ses yeux,
Et que pour contenter ses ardeurs insensées,
Il ne veüille à ce prix être haï des Dieux !

Peut-être qu'en feignant de chercher à connoître,
Si toûjours votre poux a du déreglement,
C'est un pretexte heureux, que souvent il fait naître
Pour vous toucher les bras durant ce doux moment.

Jusques sur votre sein si sa main peut s'étendre,
Si, se penchant vers vous, un baiser emporté
Recompense les soins qu'on lui permet de prendre,
Ah ! c'est un prix trop grand qu'il n'a pas merité.

Trop injuste Rival ! par quelle violence
De la moisson d'autrui fais-tu ton propre bien !
De semblables faveurs passent ton espérance,
Hors moi, c'est un tresor où personne n'a rien.

Ce sein, ces belles mains, ces beaux bras m'appartiennent,
Cesse d'y rien prétendre ; & sur tout, garde-toi,
Quels que soient tes transports, à quelqu'excès qu'ils viennent,
D'usurper des baisers qui ne sont dûs qu'à moi !

D d iij

La charmante Beauté vers qui l'Amour t'appelle,
Doit être unie à moi par des nœuds éternels ;
Après que tu le sçais, tu ne peux plus pour elle
Former aucuns desirs, qui ne soient criminels.

Porte ailleurs de ton feu l'ambitieux hommage ;
Cherche un objet plus libre à recevoir tes vœux ;
Cydippe m'est promise, & j'ai sa foi pour gage
De l'Hymen qui me doit rendre à jamais heureux.

Du Contrat que l'Amour entre nous autorise,
Demande la formule, & quelles sont les loix ;
Fais, pour n'en point douter, qu'elle même le lise,
Tu blâmeras ta flamme, en connoissant mes droits.

Eloigne-toi d'un lit qu'il faut que tu respectes ;
Un autre en est le maître, & viendra l'occuper :
J'ai raison de tenir tes visites suspectes,
Tes soins officieux ne sçauroient me tromper.

Cydippe t'est promise, ainsi qu'à moi, pour femme ;
De tes prétentions c'est là le fondement :
Mais en vain tu permets quelque espoir à ta flamme,
Quand je suis son Epoux, tu n'es que son Amant.

J'ai reçu sa parole, & toi celle d'un Pere,
Si son Pere après elle a droit de la donner.
Lorsqu'on a fait un choix à tout on le préfere,
Et de sa destinée on la laisse ordonner.

ACONCE A CYDIPPE.

Son Pere t'a promis, après que l'Hymenée
Par des mots solennels nous avoit déja joints ;
Et les Dieux ont pour moi reçu sa foi donnée,
Quand il a seulement les hommes pour témoins.

Il craint d'être imposteur, elle d'être parjure ;
Chacun trouve en ces noms un reproche odieux :
Mais, à qui, puisqu'il faut que l'un des deux l'endure,
Doit-il être plus rude & plus injurieux ?

Pour juger des périls où tous les deux s'exposent,
Il faut examiner le seul évenement.
Cydippe cede aux maux que sa langueur lui cause,
Et son Pere en santé, joüit d'un bien charmant.

De nos projets aussi la différence est grande ;
Et si dans le combat entre nous entrepris
C'est inégalement que chacun apprehende,
Nous n'avons pas tous deux même espoir pour le prix.

Tes vœux sont appuyez, & ta recherche est sûre,
Quand pour moi d'un refus je prévois la rigueur :
Mais tu ne peux brûler d'une flamme aussi pure,
Que celle qui déja consomme tout mon cœur.

Si tu sçavois l'état où ma flamme est reduite,
Si l'équité jamais avoit pû te toucher,
Tu voudrois me ceder un bien que ta poursuite,
Sans te rendre Tyran, ne sçauroit m'arracher.

Hélas ! Cydippe, hélas ! puisqu'un Rival barbare
Nous combat par celui qui vous donna le jour ;
A quoi sert que ma Lettre aujourd'hui vous prépare
A soûtenir des droits que détruit son amour.

C'est lui, qui vous rendant suspecte à la Déesse,
Vous cause la langueur qui vous fait soûpirer ;
S'il ose encor venir vous parler de tendresse,
Forcez-le de se taire, & de se retirer.

Comme de ses projets l'audace vous expose,
Pour contenter Diane, au péril de mourir ;
Ces maux si dangereux que son amour vous cause,
Cent fois, au lieu de vous, puisse-t-il les souffrir !

Si vous le banissez, si votre juste haine
Détruit ce que l'espoir lui peut offrir d'appas,
Bientôt votre santé redeviendra certaine,
Et pour moi, quel plaisir ne goûterai-je pas !

Sur votre longue crainte, ayez l'ame remise,
Vous devez esperer le destin le plus doux,
Si le Temple témoin de votre foi promise
Reçoit les vœux soûmis qu'il exige de vous.

Au sang des Animaux si le Ciel s'interesse,
Lorsqu'un zele sincere occupe tous nos soins,
Il aime encore mieux qu'on garde sa promesse,
Quoique l'engagement se soit fait sans témoins.

ACONCE A CYDIPPE

Pour guérir de ses maux que ne veut-on pas faire,
Au fer, ainsi qu'au feu, les unes ont recours ;
Les autres avalant une liqueur amere,
D'un suc épais & noir empruntent le secours.

Le soin que vous prendrez d'éviter le parjure
Sçaura vous épargner ces essais dangereux.
Que votre foi demeure inviolable, pure,
Vous vous verrez sans fiévre, & me rendrez heureux.

Votre premiere faute aura dans l'ignorance
Un pretexte assez fort pour se faire excuser ;
Vous aurez oublié ces mots que l'imprudence,
Après les avoir lûs, vous a fait mépriser.

Mais vous ne serez plus désormais excusable,
Mes plaintes vous ont fait connoître votre erreur
Et ce que vous souffrez, en devenant coupable,
Vous doit remplir l'esprit d'une juste terreur.

Je ne regarde plus le succés de ma flâme,
Un plus noble interêt m'oblige de parler ;
Je crains pour votre vie, & jusqu'au fond de l'ame
Je sens ce que sans crime on ne vous peut céler.

Quand votre fiévre a mis vos Parens en alarmes,
Qu'ils ont desesperé d'en voir la guérison ;
Pourquoi, réduits pour vous à verser tant de larmes,
Ont-ils de leur malheur ignoré la raison ?

C'est trop la déguiser : Dites à votre Mere
Qu'un parjure secret laisse vos jours douteux,
Ce qui sur vous du Ciel attire la colere,
Pour vous faire rougir n'a rien d'assez honteux.

Dites-lui tout par ordre, & lui faites entendre,
Que lorsque je vous vis pour la premiere fois
Au Temple de Diane où j'avois sçû me rendre,
Aux vœux des plus zelés vous joigniez votre voix;

Qu'aussi-tôt que sur vous j'eus arrêté ma vûë;
Car vous vous souvenez d'un triomphe si doux,
De tant d'attraits brillans je vous trouvai pourvûë,
Que mon cœur ne fut plus occupé que de vous.

Que tandis qu'éblouï de l'éclat de vos charmes,
Je contemplois des Cieux l'ouvrage le plus beau,
Je m'oubliai moi-même en vous rendant les armes,
Et laissai par derriere échaper mon manteau.

Qu'ensuite jusqu'à vous une Pomme jettée,
Vous faisant voir des mots tracés, écrits au tour,
D'un desir curieux, malgré vous agitée,
Vous vous laissâtes prendre aux pieges de l'Amour.

Que ce qu'en ce moment le hasard vous fit lire
Entendu de Diane, & prononcé par vous,
Vous engagea dès lors à ne vous pas dédire
De l'heureux choix qu'en moi vous fîtes d'un Epoux.

ACONCE A CYDIPPE.

Mais pour l'instruire mieux de toute l'avanture
Qui cause les langueurs où vos jours sont soûmis,
Repetez-lui les maux dont la force m'assûre
Le droit de demander ce qui me fut promis.

Quand elle sçaura tout : Epousez, dira-t-elle,
Celui que pour l'Hymen vous destinent les Dieux;
Unissez-vous à lui d'une chaîne éternelle,
Pour sauver vos sermens, pouvez-vous faire mieux ?

Quel qu'il soit, il suffit qu'il plaise à la Déesse,
Pour mériter qu'à tous ses vœux soient preferés :
Pour peu que votre Mere ait pour vous de tendresse,
Voilà les sentimens où vous la trouverez.

Elle voudra sçavoir mon Païs, ma naissance;
Il faut la satisfaire, & vous faire avoüer
Que si de vos refus la Déesse s'offense,
Vous avez de ses soins sujet de vous loüer.

Cée, Isle remarquable, & dont la Mer Egée
Enferme le terroir dans un large contour,
Parmi les lieux fameux autrefois fut rangée,
Les Nymphes de Corcyre y faisoient leur séjour.

Cette Isle est ma patrie ; & s'il faut pour vous plaire
Sortir d'un Sang fécond en glorieux exploits,
Mes Ayeux ont un nom qui doit vous satisfaire,
Et d'eux la Renommée a parlé mille fois.

ACONCE A CYDIPPE.

J'ai du bien qui répond à ce noble avantage,
Ma conduite a toûjours fait taire les jaloux ;
Et mon amour fut-il mon unique partage,
Je pourrois me flater d'être digne de vous.

Oüi, quand aucun serment, quand aucune promesse
Ne vous obligeroit à garder votre foi,
Regardant seulement l'excès de ma tendresse,
Vous devriez vouloir un Epoux tel que moi.

Aux vœux d'un autre Amant Diane qui s'oppose,
En songe m'a dicté ce que je vous écris ;
L'Amour à mon reveil a fait la même chose,
Et veut que de mes feux Cydippe soit le prix.

Que pourrions nous contr'eux? Redoutons leur puissance;
Par ses flèches déja l'un m'a percé le cœur :
Craignez les traits de l'autre, évitez sa vengeance,
Sa colere toûjours fut pleine de rigueur.

Nos interêts sont joints, mon salut est le vôtre,
Tirez-vous, tirez-moi d'un pas si hasardeux ;
Votre pitié pour l'un se répandra sur l'autre :
Parlez, un mot de vous nous sauvera tous deux.

Si vous le prononcez ce mot si favorable
Dans l'Isle de Delos par un vœu solennel,
Du zele de mon cœur, marque à jamais durable,
J'en promets à Diane un hommage éternel.

ACONCE A CYDIPPE.

Sur une Pomme d'Or élevée en son Temple,
Pour porter votre gloire au bout de l'Univers,
Et faire qu'en tous lieux elle soit en exemple,
J'aurai soin d'en marquer la cause par ces Vers.

Cette Pomme qu'on voit d'une autre est la figure,
Où l'amoureux Aconce écrivit certains mots,
Qui, par la plus heureuse & plus rare avanture,
Ont de son tendre cœur assûré le repos.

Mais, je crains de passer les bornes d'une Lettre,
Si d'écrire long-tems l'Amour me donne lieu,
Votre peu de santé ne doit pas le permettre.
Ah! c'est trop. Je finis: Belle Cydippe, Adieu.

SUJET DE L'EPITRE
de Cydippe à Aconce.

CYDIPPE, que la tendresse & les empressemens d'Aconce, touchoient plus apparemment que ceux de l'autre Epoux qu'on lui destinoit, lut la Lettre de cet Amant, & voulut bien se laisser persuader que la maladie qui la tourmentoit, venoit de Diane, qui étoit irritée de ce qu'elle ne lui tenoit pas sa promesse. Elle se plaint cependant de la Déesse & d'Aconce, qui la veulent obliger de tenir un serment qu'elle a fait par surprise. Mais enfin sur le pretexte de l'envie qu'elle a de guérir, elle se dispose à remplir les souhaits de cet Amant, & lui donne même quelques avis pour réüssir dans le dessein qu'il a de l'obtenir.

EPISTRE
DE CYDIPPE
A ACONCE.

Traduite d'Ovide.

J'AY craint, je vous l'avoüe, en prenant votre lettre;
Je n'ai voulu d'abord la lire que des yeux,
De peur, qu'en prononçant, je ne vinsse à promettre
Ce qui pourroit encore interesser les Dieux.

Mais pourquoi de nouveau chercher à me surprendre?
Puisqu'à vous épouser engagée une fois,
Vous croyez, quelques soins qu'un Rival pût me rendre,
Qu'il ne m'est point permis de faire un autre choix.

J'aurois toûjours pourtant refusé de rien lire,
Si je n'eusse songé qu'être fiere avec vous,
Après tant de langueurs que votre amour m'attire,
C'eût été de Diane augmenter le courroux.

En vain par cent devoirs j'ai tâché de lui plaire,
En vain sur ses Autels j'ai prodigué l'encens ;
Pour vous favoriser, son injuste colere
M'a toûjours fait souffrir les maux les plus pressans.

Vos souhaits sont remplis, on voit votre mérite
Qui contre moi pour vous auprès d'elle combat ;
A peine sa bonté pour l'aimable Hyppolite,
Quelque cher qu'il lui fût, a-t-elle eu plus d'éclat.

En faveur d'une Fille il seroit mieux sans doute
Qu'une Déesse Vierge employât son secours ;
Cependant je vois bien par tout ce qu'il m'en coûte,
Qu'afin de vous venger elle en veut à mes jours.

Toûjours de plus en plus je deviens languissante,
Sans sçavoir d'où me vient le mal dont je me plains ;
Des Medecins pour moi la troupe est impuissante,
Et pour ma guérison leurs remedes sont vains.

Je ne puis exprimer la maigreur qui m'accable ;
Lorsque je vous écris pâle & seche d'ennui,
A peine en cet état, plus qu'aucun déplorable,
Ma tête sur mon coude a-t-elle un ferme appui ?

Ma Nourrice toûjours m'a montré tant de zele,
Que je puis m'assûrer sur son esprit discret :
Mais je tremble toûjours qu'enfin une autre qu'elle
Ne découvre avec vous mon commerce secret.

Elle

CYDIPPE A ACONCE.

Elle fort de ma Chambre, & se tient à la porte,
Pour me donner le tems d'écrire en sûreté;
Et lorsqu'on vient sçavoir si ma fiévre est moins forte;
Elle dort, répond-elle, & voilà sa santé.

C'est ainsi qu'éloignant d'importunes visites,
Elle me fait gagner le tems dont j'ai besoin:
Ce sommeil apparent a pourtant ses limites,
Et je serois suspecte à le pousser trop loin.

S'il vient quelqu'un de ceux, qu'un devoir nécessaire
En toute occasion m'oblige à recevoir,
Elle tousse, & le bruit qu'elle commence à faire,
Est un signe entre nous qu'on demande à me voir.

J'entens en cet instant ce qu'elle me veut dire;
Et sçachant que ce bruit ne se fait pas en vain,
Sans achever le mot que je voulois écrire,
Je cache promptement ma Lettre dans mon sein.

Encor que foible & lasse, après qu'on m'a quittée,
Je réviens à ma Lettre, & tâche à la finir.
Voyez, outre les maux dont je suis tourmentée,
Quelle peine pour vous il me faut soûtenir!

Je ne me plaindrois point du destin qui m'oppresse,
Si vous vous faisiez voir digne de mes bontez:
Cependant, dans mon cœur je sens tant de foiblesse,
Que je fais beaucoup plus que vous ne méritez.

Faut-il donc qu'à vos feux en esclave asservie,
Je demeure toûjours dans la cruelle peur
de ne voir terminer mes maux qu'avec ma vie,
Si je ne suis le prix de votre amour trompeur !

Voilà ce que me vaut cette Beauté fatale,
Dont l'éclat sous mes loix vous a d'abord reduit :
Ainsi, par un malheur qu'aucun autre n'égale,
Le Ciel m'a voulu faire un présent qui me nuit.

Il seroit mieux pour moi que vous m'eussiez trouvée
D'une laideur affreuse, & propre à dégoûter ;
Je ne me verrois pas si souvent éprouvée
Par les plus rudes maux qu'on puisse redouter.

Que ce présent du Ciel, c'est ainsi qu'on me loüe ;
Votre Rival & vous me le faites haïr ;
J'en gémis, j'en soupire, & je le desavoüe,
Quand son brillant éclat ne sert qu'à me trahir.

Vous tenez pour affront de ceder à sa flamme,
Il aspire à mon cœur comme au plus grand des biens ;
Tous deux vous voudriez pouvoir tout sur mon ame,
Il traverse vos feux, vous traversez les siens.

Dans ce douteux état, de mon sort incertaine,
Je suis comme un Vaisseau par les Vents entraîné ;
L'un le pousse en avant, & l'autre le ramène,
Et par tout de sa route il se voit détourné.

CYDIPPE A ACONCE.

Lorsque pour mon hymen le jour choisi s'approche,
Qu'on m'en vient à l'envi marquer sa joye : Alors
Je sens qu'un trait fatal contre moi se décoche,
Et qu'une fièvre ardente embrase tout mon corps.

Par ce triste accident mon hymen se recule ;
Ce qu'on me voit souffrir fait prendre un soin nouveau ;
Mon esprit s'embarrasse, & le feu qui me brûle
Ne présente à mes yeux que l'horreur du tombeau.

D'un sort si peu commun la rigueur me fait honte,
Sans que je me reproche aucun crime commis :
Peut-être dira-t-on qu'une langueur si prompte
Vient d'avoir merité les Dieux pour ennemis.

L'un me plaignant d'avoir dans un âge si tendre
Des accès si fréquens, les impute au hasard ;
L'autre accuse l'Epoux qu'on veut me faire prendre,
Et prétend qu'à ce choix le Ciel n'a point d'égard.

Comme de vos desseins on a sçu quelque chose,
De ce qu'on dit de vous, vous serez étonné :
Le Peuple de mes maux voulant trouver la cause,
Les fait venir d'un sort que vous m'avez donné.

Le mal est évident, la cause en est cachée.
Quand sur votre Rival vous voulez l'emporter
De ce combat la peine à moi seule attachée,
Par vos longs differends, ne fait que s'augmenter.

Ee ij

Toûjours pour me tromper à vous-même semblable?
Changez ce tendre amour que vous osez m'offrir:
Votre haine ne peut que m'être favorable,
Puisque par votre amour vous me faites mourir.

Si lorsque vous aimez vous ne faites que nuire,
Quel bien n'obtiendront point ceux que vous haïrez!
Dans le plus triste état cherchez à me réduire,
Et par ces sentimens vous me conserverez.

Vous m'aimez, dites-vous, ai-je lieu de le croire?
Quand malgré tout l'amour que vous me faites voir,
Vous souffrez qu'une humeur acre, maligne, noire,
M'abatte, & de guérir me ravisse l'espoir.

Vous faites mille vœux afin que la Déesse
Daigne me délivrer de l'ardeur que je sens:
Croirai-je que pour vous sa bonté s'interesse,
Lorsque ces vœux toûjours demeurent impuissans?

Tout sera contre vous, quoique vous puissiez dire:
Pouvoir fléchir Diane & souffrir son courroux,
C'est montrer que l'Amour a sur vous peu d'empire.
Vous ne pouvez: Hé bien, est-elle donc pour vous?

Pourquoi jamais Délos m'a-t-elle été connuë?
Ou pourquoi mon malheur m'y mena-t-il en tems,
Que d'amour tout-à-coup votre ame prévenuë,
Pour surprendre ma foi n'eut que quelques instans?

CYDIPPE A ACONCE.

C'étoit une saison, où par un rude orage
La Mer avec fureur sembloit se courroucer,
Jamais on ne pouvoit choisir pour un voyage
Une heure, plus mal propre à le bien commencer.

Combien, quand je sortis du logis de mon pere,
Combien vers le Vaisseau voulant hâter mes pas,
Eus-je le cœur frappé d'un présage contraire,
Qui, prête à m'embarquer, ne le permettoit pas?

Deux fois, ayant fait voile, un Vent impitoyable,
Malgré tous mes souhaits, nous fit rentrer au Port.
Hélas! j'aurois trouvé son souffle favorable
Si j'avois sçû les maux que m'apprêtoit son sort.

Quand sans obstacle enfin le Vaisseau prit sa route,
C'eût été me servir, que d'empêcher son cours;
Et de rompre un dessein dont le succès me coûte
Le bonheur dont l'Hymen devoit combler mes jours.

Plût aux Dieux que le Vent constant à me déplaire,
Aux vœux que je faisois eût toûjours resisté!
Mais comme on sçait qu'il est de nature legere,
On se plaindroit à tort de sa legereté.

Du Temple de Delos les beautés magnifiques
Donnoient à mes desirs un juste empressement;
Et dans l'ardeur de voir ses superbes Portiques,
Le Vaisseau me sembloit voguer trop lentement.

J'accusois les Rameurs, qui pour fendre les ondes
N'employoient pas assez la force de leurs bras,
Et voyois à regret nos voiles vagabondes
Se dérober aux Vents, & ne s'en remplir pas.

Déja derriere nous Mycene étoit laissée,
Andros étoit de même, aussi-bien que Tenos ;
Et l'obscure épaisseur d'une pointe avancée
Présentoit à nos yeux la fameuse Délos.

L'appercevant de loin : Arrête, Isle charmante ;
M'écriai-je, où fuis-tu ? Ah ! ne t'éloigne pas :
Veux-tu tout de nouveau, comme autrefois errante,
Floter au gré de l'onde, & ne te fixer pas ?

A force de ramer nous gagnions le rivage
Pendant tout le trajet tant de fois souhaité ;
La Nuit, lorsqu'il fallut descendre sur la plage
Faisoit déja par tout regner l'obscurité.

A peine le Soleil ramenant la lumiere
Rendoit l'éclat aux lieux qu'il venoit éclairer,
Que ma Mere avec soin se donne toute entiere
Au choix des ornemens qui devoient me parer.

Après la plus galante & plus noble coëffure,
Par un riche mélange on fit sur mes habits,
Pour rehausser en moi les dons de la nature,
Briller de toutes parts Diamans & Rubis.

CYDIPPE A ACONCE.

Nous nous rendons au Temple, où d'un culte sincere
Nous adorons les Dieux dans l'Isle reverés :
De l'Encens & du Vin l'offrande salutaire
A recevoir nos vœux les laissent préparés.

Ma Mere joint au sang d'une victime pure
L'odeur que sur le feu rendent ses intestins :
Le brasier sacré fume, & par un doux augure
Fait voir le Ciel propice à ces honneurs divins.

Cependant ma Nourrice a soin de me conduire
Dans les lieux les plus saints qui soient à visiter :
J'admire, je contemple, & je me fais instruire
De tout ce qui paroît digne de m'arrêter.

De statuë en statuë on voit sous les Portiques
Entremêlés par tout des Tableaux curieux :
Là, sont posés des Rois les présens magnifiques ;
Tout brille, tout surprend, & tout charme les yeux.

Je vois l'Autel construit de Marbres admirables,
Et de l'Arbre où Latone autrefois eut recours,
Quand de l'enfantement les maux insupportables
Lui firent rechercher son appui pour secours.

Je ne dis rien ici de tant d'autres merveilles,
Dont le nombre confond les diverses beautés :
Il seroit mal-aisé d'en trouver de pareilles,
Dans les lieux où l'on voit le plus de raretés.

Tandis qu'à regarder mon soin étoit extrême,
Peut-être que sur moi vous arrêtiez vos yeux,
Et que vous resolviez quel adroit stratagême
Sur ma simplicité réüssiroit le mieux.

Je rentre dans le Temple, où Diane adorée,
Inspire un zele ardent qui la fait respecter :
Quel lieu sembloit plus propre à me rendre assûrée
Qu'aucun piége pour moi n'étoit à redouter ?

Cependant, tout à coup, une Pomme poussée,
Avec ces mots écrits arrive jusqu'à moi :
Dieux ! en les prononçant, peu s'en faut qu'insensée,
Je n'ose de nouveau vous promettre ma foi.

Ma Nourrice l'amasse, & pleine de surprise :
Lisez ceci, dit-elle, en me la presentant :
Je cede au mouvement que mon âge autorise ;
Je prens ce beau fruit d'or, & lis au même instant.

Dès que du nom d'Hymen la parole fut dite,
Par un trouble secret que je ne comprens pas,
Je sens sur mon visage une rougeur subite
Qui me fait de ma faute un reproche tout bas.

Séduite par mes yeux, je les baisse sans honte,
Ces infideles yeux, qui trompant ma raison,
Lorsqu'à lire je suis & trop vive & trop prompte,
Osent prêter leur aide à votre trahison.

Je

CYDIPPE A ACONCE.

Je vous vois triompher : Mais ! Qu'ai-je lieu de croire ?
De quel espoir frivole êtes-vous enchanté ?
Pouvez-vous vous flater d'avoir eu quelque gloire,
En trompant un objet plein de simplicité ?

J'étois tranquille au Temple, & là j'étois allée
Sans armes à pouvoir me garder de vos coups,
Comme autrefois à Troye en eut Penthasilée,
Quand sa rare valeur lui fit tant de jaloux.

Pour toucher vos désirs, qu'avois-je de semblable,
Dans tous les ornemens que l'art me sçut prêter,
A ce Baudrier d'or d'un prix inestimable
Qu'à la fiere Hyppolite Hercule fit ôter ?

Il n'est pas surprenant, si sans expérience
Un jeune objet succombe aux piéges qu'on lui tend,
Et si des mots trompeurs lûs avec imprudence
Font contre moi l'effet que votre amour attend.

J'éprouve le destin de la belle Atalante,
Une Pomme m'a prise, une Pomme la prit ;
Et d'une autre Hyppomene en votre amour ardente
Vous m'ayez fait paroitre & l'adresse & l'esprit.

Mais si vous vous sentiez soûmis au dur empire
De cet enfant fécond en triomphes nouveaux,
Et qui, si l'on en croit ce qu'on vous entend dire,
A toûjours dans les mains je ne sçai quels flambeaux,

Ff

Deviez-vous en trompant corrompre l'esperance
Qu'un dessein bien formé vous eût laissé nourrir ;
Il falloit me gagner par votre déférence
Et ne pas employer la fraude à m'acquerir.

Pourquoi, si de mon cœur vous aimiez la conquête,
N'avez-vous pas voulu faire parler pour vous ?
Tout ce qui favorise une recherche honnête,
Lorsqu'un Amant aspire à devenir Epoux ?

L'assurance d'un feu qui n'auroit pû s'éteindre,
Votre nom, votre bien, tout m'auroit fait ceder ;
Mais vous avez cherché plûtôt à me contraindre,
Qu'à goûter le plaisir de me persuader.

A quoi sert le serment que vous m'avez fait faire ?
A quoi sert que pour vous ma langue allant trop loin,
Sans desir de vous voir empressé pour me plaire,
Ait pris de ce serment la Déesse à témoin ?

Si le cœur n'a juré, la bouche est peu de chose,
Le mien n'eut point de part à ce que je promis :
Comme de tous nos vœux c'est le cœur qui dispose,
Sans son consentement nul espoir n'est permis.

Pour faire un vrai serment que l'on ne puisse enfraindre,
Il faut qu'à quelque objet le cœur déterminé,
Sans que d'aucune fraude on ait lieu de se plaindre,
A ses propres desirs se soit abandonné.

CYDIPPE A ACONCE.

Si mon engagement se trouve volontaire,
Si je vous ai choisi moi-même pour Epoux,
Dites qu'un autre, à tort, s'efforce de me plaire;
Que ma foi vous est dûë, & que je suis à vous.

Mais si je ne vous ai donné que des paroles,
Dont, en les prononçant, j'ignorois le danger,
Vous n'avez contre moi que des preuves frivoles,
qui n'ayant aucun poids, ne peuvent m'engager.

Loin d'avoir rien promis, tout ce qu'on pourroit dire,
C'est qu'à des mots en l'air j'aurois prêté ma voix :
S'il est vrai qu'à l'Hymen mon foible cœur aspire,
Est-ce ainsi d'un Epoux que je dois faire choix ?

Faites que d'une Lettre une Pomme suivie
Tende à d'autres qu'à moi ce piege dangereux :
La plus riche Heritiere, au gré de votre envie,
Aura par ses grands biens de quoi vous rendre heureux.

Faites promettre aux Rois par la même entreprise,
Qu'ils cederont leur trône à votre ambition ;
La plus belle Couronne à vos vœux est acquise,
Dès que vous prétendrez à sa possession.

Si pour rendre en tous lieux votre pouvoir suprême
Il ne faut que des traits par votre main tracés,
Vous êtes plus puissant que la Déesse même,
A qui de toutes parts des Temples sont dressés.

Ne m'opposez donc plus une vaine promesse :
Rien ne m'assujettit à vous donner ma foi,
Et c'est avec raison que mon cœur s'interesse
A conserver le droit de disposer de moi.

Je l'avoüerai pourtant, Diane est redoutable :
Lorsqu'elle veut punir, ce sont de rudes coups,
Et si j'en juge bien, le tourment qui m'accable
Vient du malheur de m'être attiré son courroux.

Car, pourquoi, chaque fois que par mon hymenée
On s'aprête à remplir les desirs d'un Rival,
La dévorante ardeur d'une fiévre obstinée,
Pour me laisser sans force, a-t-elle un tems fatal ?

Déja trois fois le Dieu, dont les puissantes chaînes
Forment ces nœuds étroits que rompt le seul trépas,
Suivi d'étonnement, effrayé de mes peines,
A, pour ne les pas voir, retourné sur ses pas.

Trois fois, entre ses mains paresseuses & lentes,
La Torche nuptiale a perdu sa clarté,
Et le feu s'éteignant, ses secousses fréquentes
Par divers mouvemens l'ont à peine excité.

Enfin sur ses cheveux, d'où le parfum s'exhale,
Il met pompeusement sa couronne de fleurs ;
En vain voit-on sa robe, en beauté sans égale,
Faire briller l'éclat des plus vives couleurs.

Ma langueur l'épouvante aussi-tôt qu'il approche,
Il ne voit que des pleurs, n'entend que des regrets,
Et mes jours en péril lui font un dur reproche
D'avoir mal pris son tems pour faire tant d'apprêts.

Confus de sa superbe & trop vaine parure,
Il jette sa couronne, il frotte ses cheveux,
En ôte le parfum, dont l'odeur douce & pure
Fait connoître aux Amans qu'il vient les rendre heureux.

Il ne peut soûtenir de marquer de la joye
Au milieu d'une troupe où regne le chagrin ;
La honte qu'il en a sur son front se déployé,
Et son abattement répond à mon destin.

Juste Ciel ! Quelle fiévre à mon corps attachée !
C'est un embrasement qui me met aux abois :
Le moindre habit me pese, & ma langue sechée,
Peut à peine suffire à conduire ma voix.

Mes Parens, que surprend ce changement étrange,
M'embrassent tout en pleurs dans leur triste transports,
Et craignent que bientôt mon mal accru ne change
Le flambeau de l'Hymen en celui de la Mort.

Pardonne-moi, Déesse ! & ne sois point contraire
A ce qui peut servir à conserver mes jours :
Ma vie est en tes mains, Apollon est ton frere,
Son Art peut tout pour moi si j'obtiens son secours.

Des maux les plus cruels la guérison est prompte,
Lorsqu'il daigne employer ses merveilleux secrets ;
Songe que si je meurs, ma mort sera ta honte ;
De ta gloire, en m'aidant, soûtiens les interêts.

Prens pitié de mon fort : Quelle offense inconnuë
A m'accabler de maux peut ainsi t'attacher ?
Fut-ce moi qui te vis dans le bain toute nuë,
Quand aux yeux des Mortels tu voulois te cacher ?

Ai-je manqué de zele à t'aller rendre hommage ?
Jamais contre tes droits ai-je rien entrepris ?
Et ta Mere autrefois si sensible à l'outrage,
A-t-elle de la mienne essuyé les mépris ?

Tout mon crime est d'avoir dans ma triste avanture
Prononcé des sermens que je n'ai pas tenus ;
En lisant seulement, si j'ai fait un parjure,
Ce sont-là des forfaits qui m'étoient inconnus.

O vous, Aconce, ô vous ! si sur votre tendresse
A garder quelque espoir je puis m'autoriser,
Après m'avoir sçu nuire auprès de la Déesse,
Par votre encens offert tâchez de l'appaiser.

Hélas ! si je n'ai donc attiré sa colere,
Que parce que j'ai dû vous prendre pour Epoux,
Pourquoi, par une fiévre à ses desseins contraire,
Me mettre hors d'état de me donner à vous ?

Vous pouvez, si je vis, de ma reconnoissance
Attendre l'heureux prix que cherche votre amour;
Son injuste rigueur vous ôte l'espérance,
Lorsqu'elle se prépare à me ravir le jour.

En vain pour ce Rival à qui l'on me destine,
Vous vous êtes permis des sentimens jaloux :
Quelques soins assidus qu'à me rendre il s'obstine,
Ils ne lui donnent point d'avantage sur vous.

Quelquefois, il est vrai, dans mes maux les plus rudes,
Assis près de mon lit, il me parle, il me plaint :
Mais toûjours le respect suit ses inquiétudes,
Jamais il ne s'oublie, & s'il m'aime, il me craint.

Je crois même qu'il a découvert quelque chose
De ce qui m'a rendu son amour odieux;
Au moins vois-je souvent, sans en sçavoir la cause,
Des larmes tout-à-coup s'échaper de ses yeux.

Ses manieres pour moi semblent moins empressées,
Sa retenuë augmente à force de me voir,
Et d'un air plus timide expliquant ses pensées,
Sur mon Hymen à peine il garde quelque espoir.

Eh ! faut-il s'étonner qu'il lise dans mon ame
Ce que mon froid accüeil ne lui sçauroit cacher ?
Je sens que tout à coup un fier dépit m'enflamme,
Quand je vois de mon lit qu'il ose s'aprocher.

Je détourne la tête, & garde le silence,
Mes yeux en se fermant lui marque mon dédain;
Et pour voir de ma siévre où va ma violence,
S'il veut toucher mon bras, je repousse sa main.

Le mépris qui pour lui dans ma conduite éclate,
L'oblige pour s'en plaindre à soûpirer tout bas,
Et parce qu'il s'oppose à l'espoir qui vous flate,
J'ai pour lui des rigueurs qu'il ne merite pas.

Elles font votre joye, & votre ame est ravie,
Que reduit à pousser de longs gémissemens,
En d'éternels chagrins il conserve sa vie,
Pendant que je vous dis mes secrets sentimens.

Mais, vous meriteriez avec plus de justice
De mon ressentiment les effets rigoureux,
Vous, qui pour me surprendre employant l'artifice,
M'avez fait une loi de répondre à vos vœux.

Vous brûlez de me voir si j'en crois votre Lettre,
Me servir vous seroit un agréable emploi :
Sans trahir mon repos puis-je vous le permettre,
Puisque vous le troublez quoiqu'éloigné de moi ?

Je ne m'étonne plus qu'on vous appelle Aconce,
Ce nom me fait entendre un dard propre à lancer;
Celui que dans mon cœur par vous l'Amour enfonce,
Ne me fait que trop voir votre adresse à blesser.

CYDIPPE A ACONCE.

J'aurai peine à guérir d'une telle blessure ;
Ce que vous m'écrivez me le fait trop sentir ;
Et ce sont de ces traits partis d'une main sûre,
Dont l'objet le plus fier ne se peut garantir.

Mais pourquoi de me voir témoigner tant d'envie ?
Votre triomphe est double, & la triste langueur
Qui pour vous en péril met si souvent ma vie,
Fait paroître en mon corps ce que souffre mon cœur.

La maigreur montre en moi son plus hideux ouvrage ;
Tout mon sang retiré me laisse sans couleur,
Ou s'il m'en reste encor, elle est sur mon visage ;
Telle que l'eut ce fruit qui causa mon malheur.

Les violens accès qui m'ont toute abattuë
Ont banni de mon teint les roses & les lys ;
Je n'ai qu'un blanc de marbre, & tel qu'une statuë
Peut l'avoir dans des traits par le ciseau polis.

L'argent dont on voit l'eau dans de superbes tables
Par sa fraîcheur trop forte altérer la couleur,
Reçoit des changemens aux miens presque semblables,
Et peut représenter mon extrême pâleur.

Vous auriez beau me voir, je suis si peu la même,
Qu'à peine pourriez-vous reconnoître mes traits ;
J'avois tort, diriez-vous, d'user de stratagême,
Puis-je pour sa conquête avoir fait des souhaits ?

Vous me remettriez l'effet de ma promesse,
Et bien loin de prétendre au nom de mon Epoux,
Vous ne voudriez plus songer que la Déesse
Fut témoin du serment que j'ai fait d'être à vous.

Rien ne vous plairoit tant que de m'en voir dédire ;
Et peut-être honteux d'avoir brûlé pour moi,
Par des mots opposés que vous me feriez lire,
Vous souscririez vous-même à me rendre ma foi.

Je voudrois cependant que selon votre envie,
Vous pussiez à loisir jetter sur moi les yeux,
Et voir par la langueur dont ma flamme est suivie,
En quel état pour vous me reduisent les Dieux.

Quand vous auriez le cœur plus dur que le fer même,
Contre ce que je souffre il ne pourroit tenir,
Et vous feriez des vœux, dans mon malheur extrême,
Pour arrêter le bras qui cherche à me punir.

Il faut vous l'avoüer ; pour sçavoir quel miracle
Peut soulager le mal qui m'expose à périr,
A Delphes j'ai pour moi fait consulter l'Oracle,
Sur l'espoir que je dois conserver d'en guérir.

La réponse du Dieu m'a renduë inquiéte :
Si je m'arrête au bruit qui s'en est répandu,
Il se plaint d'une foi négligée, imparfaite,
Et qui n'a point l'effet qu'on avoit attendu.

CYDIPPE A ACONCE.

C'est de quoi les Devins, comme le Dieu, m'instruisent;
Les charmes que j'ai faits n'ont encor rien produit;
Par les vôtres les miens aussi-tôt se détruisent,
Et vous obtenez tout, pendant que tout me nuit.

Quel bonheur fait qu'ainsi le Ciel vous favorise ?
Quand on voit qu'il s'oppose à tout ce que je fais ?
Surprenez-vous les Dieux, après m'avoir surprise,
Afin de les contraindre à suivre vos souhaits ?

Ah ! puisqu'ils sont pour vous, il faut que je me rende;
Pourquoi m'obstinerai-je à combattre vos feux ?
Sçachant ce que de moi leur exemple demande,
Je ne mets plus d'obstacle au succès de vos vœux.

De vos prétentions ma Mere est informée :
Je n'ai pû lui cacher quel piège industrieux
M'asservit à l'ardeur de votre ame enflammée ;
Et l'apprenant, de honte elle a baissé les yeux.

Le reste me regarde : Achevez votre ouvrage.
Me permettre avec vous un plus long entretien,
C'est me trahir moi-même, & faire davantage
Que ne devroit un cœur aussi fier que le mien.

D'ailleurs il faut finir : je me lasse d'écrire :
Dans l'état déplorable où mon mal me reduit,
Ma main à cet emploi ne sçauroit plus suffire,
La fatigue pour moi dure trop & me nuit.

Aussi-bien, que pourrois-je ajoûter à ma Lettre ?
Vos plus ardens desirs sont d'être mon Epoux;
J'y consens, & veux bien encor vous le promettre.
Adieu. Parlez, pressez, mes vœux seront pour vous.

SUJET DE L'EPITRE
de Sapho à Phaon.

IL y a quelques Auteurs qui font mention de deux Sapho : mais comme il n'est pas question ici d'une dissertation historique, il faut suivre Ovide. La premiere Sapho qu'il fait parler ici s'étoit renduë si illustre par la douceur de ses Vers, qu'elle merita le nom de dixiéme Muse. Elle excelloit sur tout dans le genre Lyrique : il y a même quelques Auteurs qui prétendent qu'elle l'a inventé. Sa Patrie fut l'Isle de Lesbos, où elle prit une forte passion pour Phaon, qui étoit le plus bel homme de son siécle. Elien rapporte qu'on trouve écrit, que Phaon n'avoit point d'autre emploi que celui de Passager, & qu'ayant un jour reçu Venus dans son batteau, elle le pria de la faire promptement passer d'un rivage à l'autre ; il le fit d'un maniere si obligeante, que pour reconnoître le zele qu'il avoit fait paroître à la servir, elle lui donna une pommade parfumée, dont s'étant froté une seule fois, il devint tout d'un coup le plus beau de tous les hommes. Cette beauté & ces graces furent cause que presque toutes les Dames de Lesbos eurent de l'amour pour lui. Sapho sur tout l'aima avec l'ardeur la plus violente, & il parut l'aimer de même. Mais cette Amante trop tendre s'imaginant que la passion de Phaon s'étoit affoiblie parce qu'il avoit pû se resoudre à la quitter, pour faire un voyage en Sicile, elle se précipita du haut du Promontoire de Leucade, dans l'espoir de guérir de son amour, ou de mourir. Elle avoit été mariée à Cercole de la Ville d'Andros, de qui elle avoit eu une fille nommée Cleide, dont elle parle dans cette Epître. Elle parle aussi d'un frere appellé Charaxus. Ce frere la haïssoit, à cause qu'elle lui avoit conseillé de renoncer à l'amour qu'il avoit pour Rhodope, fameuse Courtisane de son tems, propre en effet à ravir à Charaxus l'honneur & les biens. Sapho dans cette Epître met l'ingratitude de ce frere au rang de ses plus grands malheurs. C'est sur le point d'aller en Epire executer la resolution que cette Amante infortunée avoit prise de se précipiter, qu'Ovide lui fait écrire cette Lettre, pour tâcher de fléchir Phaon, & le rappeller à Lesbos, s'il lui reste encore quelque souvenir d'une personne qu'il avoit tant aimée.

EPISTRE
DE SAPHO
A PHAON,
Traduite d'Ovide.

DES l'instant que cette Lettre paroîtra devant vos yeux, la connoîtrez-vous pour être de ma main? Non; vous ne pensez plus à moi ; vous ne devineriez jamais qu'elle vient de Sapho, si vous n'y lisiez pas son nom. Vous serez peut-être surpris qu'elle soit en Vers d'un ton different de celui que j'ai accoûtumé de prendre : On sçait mon goût, & la facilité que j'ai à faire des Vers Lyriques ; mais je voulois aujourd'hui vous marquer les déplaisirs mortels que mon amour me cause : le stile de l'Elegie est fait pour les plaintes : la Lyre dont je me sers d'ordinaire ne s'accorde pas si bien avec les larmes : ses accens ne s'ajustent pas heureusement avec la profonde tristesse.

Par la flamme qui me consume, je brûle

comme feroient les moiffons d'un champ, fi on y mettoit le feu, & qu'un vent terrible animât encore fon ardeur. Phaon rend aujourd'hui célébres, par fa préfence, les campagnes de Sicile proche du Mont Ætna, où Typhée eft enfeveli. Hélas! ce Mont qu'on nous peint rempli de tant de feux, en a moins que mon cœur. Ces feux me caufent des tourmens fi cruels, qu'il ne m'eft plus poffible de faire des Chanfons pour les unir aux accens de ma Lyre : les Mufes ne m'en infpirent plus: leur Art divin veut du repos d'efprit. L'aimable focieté des jeunes Beautés de Methimne & de tout Lesbos ne me fait plus aucun plaifir : Je n'ai plus d'attention pour Amithone, ni pour Cidno : Je ne me divertis plus, comme autrefois, avec la charmante Athis, ni avec tant d'autres fpirituelles perfonnes que j'aimois tendrement. Ce qui fut partagé entre tant de charmantes amies, qui cherchoient à me plaire, Phaon le poffede feul : je ne vis que pour lui : Tout ce que l'amitié eut de fentimens tendres, cette amitié les cede à l'amour que j'ai pris pour l'Ingrat : fes traits font vifs ; fon teint eft raviffant ; il eft dans l'âge des ris & des jeux. Ah! que tant de charmes ont été funeftes au repos de mes jours!

Trop

SAPHO A PHAON.

Trop dangereux Phaon, prenez la Lyre & le Carquois, vous ferez un autre Apollon. Si vous étiez couronné de lierre, on vous prendroit pour le jeune Bacchus, quand sa beauté le faisoit tant admirer. Apollon cependant a brûlé pour Daphné, & Bacchus a aimé la Princesse de Crete: quoique ni l'une ni l'autre n'eût pas reçu des Dieux l'avantage qu'ils m'ont donné. Les Muses m'ont inspiré si heureusement, que j'ai mis au jour des Vers si beaux & si tendres, que mon nom, par le bruit qu'en a fait la Renommée, est devenu célebre par tout l'Univers. Alcée, à qui Lesbos a donné le jour aussi-bien qu'à moi, quoiqu'il écrive d'un ton plus pompeux que le mien, ne s'est point acquis plus de gloire que moi, malgré l'élevation de son stile. Si la Nature, qui n'est pas toûjours liberale, ne m'a pas donné la beauté, on trouve que mon esprit répare bien ce qui me manque des graces du corps. Ma taille est petite : mais mon nom est bien étendu, il remplit toute la terre, & l'on dit que la grandeur de mon mérite répond à la vaste étenduë de mon nom. Si je fuis sans blancheur, Andromede, avec le teint brun du Climat où elle prit naissance, n'en charma pas moins Persée. Les Colombes blanches s'unissent souvent

G g

avec les variées, & la Tourterelle du plumage le plus noir, est quelquefois aimée de l'Oiseau dont les ailes sont d'un verd brillant. S'il faut avoir des charmes pareils aux vôtres pour vous inspirer de l'amour, Phaon, vous n'aimerez jamais.

Songez cependant qu'autrefois, en lisant mes ouvrages, vous me juriez à tous momens, que j'effaçois à vos yeux les plus grandes Beautés, & qu'il n'étoit point de Mortelle qui sçût répandre de pareilles graces dans toutes ses actions, & dans tous ses discours. Je me souviens qu'un jour (les Amans se souviennent de tout) je chantois: vous preniez un plaisir extrême à me loüer, & vous me dérobiez toûjours quelques faveurs innocentes: jamais Amant ne fit voir dans ses yeux une ardeur plus vive. Je l'avoüe, la tendresse de mes regards répondoit à celle des vôtres, & dans ces doux momens nous fîmes tous deux le serment d'un amour éternel. Quoi! vous songez aujourd'hui à rompre des nœuds si beaux, pour faire la conquête des Beautés de Sicile ? Ah! je veux donc être Sicilienne : Lesbos n'a plus rien d'agréable pour moi. O vous! Nymphes de Sicile, renvoyez-moi ce Captif échapé de mes chaînes : il n'est point à vous: ne vous laissez pas surprendre à ses discours séduisans: tout ce qu'il vous jure aujourd'hui, il m'en a fait les sermens mille fois. Et vous, belle Déesse, qui sous le nom d'Ericine, rendez les Montagnes de Sicile si célebres, favorisez une Mortelle qui vous est dévoüée si parfaitement, & qui chante sans cesse votre gloire dans ses Vers.

 Le Destin ne se lassera-t-il jamais de me persecuter, comme il a fait si cruellement depuis mon enfance ? Je n'avois que six ans quand la lumiere fut ravie à ma Mere, qui étoit encore dans le bel âge : depuis, mon Frere, engagé par l'amour dans des liens honteux, y perdit les biens & l'honneur. Accablé d'une fatale indigence, il se fit Patron d'un Vaisseau pour tâcher de recouvrer sur la mer le bien qu'il avoit dissipé si legerement sur la terre par ses foles amours : Ce Frere ingrat me hait : loin de suivre les conseils utiles que je lui ai donné pour le tirer d'un état si malheureux, sa haine est le prix de ma sincerité & de mon affection : & comme si cette douleur n'étoit pas encore assez, l'enfance délicate de ma Fille me cause sans cesse des allarmes : falloit-il que votre absence & votre infidelité vinssent mettre le comble à mes malheurs ! Hélas ! les plus cruels orages me forceront-ils toûjours à gémir ? Aussi voit-on que les maux à qui je suis livrée me font absolument négliger ma coëffure. Mes cheveux autrefois ajustés avec tant d'art, flottent aujourd'hui en désordre sur mon col. Je ne fais plus aucun usage des parfums : les Diamans ne brillent plus à mes doigts ; & quelque éclat que donnent les chaînes d'or & les Robes magnifiques, j'en dédaigne la pompe. Pour qui voudrois-je prendre le soin de me parer ? A qui voudrois-je plaire ? puisque je suis si loin de vos yeux, à qui seuls je voulois paroître aimable, & que votre cruelle inconstance me rend prête à expirer. Quel malheur pour moi d'avoir le cœur si tendre ! & de trouver toûjours quelque objet qui me sçait charmer : apparemment les Destins, en ouvrant mes yeux à la lumiere, m'ont imposé cette loi : il faut que j'aime. N'est-ce point aussi que les exercices où mon esprit s'est appliqué, & ce doux penchant qui m'a portée à composer des Vers tendres ont trop rempli mon ame de sensibilité ? La tendresse de ma Muse a rendu, je pense, mon cœur trop propre à s'attendrir : mais où vais-je chercher la cause de mon ardeur pour vous ? Faut-il s'étonner qu'environné des jeux & des ris, & dans l'âge d'aimer, votre brillante jeunesse & vos attraits touchans ayent sçu me charmer ? Qui ne charmeroient-ils pas ?

SAPHO A PHAON. 357

J'ai craint cent fois que l'Aurore ne vous enlevât : si elle ne conservoit encore ses feux pour Cephale, elle auroit fait ses efforts pour vous rendre sa conquête. Lorsque la Lune éclaire, si vous vous trouvez exposé à ses regards, vous ne pourrez point vous défendre du sommeil qu'elle vous envoyera, & dans votre assoupissement, vous contemplant en liberté, vos attraits la feront ressouvenir du beau Berger qui sçut la charmer : Venus vous eût enlevé au Ciel dans son Char d'yvoire ; mais elle a craint la jalouse fureur de Mars. O trop charmant Phaon ! qui sorti de l'enfance, en conservez encore toutes les graces, & qui êtes justement dans l'âge des ris & des jeux ; gloire & ornement de notre siécle, retournez ici ; revenez remplir les vœux de votre Amante. Quoiqu'elle vous conserve un cœur tout rempli de flamme, elle ne demande point que vous l'aimiez de même, elle veut seulement que vous souffriez d'être aimé. En vous écrivant les larmes coulent de mes yeux, & me peuvent à peine permettre de tracer ici mes douleurs, & si vous prenez garde qu'il y a en cet endroit des mots presque effacés, c'est par les funestes taches de mes pleurs. Si vous étiez inébranlable dans le dessein de quitter ces lieux, vous deviez du moins, en me disant adieu, adoucir un peu l'amertume d'un départ si terrible pour moi : mais vous êtes parti sans daigner prendre le soin de venir m'embrasser, & sans voir couler mes larmes. Hélas! je n'en ai point versé au moment de ce départ funeste : je ne soupçonnois rien du coup fatal qui me devoit percer le cœur : vous êtes disparu, sans que j'aye eu la satisfaction de vous faire au moins quelque présent, & de vous prier de le garder pour vous faire souvenir de ma tendresse ; & il ne me reste rien de vous, que la honte d'aimer un Ingrat qui me fuit. Vous n'avez voulu entendre de moi ni plaintes ni prieres : mais quelle autre priere auroit pû vous faire une Amante au désespoir, que celle de ne la point oublier? Je vous jure par l'amour qui m'anime sans cesse, & par les neuf doctes Déesses que j'adore, que lorsqu'on m'apprit votre fatal éloignement, la douleur me saisit de telle sorte, que je restai absolument immobile : les larmes se refuserent à mes yeux, & les paroles à ma bouche ; & toute l'ardeur de mon feu ne put fondre la glace qui me vint serrer le cœur : il sembloit que j'étois prête d'expirer. Si-tôt que j'eus repris le sentiment, je me frappai le sein, fis tout retentir de mes cris, & m'arrachai les cheveux, comme une Mere tendre à qui la

SAPHO A PHAON.

Mort vient d'enlever un fils, dont elle voit porter le corps sur le bucher. Mon Frere, qui me hait, triomphe de ma disgrace : il passe & repasse devant mes yeux pour me braver, & comme il ne cherche qu'à m'outrager : D'où peut naître, dit-il, le trouble de ma Sœur ? Les jours de sa Fille ne sont pas menacés. Que l'amour s'accorde mal avec les bienséances ! Je sçavois que tout un peuple m'obſervoit : cependant je ne me dérobois point à ses regards pour verſer des torrens de larmes, & pour déchirer mes vêtemens : cher Phaon, vous seul m'occupez. Dès que je m'aſſoupis un moment, le sommeil vous préſenté à ma vûë ; & la nuit, qui me le cauſe, est pour mes yeux enchantés plus brillante que le jour. Quoique vous soyez fort éloigné de ces lieux, le sommeil vous approche de moi : Mais, hélas ! un reveil importun vous force à diſparoître preſque auſſi-tôt que je vous ai vû. Quelque peu que dure cette douce illuſion, il me semble que vous me donnez mille gages flateurs de votre tendreſſe, & que je vous en donne de la mienne à mon tour. Je vous parle, je vous exprime ma paſſion dans les termes les plus vifs, & ma bouche veille ſeule pour tous mes autres ſens. Que de ſemblables erreurs ont de charmes pour moi! Que ne puis-je les faire durer toûjours pour vous voir, puisque vous êtes seul capable de faire ma félicité! Lorsque le Soleil en se levant a dissipé mes songes & mon sommeil, je me plains de ce que sa clarté trop diligente a fait ceder si-tôt des mensonges agréables à de tristes verités; aussi-tôt, pour fuïr la clarté, je cherche les antres & les bois : comme si ces lieux sombres pouvoient consoler mon amour, parce qu'ils ont été cent fois témoins des douceurs que je goûtois dans vos entretiens charmans: là, je m'abandonne à tout mon désespoir: je cours de tous côtés en fureur, & les cheveux aussi en désordre qu'étoient ceux de la célebre Erictô, quand elle faisoit ses enchantemens. Je m'attache à considerer cette Grotte que la Nature a taillée dans le sein d'un rocher sauvage & raboteux : la voute en est fort élevée, & cette Grotte paroissoit autrefois plus belle à mes yeux, que si elle eût été bâtie de Marbre Phrygien : J'approche de ce bocage, dont les feuillages épais nous donnoient un ombrage agréable : Mais, hélas! je n'y trouve point le maître de ma liberté ; sans lui ce lieu n'a plus rien de beau! lui seul en faisoit tout l'ornement. Je vois ce gazon charmant où vous paroissiez ravi d'entendre les chansons de ma Lyre : L'herbe est encore pressée de l'impression qu'elle reçut en nous servant de sieges. Là, je reconnois la place où je vous ai vû m'écouter : je m'étens dessus, & j'arrose de mes pleurs ces herbes tendres qui m'étoient autrefois si agréables : il me semble même que les arbres en se dépoüillant de leurs feüillages, prennent part à ma douleur, & que les Oiseaux en sont si touchés, qu'ils ne chantent plus. La triste Progné, seule, sur ses accens plaintifs, déplore le sort d'Itis qu'elle livra si cruellement au trépas, pour vouloir trop se venger d'un Epoux : elle pleure ce fils, & Sapho pousse des plaintes sur sa tendresse trahie, jusqu'à ce que la nuit la force de chercher sa retraite infortunée.

Au milieu de ce Bois on voit une Fontaine sacrée, claire comme le cristal : on dit que c'est le séjour d'une Divinité. Un Alisier y étend ses vastes branchages, qui font eux seuls une Forêt : la terre y est tapissée d'un gazon magnifique. Depuis peu succombant sous le poids de mes douleurs, je cherchois à me reposer sur ses bords, lorsque tout à coup je crus voir une Naïade, qui me dit ces mots. » Sapho, puisque ce » n'est que pour un Ingrat que ton cœur » brûle d'un feu si violent, je veux par mes

» conseils te délivrer de cette flamme im-
» portune. Portes au plûtôt tes pas en Epi-
» re, & cherches-y le Temple d'Apollon,
» bâti sur ce rocher fameux, d'où l'on dé-
» couvre toute la mer de Leucade: C'est là
» que Deucalion se précipita dans les flots,
» lorsque l'amour l'agitoit pour Pyrrha avec
» tant de fureur, qu'on croyoit qu'il avoit
» absolument perdu la raison : A peine eut-
» il touché ses flots salutaires, qu'affranchi
» de son fatal amour, il se retrouva dans le
» plus profond calme d'esprit. Tel est le pri-
» vilege de ce Rocher célebre : Hâte-toi d'y
» courir, & n'aye pas d'effroi de t'en préci-
» piter. » En achevant ce discours la Nymphe disparut, & moi interdite, éperduë, je
me levai couverte de larmes, & lui repon-
dis avec transport: Je suivrai, Nymphe offi-
cieuse, le conseil que vous daignez me
donner: j'irai chercher le secours de ce Rocher fatal, le péril en est grand ; mais une
ame que l'Amour agite avec tant de violence, brave la plus terrible crainte. Quels
maux peuvent m'arriver qui ne soient moins
cruels que ceux que me causent le desespoir
où je me vois ! Douces haleines des Zephirs,
Soûtenez-moi dans ma chûte : mon corps,
dans l'état où je suis, est un poids bien leger,
Et vous, tendre Enfant de Venus, portez

moi sur vos aîles: faites-moi floter doucement : les eaux de la Mer de Leucade se rendroient criminelles, si elles me servoient de tombeau. Si le grand Appollon, qui m'a toûjours protegée, daigne me retirer d'un si mortel péril, je redoublerai mon encens sur ses Autels tout le tems de ma vie, & pour éterniser son bienfait, dans l'auguste Temple qu'il a sur ce roc, j'aurai soin de consacrer ma Lyre avec ces Vers pour inscription.

Libre d'une chaîne cruelle,
Sapho t'offre, Apollon, sa Lyre sur ses bords :
Cette Lyre étoit digne d'elle
Et du Dieu, l'Inventeur des ses sçavans accords.

Mais, pourquoi chercher à faire l'épreuve fatale du remede que peuvent donner les Rochers d'Epire à mes cruels tourmens? Revenez à Lesbos, aimable Phaon, & vous les ferez finir: les charmes de votre présence, un regard tendre, un souris flateur, feront plus d'effet sur Sapho, que toutes les eaux des Mers de Leucade; & par tous les attraits qui brillent sur votre visage, vous serez mon véritable Apollon. O cœur! plus dur que les rochers, & plus impitoyable que la mer, quand les Vents l'ont mise en cou-

H h ij

roux, songez que si je meurs, vous seul serez coupable de ma mort : pourrez-vous n'en point rougir ? Ah ! qu'il vaudroit bien mieux que vous vinssiez me témoigner un tendre repentir de votre infidelité, que de souffrir que j'aille m'abandonner sur un précipice affreux, où je veux aller chercher le retour de mon repos. Hélas ! qu'il deviendroit parfait, si vous repreniez vos nœuds ! Cependant, parjure Amant, je suis encore la même dont les entretiens vous paroissoient si charmans : Je suis cette Sapho dont la tendresse vive paroissoit vous enchanter, & dont les Vers vous sembloient remplis de pensées fines & d'expressions délicates, que vous ne pouviez vous lasser de loüer. Si j'avois aujourd'hui cette éloquence que vous me flatiez autrefois de trouver en moi, je n'en mettrois le pouvoir en œuvre, que pour hâter votre retour : mais mon cruel accablement m'a ravi tous mes talens ; mon esprit est étouffé sous le poids de mes tourmens, & mes noirs chagrins ont éteint tout le feu de mon génie : Je ne sçai plus mettre aucun agrément dans mes discours, ni je ne sçai plus tirer aucuns sons de ma Lyre. Jeunes Beautés de Lesbos, mes aimables amies, mes fideles Compagnes, dont je me faisois une si douce occupation de célébrer le mérité dans mes Vers, si vous aviez du plaisir à les entendre, vous ne le goûterez plus. Ce talent que vous cherissiez si fort dans Sapho, Phaon (hélas ! il s'en est fallu peu que je n'aye dit mon Amant) Phaon m'a emporté tout ce qui sçavoit vous plaire en moi. Obtenez qu'il revienne, mon esprit reprendra toute sa vivacité : lui seul est capable d'abattre, ou de ranimer mon génie : mais à quoi me servent, hélas! tant de soûpirs & de prieres ? Un cœur aussi dur que le sien est-il capable d'être touché ? & les Vents n'emportent-ils pas mes plaintes ? Ah! que je me consolerois aisément, Phaon, qu'ils emportassent mes tristes paroles, si leur souffle ramenoit ici votre Vaisseau ! C'est un soin qui vous doit occuper, si votre cœur n'est point brûlé d'une flamme nouvelle : S'il est vrai que vous ne soyez point infidele, hâtez votre retour : Pourquoi, en le different, me coûter tant de larmes ameres ? Chaque instant que vous retardez est un supplice pour moi. Levez donc l'ancre ; Venus vous sera favorable. Comme cette Déesse a pris naissance dans la mer, elle y conserve du pouvoir. L'Amour assis sur la poupe de votre Vaisseau en tiendra le gouvernail ; il en conduira les voiles, & les Zéphirs le feront voguer le plus heureusement sur les ondes, ayant un tel Dieu pour guide. Mais, cruel, si loin de remplir le fol espoir que j'ai de votre retour, vous voulez me fuir éternellement, quoique vous ne puissiez pas trouver le moindre pretexte à votre inconstance, du moins, barbare, du moins qu'une Lettre de vous m'apprenne que vous abandonnez Sapho pour jamais, afin que je parte dès l'instant même, pour aller chercher dans les eaux de la mer de Leucade la fin de mes maux, ou de mes jours.

FIN.

CATALOGUE

Des differens Ouvrages imprimés de Mademoiselle L'HERITIER.

Œuvrés mêlées, tant en Vers qu'en Prose, Vol. in 12.
L'Apotheose de Mademoiselle Scudery, Vol. in 12.
La Tour tenebreuse, ou Histoire de Richard I. Roy d'Angleterre, surnommé cœur de Lion, Contes Anglois, Vol. in 12.
La Pompe Dauphine, Vol. in 12.
Les caprices du Destin, Vol. in 12.
Les Epîtres héroïques d'Ovide, Vol. in 12.
Le Tombeau de M. le Dauphin de Bourgogne, Brochure in 4°.

www.ingramcontent.com/pod-product-compliance
Lightning Source LLC
Chambersburg PA
CBHW070438170426
43201CB00010B/1140